浙江智库 ZHEJIANG THINK TANK
浙发规院文库 ZDPI PUBLICATIONS

U0864269

铁路项目全生命周期管理实务100问

浙江省发展规划研究院 编

中国计划出版社 中国市场出版社 China Market Press
·北 京·

图书在版编目（CIP）数据

铁路项目全生命周期管理实务 100 问 / 浙江省发展规划研究院编. -- 北京 : 中国计划出版社 : 中国市场出版社有限公司, 2024.6

ISBN 978-7-5182-1698-7

Ⅰ. ①铁… Ⅱ. ①浙… Ⅲ. ①铁路工程－工程项目管理－中国－问题解答 Ⅳ. ①F532.3-44

中国国家版本馆 CIP 数据核字(2024)第 030876 号

铁路项目全生命周期管理实务100问

TIELU XIANGMU QUANSHENGMING ZHOUQI GUANLI SHIWU 100 WEN

编　　者：浙江省发展规划研究院
责任编辑：张再青（632096378@qq.com）
出版发行：中国计划出版社　中国市场出版社
社　　址：北京市西城区月坛北小街2号院3号楼（100837）
电　　话：（010）68024335　68032104
经　　销：新华书店
印　　刷：北京捷迅佳彩印刷有限公司
规　　格：170mm × 240mm　16开本
印　　张：27.5　　字　　数：433千字
版　　次：2024年6月第1版　　印　　次：2024年6月第1次印刷
书　　号：ISBN 978-7-5182-1698-7
定　　价：98.00 元

版权所有 侵权必究　　印装差错 负责调换

《铁路项目全生命周期管理实务100问》编委会

主　　编： 殷志军

编　　委： 汪　东　郭鹏程　祝诗倍

编写人员： 靳丽芳　徐　斌　范高龄　何雨佳　徐　弘　王　畅　朱鑫鑫　任雪斌　金一凡　邢耀飞　陆　瑜　倪雅菲　邱梦凯　陈文垚　吴剑锋　赖江帆　潘旭茂　胡　杰　潘　晔　郭鑫巍

目录

CONTENTS

概念篇

案例篇

创新篇

序言
PREFACE

近年来，浙江省铁路建设事业持续快速发展，铁路现代化事业实现了全方位的提升。目前，全省共有出省通道 10 个；除舟山外，10个设区市开通动车；90个县（市、区）中，通达铁路66个，已在建铁路项目（含市域轨道）26个。未来15年，浙江省还将持续优化完善沪昆、京沪（杭）、沿海高铁通道能力，全面提升浙江与周边中心城市的通达能力，构建“五纵五横”客运网络，加强与国家“八纵八横”高速铁路网和长三角城际铁路网的衔接。

浙江省委、省政府高度重视铁路建设推进工作，省政府主要领导多次批示指导全省铁路建设推进机制建设。浙江省发展改革委加大铁路建设管理推进力度，于2019年正式成立“省铁路建设推进攻坚专班”，通过建机制、推改革、强队伍、抓落实，积累了丰富的铁路建设项目协调推进经验。本书以铁路项目规划、立项、审批、投资、建设、运营等全生命周期管理为主线，厘清铁路专业领域常见概念，总结浙江省铁路建设项目管理中的经验做法，以及铁路投融资模式、建设模式、管理模式、运营模式等方面的创新成果，按照概念篇、案例篇和创新篇三部分整理编撰而成。

概念篇主要分析铁路行业和铁路项目相关的50个“热词”“高频词”，内容涵盖投融资、项目决策审批、建设管理模式、行业改革创新等方面，为铁路行业管理者提供学习素材。

案例篇主要结合浙江省在建或完工的铁路项目协调推进实践，总结浙江省铁路行业主管部门，以及实施机构、项目公司等主体，协调或参与解决铁路项目建设管理中的招标、征迁、用地、接轨、投资控制、绩效考核等问题的经验，为同类项目提供借鉴参考。

创新篇主要围绕贯彻落实国家铁路行业投融资体制改革精神，梳理浙江省及其他省市在铁路投融资、政企合作、综合开发、多元经营、资产证券化、数字征迁、品牌宣传等方面开展的创新工作，为铁路项目可持续发展提供思路。

四年多来，浙江省发展规划研究院实施机构与浙江省铁路建设推进攻坚专班相互协作、携手共进，承担专班综合性管理职责，支撑浙江省铁路项目建设和全过程工程管理工作，深度参与了全省铁路建设项目推进实施的具体工作，边探索、边实践、边总结，为本书编撰奠定了扎实基础。

由于时间仓促、涉及面广，恳请读者朋友们提出宝贵的建议意见，帮助我们修正提高。

编　者

2024年6月

概念篇

GAINIAN PIAN

1 浙江省铁路项目监管涉及的省级部门职责分工是什么？

根据浙江省委编办及省发展改革委相关文件，梳理浙江省铁路项目监管涉及的省级部门和各自职责情况。

一、铁路项目管理涉及的部门

根据浙江省机构编制委员会办公室《关于进一步明确交通运输领域省级部门相关职责的通知》（浙编办〔2017〕57号）和浙江省发展改革委《浙江省铁路建设工作专班方案》（浙发改基础函〔2022〕208号）文件，浙江省铁路项目管理相关部门有：省发展改革委、省财政厅、省自然资源厅、省生态环境厅、省住房和城乡建设厅、省交通运输厅、省水利厅、省国资委、省发展规划研究院、省电力公司、杭州铁路办事处、省交通集团。

二、铁路项目监管省级部门职责分工

根据上述浙江省委编办及省发展改革委文件，结合当前铁路项目实际，确定浙江省铁路项目监管涉及的省级部门职责分工如下：

（一）关于地方铁路和轨道交通项目前期协调

浙江省发展改革委负责地方铁路和轨道交通审核报批等前期管理。专班前期协调组浙江省发展改革委承担铁路面上工作，省财政厅、省自然资源厅、省交通运输厅、省发展规划研究院、省交通集团参与。专班负责研究制订专班工作计划，明确运行机制，组织召开专班例会，及时向浙江省政府汇报工作进度；组织制订浙江省铁路网中长期布局规划，并做好与国家相关规划的衔接；加强铁路项目投融资研究，制订与铁路中长期规划相配套的投融资总体方案；编制印发铁路年度推进计划和建设投资计划；负责组建铁路前期项目筹建办并开展日常工作；负责与相邻省份的沟通衔接，共同推进省际铁路项目规划布局和建设安排；负责与国家发展改革委基础司、国铁集团发展改革部和鉴定中心衔接，协调项目前期推进，负责项目纳入相关规划和可行性研究批复。

（二）关于地方铁路和轨道交通项目要素保障

浙江省财政厅牵头，省自然资源厅、省发展改革委、省交通集团参与。按照集中财力办大事原则，明确财政支持省本级铁路建设资本金规模，牵头用好用足专项债券相关政策，研究出台支持专项债券用作省本级资本金的若干合规举措；统筹协调国土空间规划与铁路规划的关系，加强铁路项目土地要素保障，促进站城一体融合发展，研究出台“铁路+土地”“铁路+资源”等综合开发的配套支持政策。

（三）关于地方铁路和轨道交通项目建设推进

浙江省发展改革委牵头，省自然资源厅、省生态环境厅、省住房和城乡建设厅、省交通运输厅、省水利厅、省电力公司、省交通集团参与。负责在建铁路项目综合协调推进管理工作，对在建项目建设进度实施“专人专线”跟踪协调；加强与铁路建设相关部门的对接协调，积极建立常态会商机制；完善县（市、区）、设区市、省级逐级协调推进路径，形成省市县攻坚协调合力。负责与国铁集团建设部和工管中心对接。

（四）关于地方铁路和轨道交通项目融资及运营

浙江省国资委、省交通集团牵头，省发展改革委、省财政厅、省发展规划研究院、杭州铁路办事处参与。发挥省交通集团铁路项目融资主平台、建设主力军作用，加强资本金筹措、拓展融资渠道等工作；开展存量铁路运营补亏方案研究并推动相关政策出台；探索推进铁路项目全生命周期可持续发展的全过程管理工作；承担区域合资铁路公司和铁路 PPP 项目运营期的管理职责；探索推进省方控股铁路自主运输网络研究和运输管理工作。

（五）关于地方铁路和轨道交通建设及质量与安全监督管理

浙江省住房和城乡建设厅指导城市地铁、城市轨道交通建设工作，负责城市地铁、城市轨道交通建设中的质量和安全监督管理。省交通运输厅负责包括地方铁路和城际轨道交通在内的其他综合交通运输项目建设与运营中的质量和安全监督管理。

供稿：浙江省铁路建设推进攻坚专班

2 铁路项目“纳规”是指什么?

“纳规”是“纳入相关规划”的简化说法。铁路项目作为重大基础设施项目，在区域交通路网和国家铁路网的发展格局中占据重要地位，也是我国国民经济和社会发展五年规划、地方国民经济和社会发展五年规划、综合交通体系发展规划等的重要组成部分。铁路建设项目纳入国家级规划，将进一步明确项目的功能定位、区域交通作用、项目建设迫切性等，是铁路项目启动前期工作、加快项目落地的必要前提。因此，各级政府都十分重视铁路项目“纳规”工作。本题主要梳理当前涉及铁路项目的国家层级规划，并对地方推进项目前期“纳规”工作提出建议。

一、铁路有关规划情况

在我国国家规划体系中，规划按行政层级分为国家级规划、省（区、市）级规划、市县级规划；按对象和功能类别分为总体规划、专项规划、区域规划。铁路项目投资大、带动强，是国家路网和各地交通设施的重要组成部分，也是各级规划都十分关注的重点项目。铁路项目“纳规”主要包括以下几类规划：

（一）《国家综合立体交通网规划纲要》

（1）印发机构。2021年2月，中共中央、国务院印发。

（2）规划目的。为加快建设交通强国，构建现代化高质量国家综合立体交通网，支撑现代化经济体系和社会主义现代化强国建设，编制本规划纲要。规划期为2021—2035年，远景展望到21世纪中叶。

（3）发展目标。到2035年，基本建成便捷顺畅、经济高效、绿色集约、智能先进、安全可靠的现代化高质量国家综合立体交通网，实现国际国内互联互通、全国主要城市立体畅达、县级节点有效覆盖，有力支撑“全国123出行交通圈”（都市区1小时通勤、城市群2小时通达、全国主要城市3小时覆盖）和“全球123快货物流圈”（国内1天送达、周边国家2天送达、全球主要城市3天送达）。

（4）铁路相关的重点布局。国家铁路网包括高速铁路、普速铁路。其中，高速铁路7万公里（含部分城际铁路），普速铁路13万公里（含部分市域铁路），合计20万公里左右。形成由“八纵八横”高速铁路主通道为骨架、区域性高速铁路衔接的高速铁路网；由若干条纵横普速铁路主通道为骨架、区域性普速铁路衔接的普速铁路网；京津冀、长三角、粤港澳大湾区、成渝地区双城经济圈等重点城市群率先建成城际铁路网，其他城市群城际铁路逐步成网。研究推进超大城市间高速磁悬浮通道布局和试验线路建设。

（二）《“十四五”现代综合交通运输体系发展规划》

（1）印发机构。2021年12月9日，国务院印发。

（2）规划目的。加快建设交通强国，构建现代综合交通运输体系。

（3）发展目标。到2025年，综合交通运输基本实现一体化融合发展，智能化、绿色化取得实质性突破，综合能力、服务品质、运行效率和整体效益显著提升，交通运输发展向世界一流水平迈进。展望2035年，便捷顺畅、经济高效、安全可靠、绿色集约、智能先进的现代化高质量国家综合立体交通网基本建成，“全国123出行交通圈”（都市区1小时通勤、城市群2小时通达、全国主要城市3小时覆盖）和“全球123快货物流圈”（国内1天送达、周边国家2天送达、全球主要城市3天送达）基本形成，基本建成交通强国。

（4）铁路相关的重点工程。①普速铁路。建设柳州至广州、瑞金至梅州、温州经武夷山至吉安、定西经平凉至庆阳、太子城至锡林浩特、仙桃经洪湖至监利、太原至和顺、大理至攀枝花、乌北至准东增建二线等普速铁路，协调推进首都地区货运东、北环线铁路建设。推进富裕至加格达奇、南京至芜湖、鸦鹊岭至宜昌、天津至蓟州区、汪清至图们、中卫至平凉等铁路扩能改造。②高速铁路。建设北京经雄安新区至商丘、包头至银川、襄阳至常德、天津至新沂、西安至重庆、西安至十堰、长沙至赣州、雄安新区至忻州、太原至绥德、延安经榆林至鄂尔多斯、长春经辽源至通化、敦化至牡丹江、哈尔滨经绥化至铁力、上海经乍浦至杭州、宁波经台州经温州至福州、焦作经洛阳至平顶山、阜阳至黄冈、益阳至娄底、铜仁至吉首、邵阳至永州、南昌至九江、湛江至海安等高速铁路。

（三）《长江三角洲地区多层次轨道交通规划》

（1）印发机构。2021年6月7日，国家发展改革委发布。

（2）规划目的。贯彻落实《长江三角洲区域一体化发展规划纲要》战略部署，共建轨道上的长三角，推动构建功能定位精准、规划布局合理、网络层次清晰、衔接一体高效的现代轨道交通系统，支撑区域一体化发展。

（3）发展目标。到2025年，基本建成轨道上的长三角，形成干线铁路、城际铁路、市域（郊）铁路、城市轨道交通多层次、优衔接、高品质的轨道交通系统，长三角地区成为多层次轨道交通深度融合发展示范引领区，有效支撑基础设施互联互通和区域一体化发展。轨道交通总里程达到2.2万公里以上，新增里程超过8000公里，高速铁路通达地级以上城市，铁路联通全部城区常住人口20万以上的城市，轨道交通运输服务覆盖80%的城区常住人口5万以上的城镇。到2035年，建成高质量现代化轨道上的长三角，实现干线铁路、城际铁路、市域(郊）铁路、城市轨道交通设施布局一张网、枢纽衔接零换乘、运营服务品质优，长三角成为轨道交通网络化、一体化、智能化、绿色化发展的样板区，轨道交通全面引领推动区域一体化发展。

（4）铁路相关的重点内容。把握多层次运输需求，统筹干线铁路、城际铁路、市域（郊）铁路、城市轨道交通规划布局和一体衔接，打造四网融合、覆盖充分、内畅外通的轨道交通网络。其中，干线铁路网依托国家铁路，主要服务中长途客货运输，兼顾城际功能；城际铁路网，主要服务区域节点城市之间及节点城市与邻近城市间的城际客流；市域（郊）铁路网，主要服务城市中心城区和周边城镇组团之间通勤客流；城市轨道交通网，主要服务城市中心城区通勤客流。

（四）《中长期铁路网规划》

（1）印发机构。经国务院批准，2016年7月13日，国家发展改革委、交通运输部、中国铁路总公司联合印发。

（2）规划目的。本规划是我国铁路基础设施的中长期空间布局规划，是推进铁路建设的基本依据，是指导我国铁路发展的纲领性文件。规划期为2016—2025年，远期展望到2030年。

（3）发展目标。到2025年，铁路网规模达到17.5万公里左右，其中高速铁路3.8万公里左右，网络覆盖进一步扩大，路网结构更加优化，骨干作用更加显著，更好发挥铁路对经济社会发展的保障作用。到2030年，基本实现内外互联互通、区际多路畅通、省会高铁连通、地市快速通达、县域基本覆盖。

（4）铁路重点路网规划方案。高速铁路方面，在原规划“四纵四横”高速铁路基础上，增加客流支撑、标准适宜、发展需要的高速铁路，部分利用时速200公里铁路，形成以“八纵八横”主通道为骨架、区域连接线衔接、城际铁路补充的高速铁路网。普速铁路方面，重点围绕扩大中西部路网覆盖，完善东部网络布局，提升既有路网质量，推进周边互联互通。综合交通枢纽方面，按照“客内货外”的原则，进一步优化铁路客、货运枢纽布局，形成系统配套、一体便捷、站城融合的现代化综合交通枢纽，实现客运换乘“零距离”、物流衔接“无缝化”、运输服务“一体化”。

二、推动铁路项目“纳规”的方法思考

（一）突出战略性、前瞻性项目谋划

关注党和国家领导人的重要讲话，重要会议报告，意见、规划、计划、方案等文件，资金、称号等申报通知。在政策导向中寻找与项目有关的关键词，结合地方实际进行谋划[1]。比如国家提出“一带一路”倡议，浙江省围绕义甬舟大通道建设谋划的中欧班列集疏运项目；为促进人员流动、保障大型赛事活动等，谋划提出区域间、城际轨道交通项目等。

（二）突出补短板、强弱项类项目

短板弱项是站在当前存在的突出问题或瓶颈制约角度考虑，可作为下阶段重点提升的工作抓手。比如浙江省提出建设宁波-舟山世界一流强港，但面临港口后方集疏运体系建设短板，大宗货物长线运输保障不力等问题，可以认真、客观地梳理现状，分析存在的问题，从而精准地提出“填平补齐”项目。

（三）突出提质类、增效类项目

我国铁路发展已由“高速度”转向“高质量”发展阶段。从浙江省内铁路项目情况来看，部分项目存在运输效益较差、运营补亏压力较大等问题。下阶段需重点推进技术更新、强化接驳、运营创新、服务提效等方面的相关工作，在提升既有项目效益的同时有效降低铁路项目补亏给政府财政带来的负担。

（三）突出系统化推进工作路径

铁路项目谋划要充分考虑“国家铁路一张网”“铁路建设管理委托模式”等行业管理体制特征。政府要在铁路项目谋划时建立系统化推进工作方式，由

[1] 马萧萧.关于项目谋划工作要点的思考［J］.中国工程咨询，2022（9）：18-22.

地方铁路行业管理职能部门组织谋划并编入相关规划，根据时间紧迫程度和财政承受能力排入政府投资计划。

（四）善用巧用外部资源

各地政府专业人才普遍紧缺，项目谋划工作无法实现专职专人，这就需要充分借力第三方咨询机构服务，比如政府智库服务、综合性咨询服务、专业技术咨询服务等，充分发挥咨询服务方在把握经济社会发展趋势、论证项目技术可行性和适用性、上级项目审批要求等方面的积极作用，与其建立长期稳定合作关系，确保项目谋划及时、高效、有深度。

供稿：任雪斌

3 铁路线路选线应该注意什么？

铁路线路选线是铁路设计中最根本、最重要的工作，是所有设计工作的基础，也是总体设计的关键性工作，其涉及多学科的综合应用，是一项复杂的系统工程。选线设计综合性、政策性强，牵涉面广，选线设计的成果直接影响工程造价、建设工期、运营效率等[1]，同时还影响国民经济（地方经济）的发展和交通结构的完善。本题分析铁路项目选线的原则和影响因素，重点梳理选线设计过程中政府方重点关注的几个关系。

一、选线原则

依据《铁路线路设计规范》TB 10098—2017、《市域（郊）铁路设计规范》TB 10624—2020等行业标准，铁路线路选线在规划研究、勘察设计过程中主要贯彻经济选线、环保选线、工程选线、地质选线等理念，科学选定线路走向方案。宏观上要考虑政治、经济、国防、地方规划、地形地貌、环境敏感点；微观上要考虑车站、桥梁、隧道、路基、投资，以及行车、供电等专业因素。具体内容如下：

（1）符合综合交通网、铁路网等相关规划。

（2）行经主要城市和重要城镇，与城镇化发展和产业布局相协调。

（3）与城市总体规划、其他交通方式衔接顺畅，利于铁路沿线土地综合开发。

[1] 张艳文.铁路选线方案技术探讨［J］.科技交流，2012（1）：25-27.

（4）符合环境保护、水土保持、防灾减灾、土地节约、文物保护及社会稳定的要求。

（5）铁路宜与其他交通方式共用走廊，减少土地分割，节约集约用地。城区地段应结合城市功能分区、景观要求、环境影响等因素合理选择线路敷设方式。

（6）结合地形、水文和工程地质条件，绕避各类不良地质体，合理确定工程类型和工程处理措施，保障工程及运营安全。

（7）充分考虑既有公（道）路、建（构）筑物及高压电力走廊等设施的影响，减少迁改工程量。

（8）满足易燃易爆、放射性物品等危险品的安全间距和安全防护要求。

（9）符合军事设施和国防要求。

（10）积极采用铁路选线设计的新技术、新方法、新手段。

二、选线主要影响因素分析

在铁路建设前期阶段，必须统筹考虑选线的各种因素，减少或避免各种问题。当前铁路建设标准新、要求高，线路选线方案反复多，协调工作困难，更应注重地方利益、地质安全和文物保护、环境保护等因素。

（一）充分考虑地方利益

1．适应区域发展

铁路线路选择要明确功能定位与区域发展相适应。要综合考虑路网作用、运输组织、运输需求，沿线地形地貌（工程难易程度）等，确定铁路等级、正线数目、设计速度，特别是车站（场）选址应满足综合交通的运输需求，与城镇规划和交通体系相衔接，充分考虑自然条件、既有建筑物拆迁、铁路沿线土地综合开发等因素，经综合比选后确定。

2．协调与地方规划

在铁路选线的过程中，经常会出现线路规划与地方城镇互相干扰的问题，与地方意见不一致，就会对铁路选线方案的稳定性造成一定的影响。铁路选线应注重选线方案与地方规划相协调，火车站建设选址一定要和地方建设规划相协调，尤其是要与地方的交通规划相结合，充分考虑两者之间的关系，以构成满足城市发展需要的综合交通网络，充分发挥铁路的作用。

3. 结合周边开发

要依托高铁车站推进周边区域开发建设，制订有利于城市空间拓展和内部结构整合优化，有利于调整完善产业布局，促进交通、产业、城镇融合发展的综合开发框架[1]。避免初期规模过大、功能定位偏高、发展模式较单一、综合配套不完善等问题，增强对人口和产业的吸引力，建立可持续健康发展的基础，有益于社会经济发展。

（二）注意地质安全和文物保护

地质的可靠性直接关系着铁路能否安全运行。在铁路选线的过程中，应避免在地质环境较差的地区选线，尤其是地质灾害频发的地区，以避免工程建设和运行过程中存在潜在风险。同时选线过程中应充分认识文物保护的重要性，增强依法保护文物的意识。选线要充分征求沿线文物部门对线路位置的意见[2]。

（三）严格执行环境保护要求

国家发展改革委规定批复铁路可行性研究项目，必须完成该项目环保审批手续。同时，国铁集团要求项目环保和土地预审工作必须与项目可行性研究同步完成、同步审查[3]。为此，在对铁路建设项目的可行性进行分析时，应实行绿色选线制度。如果铁路建设项目与自然保护区发生冲突，且无法避免，就要以保护自然保护区为原则对工程项目进行合理的规划。同时，还要考虑到铁

[1] 国家发展改革委，自然资源部，住房城乡建设部，中国铁路总公司.关于推进高铁站周边区域合理开发建设的指导意见[J].铁路工程技术与经济，2015(4)：46-48.

[2] 刘春明.铁路选线应综合考虑的主要问题[J].铁道勘察，2007(2)：69-72.

[3] 张强.铁路选线的制约因素和对策研究[J].工程建设标准化，2014(12)：115.

路建设对周边区域的噪声污染问题。对于一些大型城市，如果因设站的需要无法避免噪声污染，则应对其采取一定的隔音措施。

三、线路选线中的政府关注点

（一）与沿线环境敏感点的关系

环境敏感点，主要包括各类自然保护区、风景名胜区、水源保护区、文物保护区（或古墓群等）、森林公园等。选线过程中，应广泛搜集各类信息、多渠道查找各类资料、多方征询听取各相关单位意见，了解研究范围内各类环境敏感点的设置地点、范围、级别、权属及批准单位等资料。在选线设计中，首先应尽可能绕避，若受其他因素制约无法绕避时，则务求在其缓冲区通过。凡铁路建设对各类保护区造成影响的，均需依法办理相应手续，且需征得相关主管部门批准（或同意）。一般而言，对于铁路穿过保护区核心区域的，通常较难获得批准；对于穿过实验区的，则需依法报请原主管单位对保护区的功能划分进行调整后才能通过。一般情况下，保护区级别越高，报批的程序越复杂、难度越大。

（二）与沿线军事设施的关系

铁路建设中经常遇到的军事设施，如军用机场、靶场、雷达站、训练基地等。由于军事设施涉及国防安全，报批手续烦琐，因此，在铁路选线设计中，原则上对军事设施应尽量予以绕避；对于必须涉及的，应首先在征求其对线路走向意见的基础上，按其相关要求（包括安全距离、高度等）进行设计。

（三）与沿线地方城市规划的关系

铁路作为国家基础设施，其建设在考虑自身的经济效益外，也必须充分考虑为国民经济发展、为沿线地方（城市、居民）服务。铁路服务于地方的窗口是车站。为更好地吸引客流，方便旅客乘降，车站一般尽可能设在城市客流集散中心附近，而这往往带来较多的房屋拆迁，对城市形成新的“分割”。一方面，工程投资增加、人口安置难、实施难度大、社会风险高，铁路本身受城市内诸多因素限制往往也需要降低建设标准。另一方面，地方政府往往也会因为铁路线位与城市规划不符、“分割”城市、拆迁难度大等原因，对线路进入城市中心区域持反对意见，而要求铁路尽可能从其规划边缘通过，力求减少对城市规划发展的影响。

因此，铁路设站时应考虑与城市的交通规划相结合，比如采用城市地铁、轻轨、城市道路等将车站与城市衔接。应考虑设计为综合交通，把铁路规划、设计、建设纳入城市规划发展中统一考虑，不能游离于城市的长远发展规划，否则，将会留下诸多遗憾。

（四）与重要跨越工程的关系

线路跨越高等级公路、既有铁路、通航河流等。其中跨越高等级公路的跨越方案需报产权单位批准，跨既有铁路的方案需报相关铁路局批准，跨高速铁路（客运专业）的方案需报国铁集团批准，跨通航河流的方案需完成通航论证后报省主管部门批准。一般情况下，为降低跨越工程难度，选线设计中，会尽可能选择正交或采用较大交叉角度跨越。但铁路线路往往与高速公路、既有铁路共用一个大通道，而新建铁路标准较高，难以实现理想的较大角度跨越，因而只能以相对较小角度交叉跨越，导致跨度加大，有的甚至需采用特殊结构，增大了工程难度。

除此之外，要考虑不良地质、矿产、防洪、文物古迹、机场等外部环境因素。同时，要重视地方政府的意见，要广泛听取并充分尊重各方意见，认真进行多方案比选，推荐科学、合理的设计方案，多渠道、多方位向各方解释说明各方案的优缺点，力求取得各方一致意见、方案最优。

供稿：金一凡

4 铁路项目投融资的主要模式有哪些？

随着铁路项目建设速度不断加快，铁路项目投融资模式也在不断创新。本题分析当前浙江省铁路项目的四种投融资模式[1]。

一、传统国铁集团主导投资模式

以国铁集团为主投资项目，省方出资比例约10%～30%，地方出资部分一般由省级出资平台—省交通集团代持，例如杭黄铁路浙江段项目，国铁集团持股55%、省方持股9%、地方持股36%；衢宁铁路浙江段项目，国铁集团持股60%、省方持股28%、地方持股12%。2021年3月，国务院办公厅转发国家发展改革委等单位《关于进一步做好铁路规划建设工作意见的通知》(国办函〔2021〕27号)，明确了“分类分层建设”原则，具体而言，对于“国家级铁路网中的干线铁路”，明确由中央和地方共同出资负责；对于“城际铁路、市域（郊）铁路、支线铁路及铁路专用线等区域性铁路”，明确由地方政府和企业出资负责。这就意味着，在“八纵八横”路网日渐完善的背景下，传统模式基本成为过去式。

---

［1］ 靳丽芳，祝诗蓓，范高龄，等.对浙江地方铁路建设资金筹集的思考和建议［J］.知识经济，2024（1）：26-27.

二、省方主导投资模式

省方主导投资模式主要体现为，省方出资比例在80%以上，省、市资本金出资比例的分担上，一般秉持“省本级相对控股”的原则；具体到不同的项目，如金台铁路、金建铁路等项目，省方持股均在45%左右，占控股地位，其余地市分摊剩余股权；再如乐清湾铁路支线项目，省方持股30%，温州（乐清）合计持股70%。

三、省方全额出资模式

省方全额出资模式的资本金由省市县三级财政承担，国铁集团方面不出资，一般由省本级绝对控股或相对控股，例如杭温铁路二期、衢丽铁路、萧山机场联络线等项目。

四、PPP模式

浙江省的杭绍台铁路、杭温铁路一期、杭衢铁路、甬舟铁路等项目均采用PPP模式建设。经过PPP可行性论证后，由省级政府主管部门牵头，通过竞争性招投标程序遴选出社会资本方，中标的社会资本方与铁路沿线政府出资人以51 ∶ 49的股权比例组建项目公司，负责铁路PPP项目的投融资、建设、运营和移交全过程实施，PPP合作期满，铁路资产无偿移交给政府。

供稿：铁路建设推进攻坚专班

5 EPC、PPP、BOT、BOO、BOOT、BT、TOT、TBT、ABO、EOD、TOD分别是什么？

随着交通基础设施、能源、水利、市政等领域的投资建设项目规模不断扩大，涌现出了一批建设管理模式实践。本题主要厘清一些常见的建设管理模式内涵。

一、EPC（工程总承包）

工程总承包（Engineering设计-Procurement采购-Construction施工）模式，是设计采购施工一体化。工程总承包是指承包单位按照与建设单位签订的合同，对工程设计、采购、施工或者设计、施工等阶段实行总承包，并对工程的质量、安全、工期和造价等全面负责的工程建设组织实施方式。在铁路建设领域，由于设计阶段、施工阶段的工作界面完全不同，既能够既承担设计任务又能承担施工任务的铁路工程总承包单位数量极少。近几年，中国铁路“走出去”的重大建设项目都采用了EPC工程总承包模式，如已成功建成并投入运营的沙特麦加轻轨项目、土耳其安伊高铁二期工程、埃塞俄比亚的亚吉铁路、肯尼亚的蒙内铁路等。印度尼西亚雅万高铁项目、中老铁路项目也是采用EPC工程总承包模式的成功案例[1]。

[1] 徐涛，刘玉明，孙玉辰，等.铁路建设行业推行EPC模式面临的问题及对策[J].工程经济，2020,30(1)：33-37.

铁路行业实行EPC工程总承包模式的优点是：工程总承包单位负责铁路工程项目的设计、采购、施工，避免了工作衔接、设计缺陷、分包转包等给项目造成的不利影响，实现铁路建设项目各环节高效整合，使项目建设全过程效率大幅提升。

二、PPP（政府和社会资本合作）

政府和社会资本合作（Public政府-Private私营企业-Partnerships合作）模式，该模式在公路、铁路、地铁等公共基础设施领域的建设中扮演着重要角色。政府和社会资本就特定项目开展固定期限合作，政府通过招标等方式选择社会投资人，并与中标社会资本方签订项目投资合作合同。政府方与中标社会资本合作成立SPV[1]项目公司，并按照合同约定履行权利义务。项目公司负责进行项目的融资、建设和运营，政府方提供必要的扶持措施。项目建成后，SPV项目公司进行项目的开发和运营，获得项目经营的直接收益，项目合作期满后，资产以约定方式移交给政府。

2023年，我国对存量PPP项目进行梳理整改，纠正前期PPP项目推进过程中的不合规现象。下阶段，PPP模式的主导方向是按照特许经营方式，落实项目遴选和全生命周期管理要求。

三、BOT（建设-运营-移交）

BOT（Build建设-Operate运营-Transfer移交）模式，是基础设施投资、建设和经营的一种方式，以政府和私人机构之间达成协议为前提，由政府向私人机构授权特许经营，允许其在一定时期内筹集资金建设某一基础设施并管理和经营该设施，并提供相应的产品与服务。

[1] 即Special Purpose Vehicle（特殊目的实体）通常指仅为特定、专向目的而设立的法律实体（常见的是公司，有时也有合伙等）。

这种方式最大的特点就是将基础设施的经营权有期限地抵押以获得项目融资。在这种模式下，首先由项目发起人通过投标从委托人手中获取对某个项目的特许权，随后组成项目公司并负责进行项目的融资、组织项目的建设、管理项目的运营，在特许期内通过对项目的开发运营以及当地政府给予的其他优惠来回收资金以还贷，并取得合理的利润。特许期结束后，应将项目无偿地移交给政府。在BOT模式下，投资者一般要求政府保证其最低收益率，一旦在特许期内无法达到该标准，政府应给予特别补偿[1]。

政府对该机构提供的公共产品或服务的数量和价格可以有所限制，但保证私人资本具有获取利润的机会。整个过程中的风险由政府和私人机构分担。当特许期限结束时，私人机构按约定将该设施移交给政府部门，转由政府指定部门经营和管理[2]。

四、BOO（建设-拥有-运营）

BOO（Build建设-Own拥有-Operate运营）模式，是社会资本根据政府赋予的特许权，建设并持续经营该项产业项目，项目所有权不再移交给政府。基础设施项目通常直接对社会产生影响，并且要使用到公共资源，诸如土地、公路、铁路、管道，广播电视网等[3]。因此该模式很少适用于公共性较强的政府投资项目。

五、BOOT（建设-拥有-运营-移交）

BOOT（Build建设-Own拥有-Operate运营-Transfer移交）模式，是由社会

[1] 任艳阳,郭高华,赵云,等.轨道交通的新型投融资模式浅析[J].交通科技，2016(5)：171-174.

[2] 徐颖.BOT投资方式中政府的法律地位研究[D].重庆：西南政法大学,2007.

[3] 杨春宁.BOT模式下招标评标体系研究[D].辽宁：大连理工大学,2008.

资本融资建设基础产业项目，项目建成后，项目公司在规定的期限内拥有所有权并进行经营，期满后将项目移交给政府[1]。与BOT最大的不同在于，经营期内，社会资本既有经营权，也有所有权。

六、BT（建设-移交）

BT（Build建设-Transfer移交）模式，是BOT的一种变换形式。通俗地说，BT也是一种“交钥匙工程”，社会投资人投资、建设，建设完成以后“交钥匙”，政府再回购，回购时考虑投资人的合理收益。

由于实践中不同程度地存在着地方政府对项目功能与方案审核不力、政企不分、专业技术人员缺乏、管理粗放、地方垄断和地方保护、缺乏竞争，甚至出现“寻租”腐败等问题。2018年，中共中央 国务院出台《关于防范化解地方政府隐性债务风险的意见》（中发〔2018〕27号），明确规定严禁地方政府以建设-移交（BT）方式举债或以委托代建名义变相举债，严禁使用带资承包方式建设政府投资项目[2]。

七、TOT（转让-运营-移交）

TOT（Transfer转让-Operate运营-Transfer移交）模式，是通过出售现有资产以获得增量资金进行新建项目融资的一种新型融资方式。国家发展改革委《关于加快运用PPP模式盘活基础设施存量资产有关工作的通知》（发改投资〔2017〕1266号）提出对拟采取PPP模式的存量基础设施项目，根据项目特点和具体情况，可通过转让-运营-移交（TOT）、改建-运营-移交（ROT）、转让-拥有-运营（TOO）、委托运营、股权合作等多种方式，将项目的资产所有权、

[1] 张梅.财务管理[M].北京：中国科学技术出版社，2009.

[2] 杨志锦.隐性债务27号文周年考：“政府的归政府，企业的归企业”[N].21世纪经济报道，2019-08-19.

股权、经营权、收费权等转让给社会资本[1]。

在这种模式下，首先私营企业用私人资本或资金购买某项资产的全部或部分产权或经营权，然后购买者对项目进行开发和建设，在约定的时间内通过对项目经营收回全部投资并取得合理的回报，特许期结束后，将所得到的产权或经营权无偿移交给原所有人。

八、TBT（转让-建设-转让）

TBT（Transfer转让-Build建设-Transfer转让）模式，是将TOT与BOT融资方式组合起来，以BOT为主的一种融资模式。这一模式下，政府通过招标将已经运营一段时间的项目和未来若干年的经营权无偿转让给投资人；投资人负责组建项目公司去建设和经营待建项目；项目建成开始经营后，政府从BOT项目公司获得与项目经营权等值的收益；按照TOT和BOT协议，投资人相继将项目经营权归还给政府。实质上，是政府将一个已建项目和一个待建项目打包处理，获得一个逐年增加的协议收入（来自待建项目），最终收回待建项目的所有权益[2]。

九、ABO（授权-建设-运营）

ABO（Authorize授权-Build建设-Operate运营）模式，即地方政府通过竞争性程序或直接签署协议方式授权相关企业作为项目业主，并由其向政府方提供项目的投融资、建设及运营服务，合作期满负责将项目设施移交给政府方，由政府方按约定给予一定财政资金支持的合作方式[3]。

[1] 何知仁,李苗献,鲁政委.打通政府融资新渠道的重要举措[N].中国经济导报，2017-07-19.

[2] 郭联卫,郝生跃.TBT融资能否为京沪高铁买单[J].新财经，2006(5)：72-73.

[3] 周月萍,周兰萍.ABO模式合法吗？[J].中国建筑装饰装修，2018(12)：108-110.

该模式首创于北京市交通委员会代表北京市政府与京投公司签署的《北京市轨道交通授权经营协议》中，即北京市政府授权京投公司履行北京市轨道交通业主职责，京投公司按照授权负责整合各类市场主体资源，提供北京市轨道交通项目的投资、建设、运营等整体服务。政府履行规则制定、绩效考核等职责，同时支付京投公司授权经营服务费，以满足其提供全产业链服务的资金需求。京投公司也因此成为北京轨道线网发展过程中的统一“业主”。

模式中的“授权经营”，就是法定意义上的政企、政事分开。市政府不再是公共产品的直接“提供者”，变成了市场化主体的“监管者”和“规则制定者”。京投公司也从最初单一的投融资平台，一跃变成了市场资源的“整合者”并提供公共服务。

十、EOD（生态环境导向的开发）

EOD（Eco-environment Oriented Development）模式，是以生态保护和环境治理为基础，以特色产业运营为支撑，以区域综合开发为载体，采取产业链延伸、联合经营、组合开发等方式，推动收益性差的生态环境治理项目与收益较好的关联产业有效融合。

基于项目实践的EOD模式，在帮助政府改善生态环境的同时，解决项目资金问题，不增加政府债务负担，实现自平衡。EOD项目操作模式就是通过生态网络建设、环境修复、基础设施配套以及产业配套建设促使该区域及周边的土地升值，并为产业引入和人口流入提供良好的生态基底；一方面以产业发展增加居民收入、企业的利润和政府的税收；另一方面依靠人口流入带来政府税收的增加及区域经济的发展。最终实现生态建设、经济发展、社会生活三者协调发展。

EOD模式主要有以下三大落地方式：①在政府财政支出额度较大，但支出额度未超过财政部规定的上限，且项目实施不紧迫的区域，EOD模式可采用PPP方式实施项目。②在政府财政支出额度较大，但支出额度未超过财政部规定的上限、但项目实施紧迫的区域，EOD模式可采用ABO方式实施项目。③在政府财政支出额度超过财政部规定的上限、项目实施紧迫，但土地市场较为活跃的区域，EOD模式可采用“流域治理+片区开发”方式实施项目。

目前，EOD适宜项目主要是废弃矿山修复、农业农村综合开发、城乡供排水一体化和重点流域治理。

十一、TOD（以公共交通为导向的开发）

TOD（Transit Oriented Development）模式，是以轨道交通站点为中心，以400～800米（5～10分钟步行路程）为半径，进行高密度开发，打造集工作、商业、文化、教育、居住等为一体的混合功能区，实现生产生活生态高度和谐统一。

TOD开发是区域空间的二次建设，能实现土地溢价和物业增值，带来收益的同时也能让轨道交通企业和房企实现共赢，共同发展，例如香港九龙的TOD项目。TOD开发的一般是大型、复合型的城市综合体，理念先进、承载力强，建成后无疑会成为城市的新地标，参与建设的房企不但能收获经济效益，社会效益更是后劲无穷，持续为房企塑造品牌形象，提升品牌价值。国外经典的TOD项目，如新加坡ION Orchard广场、韩国D-Cube City、日本涩谷站等都已成为城市地标。

供稿：浙江省铁路建设推进攻坚专班

6 浙江省铁路项目投融资的现状和难题是什么？

在铁路投融资体制改革的推进下，地方财政资金已成为地方铁路项目的关键资金来源之一。“十三五”以来，浙江省铁路建设项目投资规模不断扩张，铁路项目投融资建设资金保障压力、运营补亏缺口压力，以及铁路领域改革创新支持政策落地难度也持续加大。本题主要分析浙江省铁路项目投融资的现状和难题，提出破解问题的建议。

一、铁路项目投融资现状

从投融资两个维度来看，浙江省在“十三五”时期完成了铁路基础设施投资“量”的飞跃。从投资上看，2015—2020年，全省完成综合交通投资1.36万亿元，居全国第一，其中，铁路完成投资1523亿元，占比约为11.2%。从融资上看，2015—2020年，全省铁路项目资本金出资（省级财政部分）112亿元，其余主要靠争取专项资金、金融工具支持和项目公司银行融资方式解决。

从浙江省政府《关于推动经济高质量发展若干政策的通知》（浙政发〔2023〕2号）来看，2023年，省级财政安排铁路资本金8亿元，结合往年资金安排情况，预计“十四五”期间省级财政年均安排资金在35亿元左右。“十四五”时期，浙江省铁路建设投资仍处于高位运行，省级财政的筹资和出资均有很大压力。特别是在地方财政收入增幅放缓、政府隐性债务化解要求等叠加影响下，政府财政资金对铁路建设项目的资本金保障能力更趋减弱。

二、铁路项目投融资难题

铁路项目投资大、回收期长，具有显著的公共性，目前浙江省铁路项目投融资面临以下三大难题[1]：

（一）新建项目建设资金筹集难度大

随着主通道性质、效益较好的干线项目基本建成，“十四五”期间拟新建高速公路和非干线铁路普遍造价高、交通流量小、营收效益差，对社会资本吸引力不强。省本级资金主要依靠财政资金，专项债券用于铁路项目资本金的数量偏小。

（二）存量铁路运营补亏路径仍在探索

存量铁路建设运营补亏机制尚未建立，存量铁路沿线土地综合开发涉及地方城镇开发规划、产业项目导入、资金筹措路径设计、开发收益分配机制等复杂事项，土地综合开发收益弥补铁路运营分担机制还未真正破题。

（三）交通运输领域财政预算安排难度大

交通运输领域支出可预测性差，从2010年以来浙江省地方一般预算支出中交通运输领域资金年增长率变化情况来看，2011—2021年，浙江省地方一般预算总收入、总支出的年均增长率分别为12.22%和13.13%。交通运输一般预算支出的年均增长率则为8.22%，但年增长幅度悬殊，比如增长率最高的年份（2015年）达到42.57%，最低的年份（2017年）则为–30.88%（详见下图）。

［1］ 靳丽芳，祝诗蓓，徐斌，等.浙江省铁路运营现状、问题与对策［J］.智慧中国，2023（11）：25–27.

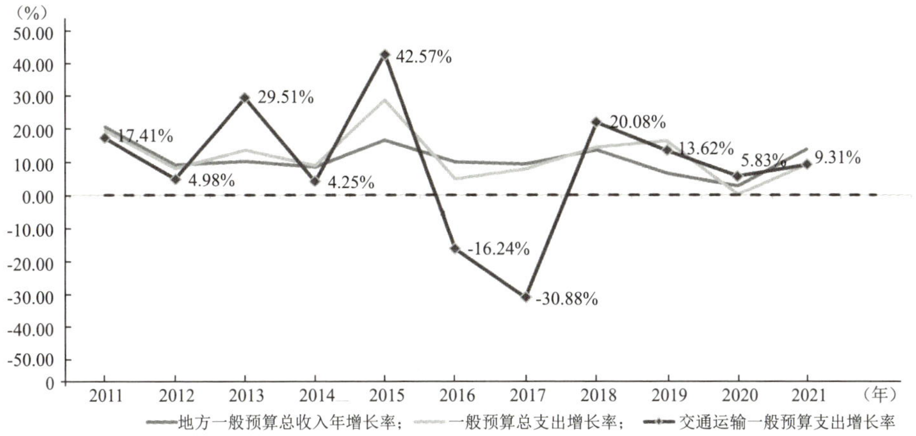

2011—2021 年浙江省一般预算总收入、总支出和交通运输一般预算支出年增长率变动情况图

三、创新投融资模式的建议

（一）做强融资主体

一是压实投融资主体责任。充分发挥省级出资平台——浙江省交通集团的主力军作用，履行好省级直接出资主体责任和兜底责任，通过市场化机制多渠道筹措建设资金。推动地方政府融资平台用好市场体制，开展市场化融资，建立完善独立项目财务风险包干责任制，由企业自主决策、自主建设和自主运营，财务闭环风险由企业自行负责，倒逼国有企业投资提高决策水平和能力。

二是给予必要的支持。强化交通投融资财税政策创新支持力度，浙江省财政厅、省发展改革委等部门统筹考虑建设任务和财力可能，继续通过专项债、一般公共预算安排、国有资本经营预算返还、争取中央车购税补助资金等多种途径给予省交通集团等投融资主体必要的财政支持。

三是支持省级出资平台盘活存量资产充实经营现金流。梳理省级出资平台管理的存量交通基础设施资产情况，鼓励其用足用好国家、省出台的各类资产盘活支持政策，创新以少量财政性启动资金为“引子”，引入合适的社会资本，参与存量资产盘活，算好项目运营的“长期账”，尽可能缩小省级出资平台的现金流缺口。

（二）创新融资渠道

一是加大地方政府专项债支持力度。探索研究财政补助资金用于专项债资本金贴息，本金由省交通集团偿还。用足用好专项债券25%可用于项目资本金政策，支持省交通集团筹集铁路项目资本金。

二是加快探索铁路投融资循环路径。创新“铁路+土地开发”的可持续建设运营模式，充分挖掘沿线的土地价值，以收益反哺铁路项目建设以及弥补运营亏损。重视发挥存量资产作用，做好资金平衡方案和财政承受能力论证，通过REITs、PPP等方式盘活存量资产，促进再投资，形成投资循环。

三是创新铁路项目投融资方式。探索实施“项目+资源”融资方式，科学论证资金平衡测算方案、框架协议核心内容和矿产资源开发利益分配等方案。总结推广衢丽铁路二期投融资创新试点经验，在项目前期阶段充分研究论证资金平衡、运营补亏等事宜，编制综合开发和投融资专题，推进签订市县两级框架协议，明确各方资本金出资、运营期补亏金额、资金来源和实施路径。

（三）补齐政策缺口

一是存量运营补亏支持政策。统筹考虑“十四五”全省铁路建设总盘任务，兼顾省市县各级政府财力可能，固化明确铁路项目各方出资和补亏一套标准，不再“一事一议”，消除推诿扯皮空间。对新建铁路亏损分担按《浙江省人民政府关于深化铁路、高速公路投融资改革的若干意见》（浙政发〔2020〕33号）文件执行，省级层面研究建立存量铁路亏损分担机制并出台相关办法。

二是存量资源盘活支持政策。全面摸排，梳理存量铁路沿线土地、房屋及商业资源，形成资产开发价值导图，实现“家底清、方向明”的目标。加大闲置资源的利用，通过多种手段开展沿线资源的营销活动，增加存量项目收益来源。统筹铁路周边产业项目，由同一主体统一建设运营，构建综合还款来源，以产业开发收益弥补收益不足，实现整体现金流平衡。

供稿：铁路建设推进攻坚专班

7 铁路建设项目预可行性研究、可行性研究、初步设计阶段特征和审批管理要求是什么？

铁路建设项目的预可行性研究是项目立项的依据，重点解决项目建设必要性的问题；可行性研究是项目决策的依据，重点解决项目建设可行性的问题；初步设计文件是项目建设的依据，重点解决方案设计的问题。从各成果的关系来看，从预可行性研究到初步设计成果，项目的内容和深度逐步深化细化，由原来的宏观线路方案，逐步成为指导工程实施的指导性文件。本题根据行业标准《铁路建设项目预可行性研究、可行性研究和设计文件编制办法》TB 10504—2018和国铁集团印发的《铁路基本建设项目及计划管理办法》（铁发改〔2020〕10号）相关规定，分析各类报告成果特征，并梳理各阶段审批管理要求。

一、各阶段成果的主要内容

（一）研究内容和深度要求

预可行性研究报告需要依据国家批准的铁路发展规划和区域发展规划，结合沿线地方社会、经济相关情况，经运量调查及现场踏勘后编制。

可行性研究文件是项目决策的依据，根据国家批准的铁路发展规划、区域发展规划或项目建议书，进行社会、经济和运量调查，综合考虑运输能力和运输质量，从技术、经济、环保、节能、土地利用等方面进行全面深入的论证，采用初测资料进行基础性设计。

初步设计文件是项目建设的依据，应根据可行性研究进行现场调查，对局部方案进行比选，采用定测资料，依据批准的规划选址报告，环境影响报告书（表），水土保持方案，节约能源报告，社会稳定风险分析评估、地质灾害危险性评估、压覆矿产资源评估、地震安全性评价、防洪影响评价报告及航道通航条件影响评价报告等，进行比较详细的设计（详见下表）。

各阶段成果研究内容和深度要求对比

序号	研究内容	深度要求		
		预可行性研究（项目建议书）	可行性研究	初步设计文件
1	客货运量	初步预测	落实预测各研究年度量	—
2	项目功能定位	初步定位	确定线路定位	—
3	线路走向方案	宏观线位（起讫点和走向、规模）	稳定项目建设方案	落实设计方案
4	技术标准和设备、工程	初步方案	确定主要技术标准	落实技术方案
5	外部环境和协作	初步分析	提出工程量、拆迁、用地等概数	落实工程措施
6	土地利用	初步分析	提出土地预审要求	提出用地和拆迁量
7	工期方案	初步确定	明确项目工期	提出施组设计
8	投融资方案	预估算和初步方案	明确投资估算和融资方案	提出总概算
9	建设运营体制	—	提出建议	确定建设运营体制
10	能源环境、水土保持措施	—	初步方案和措施	确定具体措施
11	经济产出评价	初步结果	进行财务分析	—
12	国民经济评价	宏观分析	进行经济费用效益分析	—
13	可行性分析	论证必要性和可能性	论证项目可行性	—

续表

序号	研究内容	深度要求		
		预可行性研究（项目建议书）	可行性研究	初步设计文件
14	前置要件	—	用地预审、规划选址、社会稳定风险评估、综合开发框架协议等	地质灾害危险性评估报告、压覆矿产资源评估报告、环境影响评价报告书、水土保持方案报告书、文物保护影响评估报告书、地震安全性评价报告书、防洪影响评估报告书、通航论证报告书、节能报告书等专题审批

（二）应用场景

预可行性研究主要对项目的建设必要性、紧迫性等进行论证，对客货运输需求预测、项目功能定位及建设必要性等有较高的要求，旨在推动项目纳入国家级或省级相关规划。

可行性研究的工程数量和投资估算要有较高的准确度，主要技术标准和线路方案研究，环境保护、水土保持和土地利用的设计工作，应达到规定的深度。批准的可行性研究报告及投资估算作为项目建设标准、工程规模和总投资的控制依据。

初步设计文件经审查、修改、批准后，作为控制建设规模和总预算的依据。初步设计概算超出可行性研究批复投资的10%时，须按原可行性研究审批程序重新审批。

二、三阶段审批管理要求

（一）预可行性研究（项目建议书）审批流程

根据《铁路基本建设项目及计划管理办法》（铁发改〔2020〕10号），对已纳入规划和未纳入规划项目、国铁集团控股项目和地方控股项目，均有不同的审批管理要求。

1. 已纳入规划和未纳入规划项目

（1）已纳规项目。已纳入规划的铁路基本建设项目应审查预可行性研究明确主要技术标准、建设方案等内容后开展可行性研究。对国家中长期铁路网规划和国务院批准的区域、专项规划明确规划建设的铁路项目，不再审批项目建议书，直接审批可行性研究报告。

（2）未纳规项目。未纳入国家中长期铁路网规划或国务院批准的区域、专项规划以及国铁集团批复的专项规划的项目，应开展预可行性研究并批复项目建议书。其中，国家审批（核准）项目，由国铁集团发展改革部会同相关部门组织预可行性研究审查，并上报项目建议书；国铁集团审批项目，由所属单位上报项目建议书，国铁集团发展改革部会同相关部门组织审查，经国铁集团决策后批复。国铁集团非控股合资铁路建设项目建议书原则上由国铁集团、地方政府联合组织审查、审批（核准），或由双方联合报送国家发展改革委审批（核准）。

2. 国铁集团控股项目和地方控股项目

（1）国铁集团控股项目。国铁集团发展改革部委托具有相应资质的设计单位开展项目预可行性报告编制；报告编制完成后，国铁集团发展改革部组织项目预可行性研究报告评审并出具审查意见，经营开发部、运输统筹监督局、鉴定中心等相关部门参加评审并会签；设计单位按照审查意见修改完善预可行性研究报告后，由国铁集团发改部上报项目建议书至国家发展改革委；国家发展改革委托具有相应资质的咨询评估单位开展咨询评估后批复项目建议书。

（2）地方控股项目。地市级发展改革委委托具有相应资质的设计单位开展项目预可行性报告编制；报告编制完成后，地市级发展改革委组织项目预可行性研究报告评审并出具审查意见，国铁集团建设管理部、客运部、货运部、鉴定中心等部门参加评审；设计单位按照审查意见修改完善预可行性研究报告后，由地市级发展改革委上报项目建议书至省发展改革委；省发展改革委批复项目建议书。

（二）可行性研究审批流程

按照项目属性不同，适用不同的审批流程。

1．项目审批权限

（1）国家审批（核准）项目。由国铁集团发展改革部编写可行性研究报告经国铁集团审定后，报国家审批并下达可行性研究审查意见；国铁集团审批项目，由国铁集团发展改革部编写可行性研究报告批复经国铁集团决策后审批。国家批复可行性研究报告的项目，路地双方明确年度资金筹措、运营亏损补贴及土地综合开发地块规模，报国务院投资主管部门纳入审批范围。

（2）与地方政府合资项目。列入国家批准的现代综合交通运输体系规划、五年铁路建设规划中的非跨省新建铁路项目和扩能改造铁路项目，由国铁集团和相关地方人民政府审批可行性研究报告。会同省级人民政府联合审签报国家审批或由国铁集团和地方联合审批。国铁集团和地方批复可行性研究报告项目，地方年度资金筹措、运营亏损补贴及地方债务情况需征得地方省级人民政府同意，其中国铁集团控股项目，需由地方省级人民政府出具相关文函作为可行性研究报告审批前置条件。

（3）其他项目。可行性研究由所属企业负责组织审查，并按规定程序进行决策。

2．项目股权属性区分

（1）国铁集团控股项目。国家干线铁路或跨省铁路。国铁集团发展改革部委托具有相应资质的设计单位开展项目可行性报告编制；报告编制完成后，国铁集团鉴定中心组织项目可行性研究报告评审并出具评审报告，省发展改革委以及国铁集团建设管理部、经开部、工电部、机辆部、工管中心等参加评审并会签；国铁集团发展改革部按照评审报告出具审查意见；设计单位按照审查意见修改完善可行性研究报告后，由国铁集团发展改革部上报项目可行性研究报告至国家发展改革委；国家发展改革委托具有相应资质的咨询评估单位开展咨询评估后批复项目可行性研究报告。

其他国铁控股项目。浙江省铁路建设领导小镇办公室或铁路筹建办公室委托具有相应资质的设计单位开展项目可行性报告编制；报告编制完成后，国铁集团鉴定中心组织项目可行性研究报告评审并出具评审报告，省发展改革委及国铁集团建设管理部、经开部、工电部、机辆部、工管中心等参加评审并会签；国铁集团发改部按照评审报告出具审查意见；设计单位按照审查意见修改完善行性研究报告后，由国铁集团和省发展改革委联合批复项目可行性研究报告。

（2）地方控股项目。浙江省铁路建设领导小组办公室委托具有相应资质的设计单位开展项目可行性报告编制；报告编制完成后，浙江省铁路建设领导小组办公室委托咨询评估机构开展项目可行性研究报告评审并出具评审报告；省发展改革委按照评审报告出具审查意见；设计单位按照审查意见修改完善可行性研究报告后，由浙江省铁路建设领导小组办公室上报项目可行性研究报告至省发展改革委批复，省发展改革委批复项目可行性研究报告。

（三）初步设计审批管理

按照项目审批权限和项目股权属性，适用不同的审批管理。

1. 按审批权限分

（1）国家审批（核准）或国铁集团审批（含联合审批）项目。初步设计由项目单位会同项目所在地铁路局集团公司组织初审，并按照市场化原则进行咨询评审后，将初审意见、评审意见及设计文件报国铁集团，鉴定中心会同相关部门组织审查，由国铁集团和地方联合批复。

（2）其他项目。初步设计按规定程序进行审批。

2. 按项目股权属性分

（1）国铁集团控股项目。项目建设单位委托具有相应资质的设计单位开展项目初步设计文件编制；文件编制完成后，由国铁集团鉴定中心组织初步设计审查并出具审查意见，由省发展改革委以及国铁集团发改部、建设管理部、工管中心等参加审查并会签；项目建设单位按照审查意见组织设计单位编制鉴修文件；鉴修文件编制完成后，由国铁集团鉴定中心组织鉴修文件审查，审查完成后，由国铁集团鉴定中心批复项目初步设计文件或国铁鉴定中心、省发展改革委联合批复项目初步设计文件。

（2）地方控股项目。项目建设单位委托具有相应资质的设计单位开展项目初步设计文件编制；省发展改革委委托咨询评估机构开展项目初步设计文件评审并出具评审报告；项目建设单位按照评审意见组织设计单位编制鉴修文件；鉴修文件编制完成后，由省发展改革委委托咨询评估机构组织鉴修文件评审，评审完成后，由省发展改革委批复项目初步设计文件。

供稿：陈文垚

8 铁路项目各阶段总投资确定的重点是什么？

铁路大中型建设项目应在项目决策阶段开展预可行性研究和可行性研究，在项目实施阶段开展初步设计和施工图设计，对于各阶段总投资确定的范围、重点、要求均各有不同。本题从项目不同阶段的决策需要出发，分析可研、初设、施工图阶段投资确定的侧重点和区别[1]。

一、作用与区别

（一）投资估算

铁路项目按照可行性研究报告批复主要内容、规模、技术标准、投资估算进行规模控制，批准的投资规模是建设项目投资控制的法定限额[2]。

（二）初设概算

按照初步设计批复的建设规模、标准、工程措施和总概算进行投资控制，批准的总概算（调整总概算）额度是建设单位组织实施的最大限额。

（三）施工图预算

施工图文件是工程实施和验收的依据。施工图预算超出批复初步设计概

[1] 引自《铁路建设项目预可行性研究、可行性研究和设计文件编制办法》TB 10504—2018。
[2] 引自《铁路基本建设项目投资管理办法》（铁总计统〔2017〕179号）。

算的，建设单位应组织勘察设计单位对施工图审核、优化，分析投资增减原因，必要时按规定程序报原初步设计批复单位批准（因此预算不能超概算，详见下表）。

不同阶段投资编制区别表

类型	投资估算	初设概算	施工图预算
勘察基础	初测	定测	补充定测
编制办法	投资估算编制办法	设计概预算编制办法	同概算
定额采用	站前工程采用概预算定额、站后工程采用估算定额	站前工程采用预算定额、站后工程采用概算定额	全部采用预算定额
编制期材料价格	采用设计当期价格	采用设计当期价格	同概算（地方投资项目有规定时可调整为当期价格）
11章专项费用	按编制办法及地方省市规定或合同，无明文规定或合同的可参照已实施项目标准	按编制办法及地方省市规定或本项目已发生的合同	同概算（一般仅调整安全生产费）
基本预备费	（1～11章）总额×10%	（1～11章）总额×5%	同初设批复值
配套施组	施组方案意见（设计单位编制）	施组设计意见（设计单位编制）	指导性施组设计（建设单位牵头编制，设计单位参与）

二、各阶段侧重点

（一）投资估算

在确定铁路主要技术标准，稳定建设方案（包括邻近或穿越特殊环境敏感区的线路方案）和主要技术设备的设计原则的基础上，投资估算编制还需要重点关注以下几点[1]：

[1] 姜波.铁路工程项目决策机制研究[D].湖南：中南大学，2013.

1．做好初测调查

初测期间认真调查当地征地拆迁单价、建筑材料价格、大临设施布置、综合开发价格等，相关专业与国土部门做好用地分类调查，与地方产权部门对接三电迁改、地下管线、企业厂房迁改，签订协议。建议建设单位前期介入勘察过程，属于国铁集团投资的项目应尽早与地方签订征拆包干框架协议。

2．做好施组方案意见

（1）开展重点工程施工措施设计（如钢围堰、栈桥、邻近既有线施工措施等）。

（2）合理确定材料运输方案及大临场站规模［如铺轨基地、预制梁场、轨枕（轨道板）预制场、拌和站等］，并征求铁路局及地方相关意见。

（3）开展重点复杂地段汽车运输便道设计；结合控制工程合理确定项目总工期。总工期不宜太紧，否则会导致工程措施费用增加；总工期太松，则会增加贷款利息，也会间接增加施工单位成本。

3．设计方案满足深度要求

各专业的设计方案应满足可行性研究阶段设计深度要求，对重点工程、复杂工程应开展专项设计，满足本阶段投资控制要求，如，桥梁基础辅助设施、明挖隧道围护、岩溶处理、邻近既有线或既有建筑加固措施、站房大型基坑、交通疏解等。

4．开展专题评估

开展防洪、通航、跨越交叉、环境影响评价、社会稳定风险评估等专题评估工作。

5．合理估算工程数量

各专业按照设计方案合理计算工程数量，同时按照勘测调查资料做好征地拆迁数量分类，据实计列。

6．合理确定投资估算

正确选择投资估算编制办法、费用定额、专业定额，达到规定深度要求，合理编制投资估算，不应随意采用指标编制；征地拆迁据实分析当期补偿标准计算费用纳入估算。

7．做好投资对比分析

结合项目设计标准、规模及主要方案，与已批复的同类项目进行对比分析，确保项目投资合理。

（二）初设概算

根据批准的可行性研究报告，在定测基础上开展初步设计，编制总概算。概算编制需重点关注以下几点：

1．做好定测工作

在初测方案基础上开展定测工作，对线位变化地段应重点调查征拆、大型临时设施用地等情况；对线路不变地段应进行核查，确定征地拆迁数量变化情况。

2．做好施组设计意见

优化施组设计、减少大临设施、优化调整建设工期。

3．深化设计方案

根据项目建设标准、地形特点、地质条件、自然人文等，按照经济、安全、成熟、适用的原则合理采用规范标准，按照节约投资的原则通过工点方案比选、工程措施比选，合理选定设计方案、工程措施，节省工程投资。

4．正确计算工程数量

各专业按照设计方案和工程量计算规则正确计算工程数量，同时按照定测调查资料做好征地拆迁数量分类，据实计列。

5．合理确定甲供材料设备价格

按照专业设计的甲供材料设备规格型号，在调查信息价和已采购物资单价的基础上，合理确定其价格。对于地方投资的项目，由于甲供物资招标管理的要求，原则上设计价格不低于同类物资采购合同价。

6．从严控制初设概算

（1）正确选择概算编制办法、费用定额、专业定额，按照专业数量准确计算初设概算。

（2）征地拆迁据实分析当期补偿标准，计算纳入费用。

（3）原则上初设概算不应超出已批准的投资估算。

7. 做好投资对比分析

结合项目范围变化、规模变化、方案变化、政策性变化、工程措施等原因，与已批复的投资估算进行对比分析，说明项目投资变化的原因。

（三）施工图预算

根据批准的初步设计，在补充定测基础上开展施工图设计，编制施工图预算。施工图预算编制需重点关注以下几点：

1. 做好补充定测工作

在定测方案基础上开展补充定测工作，对线位变化地段应重点调查征拆、大型临时设施用地等；对线路不变地段应进行核查，确定征地拆迁数量变化情况。

2. 细化大型临时设施用地设计

结合补充定测资料，细化大型临时设施用地设计，节约投资。

3. 优化设计方案

按照初步设计批复的标准和原则，优化设计方案和工程措施，完善施工图设计图纸；鼓励参建单位开展优化设计，如奖励一定费用等方式。

4. 详细计算工程数量

专业按照现行工程量计算规则和施工图图纸详细计算工程数量并做好汇总统计；避免差错漏碰或重复计列，减少因为施工图量差引起的相关问题；设计深度满足要求。

5. 施工图预算精打细算

（1）施工图预算的编制原则、人工和材料价格与初步设计批复原则一致。

（2）预算文件编制内容、深度满足规定要求。

（3）施工图预算的工程数量与施工图图纸数量和工程量计算规则相符合。

（4）施工安全措施费计列符合规定，如，铁路上跨公路的安全棚架属于安全生产费，不应单独计列。

（5）铺轨基地、预制梁场、轨枕（轨道板）预制场等重点大型临时设施用地单独编制预算。

（6）过渡工程按照过渡方案编制预算，不应按指标计列，如，既有车站过渡工程比较复杂，应有详细方案，并征求铁路局、地方政府、建设单位意见，以免后期发生变更。

（7）确保各类工程技术指标合理。

（8）按照初步设计批复的单元划分，结合后期分标段要求编制施工图预算。

（9）与初步设计批复概算进行对比，施工图预算严格控制在已批复的初设概算范围内。

6. 加强施工图咨询工作

加强施工图咨询工作，要求咨询单位对设计图纸、工程数量和施工图预算进行详细审核。对施工图咨询单位提出的优化设计合理建议予以奖励，以减少后期变更设计，节省工程投资。

三、编制组成及深度

（一）组成部分

“估算、概算、预算”这“三算”在可行性研究、初步设计批复、施工图审查三个重要阶段中的组成内容基本一致，都是由静态投资、动态投资、机车车辆（动车组）购置费、铺底流动资金这四部分（十六章）组成[1]，具体内容如下：

第一部分静态投资。由拆迁及征地费用、路基、桥涵、隧道及明洞、轨道、通信、信号、信息及灾害监测、电力及电力牵引供电、房屋、其他运营生

［1］“算”参照《铁路基本建设工程设计概（预）算编制办法》TZJ 1001—2017。

产设备及建筑物、大型临时设施及过渡工程、其他费用、基本预备费，共十二个章组成。

第二部分动态投资。由价差预备费、建设期投资贷款利息共两章组成。

第三部分机车车辆（动车组）购置费。为机车车辆（动车组）购置费一章内容。

第四部分铺底流动资金。为铺底流动资金一章内容。

（二）编制深度

对比可行性研究、初步设计、施工图设计这三个重要节点，根据不同阶段的要求，各类工程的编制深度有所区别（详见下表）。

不同工程节点编制深度区别表

序号	各阶段工程类别	可行性研究（投资估算）	初步设计（初设概算）	施工图设计（施工图预算）
1	路基土石方	根据工程数量，采用预算定额编制	根据工程数量，采用预算定额编制	根据设计土石方调配数量，采用预算定额编制
2	路基附属工程	根据工程数量，采用概算定额编制	根据工程数量，采用预算定额编制	根据工程数量，采用预算定额编制
3	桥涵	根据工程数量，采用概算定额编制	根据工程数量，采用预算定额编制	根据工程数量，采用预算定额编制
4	隧道及明洞	根据工程数量，采用概算定额编制	根据工程数量，采用预算定额编制	根据工程数量，采用预算定额编制
5	轨道	根据工程数量，采用概算定额编制	根据工程数量，采用预算定额编制	根据工程数量，采用预算定额编制
6	房屋	根据工程数量，采用估算定额或概算定额编制	根据工程数量，采用概算定额或预算定额编制	根据工程数量，采用预算定额编制
7	通信、信号、信息、灾害监测、电力、电力牵引供电	根据设计标准和数量，采用估算定额或概算定额编制	根据设计标准和数量，采用概算定额或预算定额编制	根据设计标准和数量，采用预算定额编制

续表

序号	各阶段工程类别	可行性研究（投资估算）	初步设计（初设概算）	施工图设计（施工图预算）
8	给排水、机务、车辆、动车、工务、站场、其他建筑及设备等	根据设计规模、结构类型、设备能力及工程数量，采用估算定额或概算定额编制	根据设计规模、结构类型、设备能力及工程数量，采用概算定额或预算定额编制	根据设计规模、结构类型、设备能力及工程数量，采用预算定额编制
9	其他工程	按详细工程项目及施组设计确定的规模与数量采用估算定额或概算定额编制	按详细工程项目及施组设计确定的规模与数量采用概算定额或预算定额编制	按详细工程项目及q设计确定的规模与数量采用预算定额编制

供稿：陆瑜

9 铁路项目社会投资人的遴选方式有哪些？

社会投资人遴选是铁路项目引入合适社会投资人的必经程序。本题探讨社会投资人遴选的几种常见方式。

一、政策依据

铁路项目社会建设投资人遴选的相关数据依据包括：《中华人民共和国招标投标法》《中华人民共和国招标投标法实施条例》《中华人民共和国政府采购法》《中华人民共和国政府采购法实施条例》《铁路工程建设项目招标投标管理办法》，以及相关法律法规。

二、招标与采购方式

根据相关法律法规，社会投资人遴选可以通过招标或采购方式，对应适用的法律法规分别是《中华人民共和国招标投标法》及其实施条例、《中华人民共和国政府采购法》及其实施条例。具体包括公开招标、邀请招标、竞争性谈判、竞争性磋商和单一来源采购五种方式，其适用情况详见下表。

铁路项目社会投资人招标与采购方式适用情况

招标或采购方式	适用范围
公开招标	核心边界条件和技术经济参数明确、完整，符合国家法律法规和政府采购政策，且采购中不做更改的项目
邀请招标	具有特殊性，只能从有限范围的供应商处采购的；采用公开招标方式的费用占政府采购项目总价值比例过大的
竞争性谈判	招标后没有供应商投标或没有合格标的或者重新招标未能成立；技术复杂或者性质特殊，不能确定详细规格或者具体要求的；采用招标所需时间不能满足用户紧急需要的；不能事先计算出价格总额的
竞争性磋商	政府购买服务项目；技术复杂或者性质特殊，不能确定详细规格或者具体要求的；因艺术品采购、专利、专有技术或者服务的时间、数量事先不能确定等原因不能事先计算出价格总额的；市场竞争不充分的科研项目，以及需要扶持的科技成果转化项目；按照招标投标法及其实施条例必须进行招标的工程建设项目以外的工程建设项目
单一来源采购	只能从唯一供应商处采购的；发生了不可预见的紧急情况不能从其他供应商处采购的；必须保证原有采购项目一致性或者服务配套的要求，需要继续从原供应商处添购，且添购资金总额不超过原合同采购金额10%的

浙江省铁路社会投资人遴选过程中，曾做过多种尝试。比如，杭绍台铁路作为全国首条铁路PPP项目，社会投资人遴选方式无先例可循。实施机构在浙江省发展改革委指导下，与浙江省交通集团、PPP咨询机构等深入研究了国家、省级招标投标、政府采购的相关法律法规等要求。考虑到铁路项目本身的复杂性及推行铁路PPP政策还不完善，项目交易边界条件、合同细项都难以事先明确，采购前难以完整表达采购需求，经请示浙江省政府，最终采用竞争性磋商方式遴选社会资本。磋商内容主要围绕项目的商务报价、投融资方案、建设方案、运营方案等。杭衢铁路按照浙江省政府批复的项目实施方案要求，探索实施“PPP+EPC”模式，通过公开招标方式选择社会投资人。

供稿：靳丽芳

10 “两标并一标”是什么？

“两标并一标”是当前招投标领域实践中出现的合规招标方式。但PPP项目适用“两标并一标”的法律依据并不完备。本题目从相关文件规定入手，分析“两标并一标”的合规要点。

一、政策依据

（一）《中华人民共和国招标投标法》

该法律第三条规定：“在中华人民共和国境内进行下列工程建设项目包括项目的勘察、设计、施工、监理以及与工程建设有关的重要设备、材料等的采购，必须进行招标：（一）大型基础设施、公用事业等关系社会公共利益、公众安全的项目；（二）全部或者部分使用国有资金投资或者国家融资的项目；（三）使用国际组织或者外国政府贷款、援助资金的项目。”根据前述规定，符合范围和规模标准的工程建设项目均应进行招标。

（二）《中华人民共和国招标投标法实施条例》

该条例第九条规定：“除招标投标法第六十六条规定的可以不进行招标的特殊情况外，有下列情形之一的，可以不进行招标：（一）需要采用不可替代的专利或者专有技术；（二）采购人依法能够自行建设、生产或者提供；（三）

已通过招标方式选定的特许经营项目投资人依法能够自行建设、生产或者提供；（四）需要向原中标人采购工程、货物或者服务，否则将影响施工或者功能配套要求；（五）国家规定的其他特殊情形。”

二、条文解释

实施条例的规定中，约定了一种可以不进行招标的特殊情况——已通过招标方式选定的特许经营项目投资人依法能够自行建设、生产或者提供的，可以不进行招标。在这一语境下，PPP项目通过招标方式选择的社会投资人可以不进行建设施工招标，直接开展项目生产建设。实际效果，就是原来需要开展的社会投资人招标、项目建设施工单位招标两个招标程序，合并为社会投资人招标一个程序，也就是通常说的“两标并一标”。

三、合规关键点

项目建设实践中，根据《中华人民共和国招标投标法实施条例》，已招标社会投资人的项目不进行建设施工招标，需要同时满足以下三点：

（一）该项目属性为特许经营项目

根据《基础设施和公用事业特许经营管理办法》（国务院25号令）第三条规定，基础设施和公用事业特许经营，是指政府采用竞争方式依法授权中华人民共和国境内外的法人或者其他组织，通过协议明确权利义务和风险分担，约定其在一定期限和范围内投资建设运营基础设施和公用事业并获得收益，提供公共产品或者公共服务。该定义的特许经营模式，是PPP项目的形式之一，并非普遍适用。

（二）社会投资人的选定方式是“招标”

《中华人民共和国招标投标法实施条例》明确的社会投资人遴选方式为“招标”，即公开招标或邀请招标，不包含竞争性谈判、竞争性磋商、单一来源采购等方式。因此，社会投资人如果采用非招标方式选定，就必须按规定开展建设施工招标。

（三）投资人能够自行建设、生产

采用招标方式选择的社会投资人，一般为单一主体或联合体。实践中，如中标的社会投资方为联合体，其成员中都包含具有相应资质的施工方、设计方，部分项目成员方还有提供设备的能力，基本能够符合项目建设的需要。这种情况下，可以适用“两标并一标”。

供稿：靳丽芳

11 “一次性招标”是什么？

“一次性招标”是铁路项目招投标领域实践探索的招标方式。与“两标并一标”不同，“一次性招标”有其特殊适用性。本题目从相关文件入手，探讨“一次性招标”的合规要点。

一、实施背景

“一次性招标”是国铁集团在浙江省甬舟铁路项目上的首次探索实践，目的是通过科学组织一次性选定社会投资人和施工建设单位，加快甬舟铁路世界级施工难度工程的高质量落地。该项目实施“一次性招标”有若干重点考虑因素。

一是要考虑项目属性要求。甬舟铁路为PPP项目，社会投资人在项目合作期内获取项目特许经营权，负责项目的投融资、建设和运营管理。浙江省政府批复的项目实施方案明确该项目社会投资人的选择方式为“资格后审+公开招标”。

二是要考虑项目管理实际情况。甬舟铁路项目为接轨国家铁路网的干线铁路工程，项目管理单位为实施机构——浙江省发展规划研究院，其负责项目全生命周期管理；项目代建管理单位为沪杭铁路客运专线股份有限公司，其负责项目建设期施工进度和质量安全管理。

三是要符合国家、省、铁路行业招标投标法规要求。《中华人民共和国招标投标法》及其实施条例、浙江省重大建设项目招标投标管理办法等，对社会投资人的资质条件和施工建设单位的资质、业绩等均有详细规定，需要充分考虑各方要求。

四是要符合项目实际落地要求。项目实施周期长、难度大、技术复杂，需要在社会投资人选择阶段充分考虑投资人的综合实力。同时考虑招标周期的压缩，完成浙江省委、省政府制定的项目开工目标节点要求。

二、政策依据

（一）《中华人民共和国招标投标法》及其实施条例有关规定

《中华人民共和国招标投标法实施条例》第九条第（三）款："已通过招标方式选定的特许经营项目投资人依法能够自行建设、生产或者提供，可以不进行招标。"

（二）浙江省招投标有关规定

《浙江省传统基础设施领域实施政府和社会资本合作实施细则（试行）》第十六条规定："已通过招标方式选定的特许经营项目的社会资本方，且能够自行建设、生产或者提供的，可以不进行工程建设（含工程勘察、设计、施工以及工程建设有关的重要设备、材料等采购）招标。"《浙江省政府投资项目实施代建制暂行规定》第十七条规定："代建单位在项目建设期间，按照国家和省有关规定，组织实施工程的招标、设计、采购、监理和施工等。"

（三）国铁集团招投标有关规定

中国铁路总公司印发的《铁路建设项目施工招标投标实施细则（试行）》（铁总建设〔2015〕146号）第五条规定："铁路建设项目施工招标由建设单位负责，委托代建工程一般由代建单位负责招标。"

三、具体工作

（一）确认合规适用性

甬舟铁路是浙江省政府明确的采用BOT模式实施的铁路特许经营项目，可以适用招标投标法规定的“不再进行招标”条款规定。

（二）确认招标人

传统项目实施过程中，一般由国铁集团或其授权的代建单位作为铁路项目的施工建设单位招标人。但考虑项目代建管理合同尚未签署，代建单位的法律地位尚未确定，经浙江省发展改革委和沪杭铁路客运专线股份有限公司协商同意，由项目实施机构——浙江省发展规划研究院作为招标人。

（三）确认资格条件设置

在《甬舟铁路项目招标文件》中同时设置社会投资人资格条件和施工单位资质条件，其中，施工单位资质条件重点考虑施工工区所需专业配置。社会投资人资格条件设置由实施机构牵头明确，施工单位资质条件由沪杭铁路客运专线股份有限公司牵头明确，双方共同商定有关细节规定，并报浙江省招标管理办公室和浙江省公共资源交易中心确定。这一做法符合《中华人民共和国招标投标法》及《中华人民共和国招标投标法实施条例》等法律法规的规定，有利于选优配强社会投资人和施工单位。

供稿：靳丽芳

12 铁路项目用地的常用概念有哪些？

本题目从相关文件入手，解释铁路项目用地相关的一些常用概念。

一、“土地增减挂钩”和“耕地占补平衡”

（一）土地增减挂钩

《城乡建设用地增减挂钩节余指标跨省域调剂管理办法》规定，城乡建设用地增减挂钩节余指标跨省域调剂，是指“三区三州”及其他深度贫困县城乡建设用地增减挂钩节余指标由国家统筹跨省域调剂使用。其中“三区三州”为西藏、四省藏区、南疆四地州和四川凉山州、云南怒江州、甘肃临夏州。

“土地增减挂钩”，“增”是指城镇建设用地指标的增加，“减”是指农村建设用地指标的减少（主要是深度贫困地区），增减要挂钩，从以宅基地为主的村庄占地中腾出土地复垦，将这种“耕地的增加”作为指标卖给建设用地紧缺的城里，城里购买了多少指标，就可以增加利用多少耕地，将这指标一增一减进行跨区域挂钩[1]。

［1］ 乡村振兴网.乡村振兴必知的20个土地基础知识[EB/OL].(2022-09-26)[2023-12-15]. http://fpb.chifeng.gov.cn/ztzl/xczxj_tszs/202209/t20220926_1892507.html.

（二）耕地占补平衡

耕地占补平衡政策是指建设占用多少耕地，各地人民政府就应补充划入多少数量和质量相当的耕地。占用耕地的单位要负责开垦与所占用耕地的数量和质量相当的耕地；没有条件开垦的，应依法缴纳耕地开垦费，专款用于开垦新的耕地。

二、建设用地的五个分类

建设用地按用地性质一般分五类：商业用地、综合用地、住宅用地、工业用地和其他用地。

（一）商服用地

商服用地是指该宗地块规划的用地性质是用于建设商业服务业用房屋，出让后用地的使用年限为40年。可细分为批发零售用地、住宿餐饮用地、商务金融用地、其他商服用地。

（二）综合用地

综合用地是指不同用途的土地所构成的土地，即同一宗地包含两种或两种以上不同用途的土地，例如商业、居住综合用地，科研设计、办公综合用地等。

（三）住宅用地

传统意义上的住宅用地，有两层意义：①住宅建筑基底占地及其四周合理间距内的用地（含宅间绿地和宅间小路等）的总称。②供人们日常生活居住的房基地（有独立院落的包括院落）。包括：城镇单一住宅用地，即城镇居民的普通住宅、公寓、别墅用地；城镇混合住宅用地，即城镇居民以居住为主的住宅与工业或商业等混合用地；农村宅基地，即农村村民居住的宅基地；空闲宅基地，即村庄内部的空闲旧宅基地及其他空闲土地等。

（四）工业用地

工业用地就是指独立设置的工厂、车间、手工业作坊、建筑安装的生产场地、排渣（灰）场地等用地。工业用地进一步细分为一类、二类、三类工业用地。①一类工业用地：对居住和公共设施等环境基本无干扰和污染的工业用地如电子工业、缝纫工业、工艺品制造工业等用地。②二类工业用地：对居住和公共设施等环境有一定干扰和污染的工业用地如食品工业、医药制造工业、纺织工业等用地。③三类工业用地：对居住和公共设施等环境有严重干扰和污染的工业用地如采掘工业、冶金工业、大中型机械制造工业、化学工业、造纸工业、制革工业、建材工业等用地。

（五）其他用地

其他用地是指规划范围内除居住区用地以外的各种用地，包括非直接为本区居民配建的道路用地、其他单位用地、保留的自然村或不可建设用地等。

三、土地出让的四种方式

土地出让方式有四种：招标、拍卖、挂牌和协议方式。出让的土地使用权人具有法定规范内的处置权，可进行转让、出租和抵押。

（一）招标

招标出让国有土地使用权，是指市、县人民政府土地行政主管部门发布招标公告，邀请特定或者不特定的公民、法人和其他组织参加国有土地使用权投标，根据投标结果确定土地使用者的行为。

（二）拍卖

拍卖出让国有土地使用权，是指市、县人民政府土地行政主管部门发布拍卖公告，由竞买人在指定时间、地点进行公开竞价，根据出价结果确定土地使用者的行为。

（三）挂牌

挂牌出让国有土地使用权，是指市、县人民政府土地行政主管部门发布挂牌公告，按公告规定的期限将拟出让宗地的交易条件在指定的土地交易场所挂牌公布，接受竞买人的报价申请并更新挂牌价格，根据挂牌期限截止时的出价结果确定土地使用者的行为。

（四）协议出让

协议出让国有土地使用权，是指国家以协议方式将国有土地使用权在一定年限内出让给土地使用者，由土地使用者向国家支付土地使用权出让金的行为[1]。

出让国有土地使用权，除依照法律、法规和规章的规定应当采用招标、拍卖或者挂牌方式外，方可采取协议方式。

四、边角地、夹心地、插花地

（一）边角地

边角地是指在城市规划区或者村庄建设规划区内难以单独出具规划条件、被“三旧”改造范围地块与建设规划边沿或者线性工程控制用地范围边沿分隔（割）、面积小于3亩的地块。

[1] 引自《协议出让国有土地使用权规定》（中华人民共和国国土资源部令第21号）。

（二）夹心地

夹心地是指在城市规划区或者村庄建设规划区内难以单独出具规划条件、被“三旧”改造范围地块包围或者夹杂于其中、面积小于3亩的地块。

（三）插花地

插花地是指在城市规划区或者村庄建设规划区内难以单独出具规划条件、与“三旧”改造范围地块形成交互楔入状态、面积小于3亩的地块[1][2]。

五、生地、毛地、净地、熟地

一般而言，生地、净地重点着眼于出让，而毛地、熟地更多着眼于建设。

（一）生地

生地是指在城市旧区范围内，已列入拆迁计划而尚未经过拆迁安置补偿的土地。

（二）毛地

毛地是指自然资源部门尚未出让、拍卖、划拨土地使用权的土地。毛地上存在需要被拆除的建（构）筑物等其他设施，且未进行前期基础设施建设、尚不具备二级开发建设的条件。

（三）净地

净地是指已经完成拆除，地面平整，并且不存在未被拆除的建（构）筑物等其他设施的土地。

---

［1］ 引自《广东省旧城镇旧厂房旧村庄改造管理办法》。

［2］ 李孟锐.土地征收中的残地补偿［J］.中国不动产法研究，2023(2)：198.

从权属的角度看，净地是指没有设定他项权利，土地占有、使用、收益、处分等权利不受限制的土地。

（四）熟地

熟地主要是指经过征地、拆迁和市政基础设施投入，可直接用于建设的土地。

供稿：铁路建设推进攻坚专班

13 铁路项目征地拆迁的范围和各方职责是什么？

征地拆迁工作是铁路项目建设过程重点、难点工作，是影响铁路建设进展的主要因素，也是影响铁路建设项目投资的主要因素，还是影响社会稳定的主要因素。征地拆迁补偿涉及老百姓的切身利益，必须按照国家和地方政府的相关政策组织实施，各级地方政府及相关单位对铁路建设项目征地拆迁工作高度重视，建立相关协调机制，积极推进征地拆迁工作。本题目从相关文件入手，梳理铁路项目征地拆迁的范围和政府各方的职责。

一、政策依据

征地拆迁工作的政策依据包括:《关于进一步做好征地管理工作的通知》（国土资发〔2010〕96号）;《国有土地上房屋征收与补偿条例》（国务院令第590号）;《关于完善铁路建设项目征拆包干协议的通知》（计统基电〔2016〕110号）;《中国铁路总公司关于进一步加强铁路建设项目征地拆迁工作和费用管理的指导意见》（铁总计统〔2017〕177号）;《湖杭铁路、杭衢铁路、温玉铁路征地拆迁工作实施意见》（浙发改基综〔2019〕446号）;《浙江省铁路建设土地和房屋征收安置工作实施办法（试行）》（浙发改基综〔2021〕352号）等。

二、征地拆迁范围规定

根据《浙江省铁路建设土地和房屋征收安置工作实施办法（试行）》（浙发

改基综〔2021〕352号）规定，征地拆迁范围包括红线内征收范围和红线外补偿范围。

（一）红线内征收范围

项目用地红线图内（包括补充设计和变更设计）的各功能分区用地、拆迁安置用地、铁路既有用地、道路沟渠改移用地和水域补偿用地及相应地上、地下建（构）筑物（含压覆矿）。

（二）红线外补偿范围

（1）因铁路建设涉及不改变土地权属的“只补不征”用地，包括边角地、夹心地及“小三改”用地等及相应地上附着物。

边角地是指新建铁路与既有铁路、高等级公路、河流、市政道路、重要管线及其他屏障性建（构）筑物地界桩之间形成的合围而且无法耕种的小面积土地。夹心地是指新建铁路与既有铁路、高等级公路、河流、市政道路、重要管线及其他屏障性建（构）筑物地界桩之间形成的宽度小于 20 米范围内的长带型可继续耕种的土地。“小三改”用地是指县级以下农村道路改移、沟渠改移，且涉及土地性质不改变的用地。

（2）距铁路外轨中心线 30 米以内的住宅、学校、医院、敬（养）老院等对环境敏感的建筑物。

（3）铁路两侧安全防护距离不符合国家标准、行业标准的地上及地下建（构）筑物（含压覆矿）。

（4）因铁路工程建设需要，施工期内使用的铁路红线批准范围以外的施工用地，包括弃渣场、制梁（板）场、铺架基地、材料加工（堆）场、施工便道等临时工程施工用地及相应地上、地下建（构）筑物（含压覆矿）。

（三）因铁路建设涉及的需迁改线路、管线

主要包括电力、通信线路、供水、排水管道、输油、输气、输料及热力

管道等。

三、征地拆迁工作职责分工

根据国家和浙江省现行有关法律法规政策及浙江省政府、国家铁路集团（含原铁道部、铁路总公司）关于浙江铁路建设有关文件，省级有关部门、浙江省自然资源征收中心、地方政府和相关部门以及项目公司是征地拆迁工作的相关主体，各主体的职责分工如下（详见下表）。

浙江省铁路项目征地拆迁工作职责分工

责任单位	职能	主要职责	备注
省级有关部门	协调指导服务	浙江省发展改革委负责征地拆迁工作总协调；浙江省自然资源厅负责项目用地工作总协调；省级其他有关单位按照各自职责，会同沿线地方政府及时做好指导服务工作	—
浙江省自然资源征收中心	指导监管	负责对铁路建设项目征地拆迁事前事中事后进行监督监管；参加协调项目公司与地方政府依法合规签订征地拆迁包干协议，对征地拆迁工作进度和政策执行情况进行业务指导，督促项目公司及时拨付包干范围内各阶段征地拆迁费用；督促项目公司和地方政府及有关部门办理建设用地组件报批，临时用地审批等相关用地手续；组织有关专家对项目用地土地勘测定界成果数据进行审查，确保征地拆迁工作依法合规开展	—
地方政府和相关部门	征地拆迁实施主体	负责土地征收征用，房屋拆迁（集体土地上的建筑物、工矿企业）、青苗及地面附（构）着物各类管线迁改移、压覆矿产资源和文物保护地质灾害、大小“三改”、房屋炮损的修复或补偿（除施工单位原因造成损坏外）等；配合项目公司或施工单位做好临时用地借地监督指导项目公司做好临时用地复垦、耕地表土剥离等方案编制工作	包括发展改革铁指（铁办、轨道办）、财政、公安、自然资源和规划局、人力社保、生态环保住建、交通运输水利、农业农村、林业、文物、电力、通信、政法、维稳、信访等部门

续表

责任单位	职能	主要职责	备注
项目公司	工程建设项目业主	及时提供土地勘测定界成果资料、用地红线图和按县（市、区）行政区划划分的征地拆迁概算清单负责组织施工单位开展安全文明施工及时解决建设过程中的各类问题；督促施工单位及时办理大临用地租用审批手续落实复垦工作；做好地方政府需建设单位配合的其他工作	—

供稿：倪雅菲

14 铁路项目征地拆迁费用包干范围是什么？

2014年，原中国铁路总公司探索改进征迁费用概预算管理工作方式，提出“征地拆迁政府包干模式”，并于2017年正式发布《中国铁路总公司关于进一步加强铁路建设项目征地拆迁工作和费用管理的指导意见》（铁总计统〔2017〕177号），要求今后新建铁路项目征地拆迁工作均采取地方政府包干制，并在项目初步设计批复前完成包干协议的签订工作。本题目从相关文件入手，梳理铁路项目征地拆迁费用包干的范围和相关工作要求。

一、政策依据

铁路项目征地拆迁费用政策依据包括：《关于进一步做好征地管理工作的通知》（国土资发〔2010〕96号）；《国有土地上房屋征收与补偿条例》（国务院令第590号）；《关于完善铁路建设项目征拆包干协议的通知》（计统基电〔2016〕110号）；《中国铁路总公司关于进一步加强铁路建设项目征地拆迁工作和费用管理的指导意见》（铁总计统〔2017〕177号）；《湖杭铁路、杭衢铁路、温玉铁路征地拆迁工作实施意见》（浙发改基综〔2019〕446号）；《浙江省铁路建设土地和房屋征收安置工作实施办法（试行）》（浙发改基综〔2021〕352号）等。

二、征地拆迁费用组成

根据《铁路基本建设工程设计概（预）算编制办法》TZJ 1001—2017，铁路项目征地拆迁费用的初步设计概算列示为“拆迁及征地费用”。在初步设计概算中，该费用组成结构详见下图。

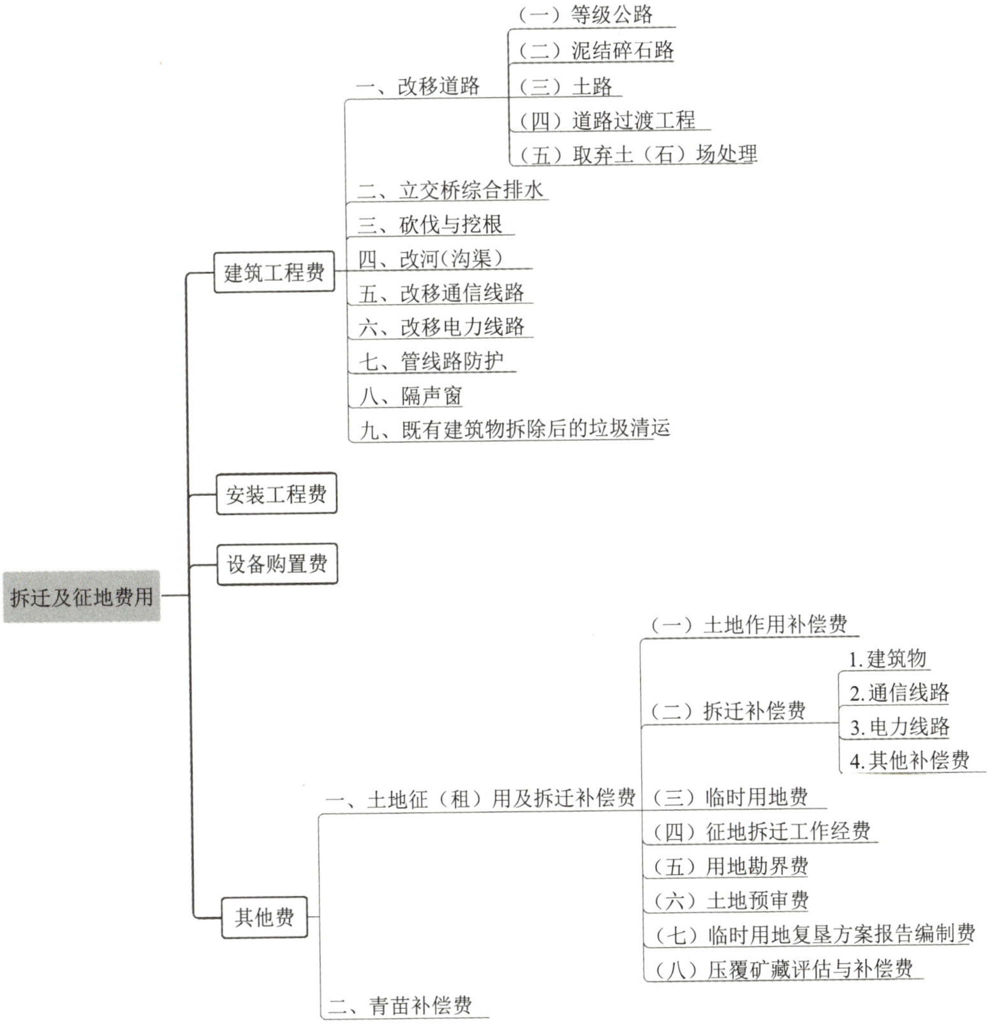

铁路项目设计概算拆迁及征地费用组成图

图中标记费用组成的相关解释详见下表。

铁路项目设计概算费用部分列项说明

工程及费用名称	单位	列项说明
Ⅰ建筑工程费	正线公里	—
一、改移道路	公里	指对既有道路进行改移、改建、平顺等引起的有关工程费用含下穿铁路立交桥（涵）内道路及两端的引道
（一）等级公路	公里	包括市政道路，含为确保既有道路交通及施工与运营安全所修建的过渡工程
（四）道路过渡工程	元	指为了不中断既有道路交通，确保施工、运营安全所修建的过渡工程
二、立交桥综合排水	处	包括排水泵站房屋、排水设施
三、砍伐与挖根	棵	指修建铁路正式工程所发生的砍伐、挖根或移栽。若土地征用补偿费中已含此费用，则不计列
四、改河（沟渠）	元	指因修建铁路正式工程而需对既有河道、沟渠进行平顺、改移、防护等所发生的有关费用
五、改移通信线路	公里	指对既有通信线路进行改移、改建等引起的有关工程费用。若拆迁补偿费中已含此费用，则不计列
六、改移电力线路	公里	指对既有电力线路进行改移、改建等引起的有关工程费用。若拆迁补偿费中已含此费用，则不计列
七、管线路防护	元	指修建铁路时须对既有管线路进行的防护、加固，含电磁防护
八、隔声窗	平方米	—
九、既有建筑物拆除后的垃圾清运	元	指为修建铁路正式工程须对建筑物拆除后的垃圾进行的清运。若拆迁补偿费中已含此费用，则不计列
Ⅱ安装工程费	元	—
Ⅲ设备购置费	元	含排水泵站设备
Ⅳ其他费	元	—
一、土地征（租）用及拆迁补偿费	正线公里	指为进行铁路建设需支付的永久用地的土地补偿费、安置补助费及青苗补偿费、必须缴纳或发生的失地农民保险菜地开发建设基金、耕地开垦费、耕地占用税、森林植被恢复费拆迁补偿费，临时用地费，征地及拆迁手续费、用地勘界费土地预审费、临时用地复垦方案报告编制费、压覆矿藏评估与补偿费等

续表

工程及费用名称	单位	列项说明
（一）土地征用补偿费	亩	指征用永久用地所发生的土地补偿费、安置补助费及青苗补偿费、必须缴纳或发生的失地农民保险、菜地开发建设基金、耕地开垦费、耕地占用税、森林植被恢复费等费用，可按不同土地性质分列
（二）拆迁补偿费	元	指被永久征用土地上的房屋及附属构筑物城市公共设施等迁建补偿费等；既有管线路迁改，改沟（渠、河），导流设施、消能设施、挑水坝修建及河道加固防护等所发生的补偿性费用；项目建设造成封井，农田、水利设施、水系损坏及房屋损坏修复费或补偿费等
1. 建筑物	元	—
2. 通信线路	公里	—
3. 电力线路	公里	—
4. 其他补偿费	元	包括既有管线路迁改，改沟（渠、河）导流设施、消能设施挑水坝修建及河道加固防护等所发生的补偿性费用；项目建设造成封井，农田水利设施、水系损坏及房屋损坏修复或补偿费等
（三）临时用地费	亩	指取弃土（石）场（含隧道弃渣场）以及大型临时设施中的临时场站等工程的临时占地费用，包括租用土地青苗补偿、拆迁补偿、复垦、管理费及其他所有与土地有关的费用等。按临时用地的用途分项列出
（四）征地拆迁工作经费	元	指在征地拆迁过程中，工程所在地有关部门配合征拆工作所发生的相关人员的工作经费、资产评估费及土地登记管理费等
（五）用地勘界费	元	—
（六）土地预审费	元	—
（七）临时用地复垦方案报告编制费	元	—
（八）压覆矿藏评估与补偿费	元	—
二、青苗补偿费	元	指在铁路用地界以外修建正式工程发生的青苗补偿

三、征地拆迁包干范围

根据《浙江省铁路建设土地和房屋征收安置工作实施办法（试行）》（浙发改基综〔2021〕352号）规定，征地拆迁包干范围分为完全政府包干和不完全政府包干。

（一）完全列入地方政府包干事项

（1）永久用地（含补征地农民保障、耕地占补平衡）、安置用地报批及征收。

（2）地上、地下房屋及建构筑物（含环保拆迁和铁路安全管理涉及拆迁，既有铁路生产生活设施和多经、集经设施拆迁）的征收（搬迁），安置用房的建设。

（3）“三电”及地上、地下管线迁改；道路、沟渠改移涉及的非用地红线范围内的土地补偿和超出既有标准增加的费用。

（4）压覆矿产资源、文物保护及地质灾害处理。

（5）因建设造成的农田、水利设施、水系损坏及房屋损坏的修复或补偿（施工单位原因造成损坏由施工单位负责实施补偿）。

（二）不完全列入地方政府包干事项

（1）综合开发用地暂不列入包干范围，由项目建设单位和当地政府根据国家和省有关规定执行。

（2）临时用地借地、复垦，道路沟渠改移，耕作层剥离等，由项目建设单位负责，并承担相关费用；以上事项超出初步设计标准增加的费用由当地县（市、区）政府负责。

（3）因国家、省政策调整和铁路设计变更而引起的范围及费用调整，按法定程序处理。

四、征地拆迁费用包干范围

根据《中国铁路总公司关于进一步加强铁路建设项目征地拆迁工作和费用管理的指导意见》（铁总计统〔2017〕177 号）规定，铁路项目征地拆迁费用包干范围包括：

（1）征收土地费用，必须交纳或发生的被征地农民保险、耕地占补平衡、耕地占用税等与土地相关的费用，以及道路、沟渠改移涉及的非用地红线范围内的土地补偿费用和超出既有标准增加的费用。

（2）拆迁地面、地下建（构）筑物（含环保拆迁和铁路安全管理条例涉及拆迁，既有铁路生产生活设施和多经、集经设施拆迁）的补偿费用。

（3）“三电”及地面、地下管线迁改费用。

（4）压覆矿产资源及进行文物保护和处理地质灾害引起的补偿费用。

（5）因建设造成农田、水利设施、水系损坏及房屋损坏的修复或补偿费用（因施工单位原因造成损坏除外）。

供稿：浙江省铁路建设推进攻坚专班

15 铁路项目征地拆迁政府包干模式的工作要点是什么？

为了进一步压实沿线地方政府在征地拆迁工作中的主体责任，创造良好的施工建设的外部环境，加快项目建设进度、避免不必要的工期浪费，《中国铁路总公司关于进一步加强铁路建设项目征地拆迁工作和费用管理的指导意见》（铁总计统〔2017〕177号），将“征迁包干”列为项目建设的必要条件。本题主要分析该文件提出的“将征地拆迁包干协议的签订作为项目可研批复的前置条件”工作要点，并提出工作建议[1]。

一、政策依据

《中国铁路总公司关于进一步加强铁路建设项目征地拆迁工作和费用管理的指导意见》（铁总计统〔2017〕177号）第四条提出，新开工路地合资项目，在项目可行性研究阶段由项目公司或相关铁路局与地方政府签订铁路建设项目征地拆迁包干框架协议，明确地方政府负责征地拆迁工作并承担费用的范围和内容，计入股份的权益额度，该协议作为可行性研究上报的前置条件其相关内容纳入可行性研究批复文件。

项目建设单位以初步设计批复征地拆迁费用为基础，与地方政府签订征地拆迁实施协议，由地方政府根据实施协议中明确的工期和费用要求组织实施。征地拆迁实施协议签订后内容原则上不再调整，如因国家重大政策变化

［1］ 马志国，徐斌．浅谈铁路项目征地拆迁政府包干模式下的投资控制［J］．铁路工程技术与经济，2022(37)：41-44.

确需调整的，由国铁集团与省级地方政府协商确定。

该条明确“将征地拆迁包干协议的签订作为项目可行性研究批复的前置条件”，要求在征迁实施前，路地双方就要依据征迁费用概算金额签订框架协议，并且严格控制费用调整的条件，一步到位实现“概预算–包干”的征迁费用管理闭环。

二、工作要点

按照这一政策要求，地方政府征迁包干工作需要在以下三方面作出具体安排。

（一）深入细致开展征迁数量前期调查

为了后续工作的有序开展，需要各参与主体从职责角度出发，更加深入细致开展征迁前期调查工作。其中，设计单位要根据选线要求对沿线涉及征收土地、拆除建构筑物，以及各类管线迁改的工作量进行细致调查；地方政府要在调查过程中对征迁政策及数量进行确认，尤其对各类管线的迁改方案需进行专题论证。征迁数量的确定，除考虑通用的技术规程外，还要特别重视例外情况，主要有以下三类：

1．特殊用地数量

铁路建设除主体工程外还涉及附属工程“四电”及“河道补偿”用地，在工程实践中附属用地数量及方式需结合具体点位进行专项设计，部分细部工程实施方案在初步设计阶段无法稳定落地，可能存在部分偏差，因此在征地数量确认阶段要特别关注零星用地数量的精确计量。

2．建（构）筑物拆迁量

建（构）筑物的拆迁数量中，除大量民房征收外，还涉及厂矿、企事业单位的征收，对该部分拆迁的范围认定，一方面要考虑征迁成本的因素，另一方面必须从对被征收人资产的实际使用功能破坏程度进行专项论证，结合属地政府的征迁政策确定征收范围和具体数量。

3．管沟（线、缆、渠）道路迁改量

管沟（线、缆、渠）道路迁改数量的确定相对直观，但若该部分迁改的实施方案存在较大偏差，也容易导致工作遇阻。主要原因是实施方案未充分考虑拆迁设施产权单位对迁改工程需求，实施方案与原设计方案存在偏差，导致迁改费用增加，严重影响征迁工作进度。特别是高压电力线迁改，必须由专业设计院出具迁改方案，以此作为依据计量具体的迁改数量。

（二）依标依规确定征迁定额单价

结合地方政府征地拆迁补偿的相关标准要求，按照土地征收定额、建（构）筑物拆迁定额、管沟（线、缆、渠）道路迁改定额及其他特殊事项征收四大类，确定征迁定额单价。其中：土地补偿按照征收地类又分为集体土地和国有土地两大类，其中征收集体土地的按照《中华人民共和国土地管理法》的要求分为补偿费、安置补助费，以及地上附着物和青苗补偿费，补偿标准及调整办法均由各省（自治区、直辖市）自然资源和规划部门公布；对于国有土地的补偿一般参照县（区、市）自然资源和规划部门公布的基准地价作为依据，对于特殊事项可采取评估方式确定。

建构筑物拆迁定额主要是房屋及企业拆迁补偿，根据补偿的方式不同，建构筑物的拆迁定额确定可以分为“货币补偿”与“产权置换”两种方式。当前铁路项目拆迁“红线内民房拆迁安置地指标纳入建设红线同步报批，敏感区房屋无安置地”的通行政策，房屋企业的拆迁定额确定原则应为：红线内拆迁按照产权置换原则测算，敏感区拆迁按照货币补偿原则测算。

（三）不重不漏汇总征迁概预算总费用

基于确定的征迁数量和征迁概预算定额，可得到征地拆迁费用总额。在此基础上，还需要充分考虑相关税费因素。在地方政府的征地拆迁过程中，涉及的主要规税（费）主要有耕地占用税、占补平衡指标费、森林植被恢复费等税种（具体税种根据项目会有调整），税率以政府税务部门文件为准，详见下表。

铁路征迁规税（费）征收一览表

序号	税（费）种	计费基础	税（费）率	计税（费）依据
1	耕地占用税	耕地占用税的征收范围包括耕地、园地、林地、草地、农田水利用地、养殖水面、渔业水域滩涂以及其他农用地	铁路线路工程占用耕地，减按2元 /m^2 的税额征收耕地占用税	《中华人民共和国耕地占用税法》《中华人民共和国耕地占用税法实施办法》
2	耕地开垦费	耕地和园地	各省市出台的有关耕地开垦费标准	《中华人民共和国土地管理法实施条例》及各省市出台的有关耕地开垦费标准
3	耕地占补平衡指标	耕地	各省市出台的文件标准	国务院办公厅关于印发《跨省域补充耕地国家统筹管理办法》《城乡建设用地增减挂钩节余指标跨省域调剂管理办法》及各省市文件
4	森林植被恢复费	林地	各省市出台的文件标准	财政部国家林业局《关于调整森林植被恢复费征收标准引导节约集约利用林地的通知》（财税〔2015〕122号）及各省市出台的文件标准
5	水土保持补偿费	一般为用地批复红线范围内的所有土地	各省市出台的文件标准	财政部国家发展改革委水利部中国人民银行《关于印发〈水土保持补偿费征收使用管理办法〉的通知》（财综〔2014〕8号）及各省市出台的文件标准
6	被征地农民社会保障费用	一是按用地数量缴纳；二是按人口数量缴纳，具体根据地方要求办理	按各省市文件标准	《中华人民共和国土地管理法实施条例》及各省市出台的文件

征迁包干费用的确定具有明显的时效性，且费用的执行，短则三个月，长则一年。提前签署并固定的征迁包干费用，难以体现后续一段时期内固定资产价格较大幅度的波动，由此可能出现预算费用与实际费用的较大差异，导致征迁资金缺口。因此，需要充分考虑征迁包干协议中的“包干总费用”的影响因素。

供稿：马志国、徐斌

16 铁路项目投资概算中“预备费”如何使用？

“预备费”是难以事先预料的工程费用，包括基本预备费和价差预备费。其中，“基本预备费”属于静态投资，以本项目的“工程费用”和“其他费用”为基数，按照一定比例（通常取值为5%或者10%）计提。“价差预备费”属于动态投资，是为应对项目建设期内工程造价相关因素（比如材料、设备、费用标准调整等）的价格变动可能对总投资的影响而预留的费用。实践中，为控制铁路项目投资，一般不计提价差预备费，而是按照《关于铁路建设项目实施阶段材料价差调整的指导意见》（铁建设〔2009〕46号）和《关于补充铁路建设项目实施阶段材料价差调整目录的通知》（铁建设〔2012〕230号）的文件规定，按照主材和其他材料等进行分类处理。本题主要解释“基本预备费”的组成、管理重点以及相关使用规定[1]。

一、“基本预备费”的内容

根据《铁路基本建设工程设计概（预）算编制办法》TZJ 1001—2017。基本预备费的计算基数是：拆迁及征地费用、路基、桥涵、隧道及明洞、轨道、通信、信号、信息及灾害监测、电力及电力牵引供电、房屋、其他运营生产设备及建筑物、大型临时设施及过渡工程等费用总额。基本预备费按费率计算，可行性研究阶段为10%，初步设计阶段为5%。

需要注意的是：基本预备费不含I类变更设计增加的费用，以及施工质量

[1] 张旭.铁路建设项目清理概算常见问题分析及对策［J］.上海铁道科技，2018(2)：113-114.

不符合设计要求而造成的返工费用和废弃工程费用。

基本预备费主要用于：施工中必须增加的工程和按规定需要增加的费用（含相应的价差及税金）；建设过程中工程遭受一般自然灾害所造成的损失或为预防自然灾害所采取的措施费用；在上级主管部门组织施工验收时，验收委员会（或小组）为鉴定工程质量，必须开挖和修复隐蔽工程的费用；征地、拆迁的价差。

二、“基本预备费”的使用

建设管理机构在项目的不同阶段，有不同的关注重点，需从可行性研究、初步设计批复、施工图审查、合同签订、合同清单、市场环境、地质条件、设计标准等进行全面统筹、协调。

（一）项目开工阶段

详细了解“预备费”的内容组成和资金由来，严格审查合同约定范围内“预备费”使用的范围以及具体标准，明确下一步使用时间和用途。

（二）实施阶段

建设单位会同设计单位、监理、施工、项目公司等实施单位进一步明确“预备费”的使用内容，对于不在批复范围里的“预备费”，各相关单位应对其进行分析说明，按照相关流程报批上级主管部门同意后方可实施；严格按照合同约定处理相关问题，对于合同约定不予调整或属于风险包干费的内容，不得调整；对于合同外工程及其他特殊问题需依规签订补充合同后另行处置。严格对各项变更设计、新增工程等真实性进行审核，执行“先批准、后实施、先设计、后施工”的变更管理办法。

（三）清概阶段

详细对比初步设计批复里的“预备费”清单，充分利用第三方审价单位的经验和专业力量，对“预备费”的使用进行全面的结算和审计。

供稿：陆瑜

17 铁路项目投资概算中"其他费"如何使用?

"其他费"是铁路建设项目初步设计概算中的一项单列费用，归属于项目静态投资，具体是指除建筑安装工程费、设备购置费、基本预备费之外的相关静态投资费用，但不包括政府部门对建设项目实施审批、核准或备案管理，委托专业服务机构等中介提供评估评审等服务所发生的费用。"其他费"是建设单位项目管理的重要组成部分，也是建设单位管理手段、措施能否有效落实的直接反映，体现了市场决定资源配置的相关要求。本题主要解释"其他费"的组成、部分分项管理重点以及相关使用规定[1]。

一、"其他费"组成内容

根据《铁路基本建设工程设计概（预）算编制办法》TZJ 1001—2017，"其他费"主要包括以下内容。

（一）政府方关注的部分

1．土地征（租）用及拆迁补偿费和临时用地费

上述两项费用的计取要按照初步设计中明确的具体数量取费计算，因此，费用计取过程和结论是否科学合理，直接关系到下阶段征迁工作能否顺利推进。

[1] 宗晔宁.铁路工程建设单位对其他费费用控制的分析与建议[J].中国科技纵横，2018(8)：125-126.

2．建设项目前期费

建设项目在预可行性研究及可行性研究阶段，进行项目论证评估、立项批复、申报核准等工作所发生的有关费用。浙江省铁路项目采用“筹建办+项目公司”模式推进，筹建办为主体开展建设项目前期工作，相关费用将在建设业主单位（项目公司）成立后，经审计确认后一并移交。

（二）建设单位关注的内容

1．建设单位管理费

建设单位管理费的计取基数，是从项目筹建之日起至办理竣工财务决算之日止发生的管理性质开支。以建设项目静态投资（不含项目建设管理费）、价差预备费和建设期投资贷款利息总额扣除土地征（租）用及拆迁补偿费为基数，按下表中所规定的费率采用累进法计算。

项目建设管理费费率表

总概算（万元）	费率（%）	算例（万元）	
		总概算	项目建设管理费
1000 以下	1.5	1000	1000×1.5%＝15
1001～5000	1.2	5000	15+（5000−1000）×1.2%＝63
5001～10000	1.0	10000	63+（10000−5000）×1%＝113
10001～50000	0.8	50000	113+（50000−10000）×0.8%＝433
50001～100000	0.5	100000	433+（100000−50000）×0.5%＝683
100001～200000	0.2	200000	683+（200000−100000）×0.2%＝883
200000 以上	0.1	280000	883+（280000−200000）×0.1%＝963

2．建设单位印花税及其他税费

项目建设单位发生的各类与建设相关的税费，包括合同印花税、资本金印花税、房产税、车船税、契税及按规定缴纳的其他税费等。一般以工程费用扣除土地征拆补偿费用的0.07%计提。

3．施工监理费

项目建设单位通过招标方式选择相应资质单位开展施工监理所需的费用。

按国家有关规定执行。

4. 其他费用

勘察设计、设计审查、其他咨询、施工配合、安全生产、联调联试等费用按照国家相关定额标准计取。

二、“其他费”不足的处理

出现“其他费”不足的情况时，按照不同情形，有针对性的采取措施。

（一）某个分项或子项不足

其他费的15个分项中出现个别分项计取不足，如勘察设计费、项目建设管理费、其他咨询服务费等，建议先行比较该分项或子项具体费用组成清单，分析实际发生投资增减变化情况，进一步审核工程量、取费标准等，衡量其是否具备从“基本预备费”列支的条件。

（二）遗漏或漏项

如出现分项遗漏或分项计取漏项，建议先行对比费用组成的具体清单，根据项目分析产生漏项的原因，按照各参建单位的分工，邀请第三方单位对漏项进行严格审查，衡量是否具备增项的可能性，最后对比概算中“基本预备费”的余额，衡量其是否可列支。

（三）部分取费标准不一致

铁路项目是涉及地域广、工期长、影响因素多的工程，如出现部分取费标准不一致，建议先行对比国家、行业、地方有关的文件规定，找出问题产生的原因，由建设单位、咨询单位、审计单位汇总后对该问题进行逐一审核、协调，找出相应的文件依据，建设期结束后，在项目清理概算的过程中逐步解决。

总体来说，“其他费”的管理是建设单位项目管理中的重要组成部分，贯穿于整个项目建设，不仅需要在结算过程中多加关注，更需要在费用编制前，充分发挥建设单位在市场和建设项目上的积极作用，在咨询单位的管理和费用支出上严格把关、重点环节重点控制，切实把该项费用控制在设计概算范围之内，最大限度地避免出现“其他费”不足的问题。

供稿：陆瑜

18 铁路项目资金筹措渠道一般有哪些？

铁路项目资金来源一般分为资本金和项目融资两大类。其中，资本金一般按照铁路项目属性，有国家出资、地方出资和社会资本参与出资等形式，具体资金包括财政预算资金、各类基金等；项目融资则主要靠国内银行贷款解决。本题从项目属性出发，探讨铁路项目资金筹措的渠道。

一、关于铁路项目资金保障的有关文件

（一）《铁路发展基金管理办法》（发改基础［2014］1433号）

2014年6月25日，国家发展改革委、财政部、交通运输部联合印发《铁路发展基金管理办法》，该文件是落实国务院铁路投融资体制改革的重要举措，明确了铁路发展基金多元化铁路投融资市场主体的定位，要求其发挥财政性资金引导作用，吸引社会资金投入，扩大铁路建设资本金来源。文件特别指出，铁路发展基金主要用于国家批准的铁路项目资本金，规模不低于基金总额的70%；其余资金投资土地综合开发等经营性项目，提高整体投资效益。国铁集团在建合资铁路项目需由铁路发展基金出资的，在履行相关审批程序后，由基金公司按其剩余出资金额和股比完成后续出资[1]。

[1] 王子约.铁路发展基金“指南”亮相保证社会资金回报［N］.第一财经日报，2014-07-09.

（二）《铁路项目中央预算内投资专项管理办法》（发改基础规〔2023〕1761号）

该文件明确的支持方向包括：按照客货并重、新建改扩建并举的原则，支持畅通中西部和东北地区骨干通道、强化边疆国防保障的干线铁路项目；支持京津冀等城际铁路项目；支持铁路货运能力提升项目；支持中欧班列铁路基础设施提级改造和重点铁路口岸扩能改造项目。

按照文件要求，浙江省铁路项目可申请的中央预算内资金标准有：①重点城市群跨省和区域骨干城际铁路项目累计安排规模不高于资本金的10%。②铁路货运能力提升项目安排规模不高于资本金的20%。③中欧班列铁路基础设施提级改造项目（重点铁路口岸扩能改造）安排规模不高于资本金的20%。

对照文件要求，申请中央预算内资金的项目应具备以下条件：①符合文件确定的领域和方向；②符合国家批准的中长期铁路网规划、五年发展规划和相关专项规划；③按照有关规定，项目已通过全国投资项目在线审批监管平台完成审批、核准或备案，并具备开工条件；④建设资金来源和建设条件基本落实；⑤符合年度申报要求的其他条件。

二、铁路项目国家出资来源

铁路项目出资主要有国铁集团自有资金、中央预算内投资、铁路建设债券、铁路建设基金、铁路发展基金等。

（一）国铁集团自有或自筹资金

在国家发展改革委对铁路项目的批复中，常见表述为国铁集团出资由企业自筹解决，可以理解为国铁集团自有或自筹资金。

（二）中央预算内投资

国家发展改革委已在可研批复时承诺投资，对照《铁路项目中央预算内投资专项管理办法》（发改基础规〔2023〕1761号），根据铁路项目性质和所在的区域，按不同比例计算资金支持规模。

（三）铁路建设债券

铁路建设债券最早发行于1995年，因当时的发行主体为原铁道部，又简称铁道债；后续随着铁路体制改革，铁路建设债券的发行主体陆续变更为中国铁路总公司、国铁集团。铁路建设债券为国家发展改革委企业债范畴，为政府支持债券，国家发展改革委负责对铁路建设债券的发行进行批复。按照《国务院关于印发〈扎实稳住经济一揽子政策措施〉的通知》（国发〔2022〕12号）要求，国家发展改革委批复国铁集团发行3000亿元铁路建设债券，并明确所筹资金1002.6亿元用于铁路建设项目，250亿元用于装备购置，1747.4亿元用于债务结构调整（其中500亿元用于控股企业纾困）。

（四）铁路建设基金

铁路建设基金指经国务院批准征收的专门用于铁路建设的政府性基金，纳入预算管理，属于政府性基金的中央收入科目，实行收支两条线的管理方式，性质上与民航发展基金较为类似。铁路建设基金由铁路运输企业在核收铁路货物运费时一并核收，在运费收款凭证中注明铁路建设基金的征收标准和征收金额，并纳入铁路运输企业运输收入中单独核算。征收范围是经国铁集团正式营业线和执行统一运价的运营临管线运输的整车、零担和集装箱货物。

铁路建设基金主要用于国家计划内的大中型铁路建设项目以及与建设有关的支出，主要包括：铁路基本建设项目投资、购置铁路机车车辆、与建设有关的还本付息、建设项目的铺底资金、铁路勘测设计前期工作费用、合资铁路的注册资本金、建设项目的周转资金以及其他支出。铁路建设基金由铁路运输企业在核收铁路货物运费时一并核收，纳入铁路运输企业运输收入中单独核算[1]。

三、铁路项目地方出资来源

铁路项目地方出资部分主要包括地方财政资金、地方政府专项债、铁路建设专项资金、地方铁路发展基金、铁路沿线收入反哺和其他企业出资等。

（一）财政资金

在铁路项目的工程可行性研究报告批复中，常见表述为“地方出资由相关省（市）及沿线地方按照相关规定要求使用财政资金等出资”。这部分资金为地方政府按照政府收支管理的要求，为铁路项目筹集建设资金，资金的使用情况体现在各省的年度财务决算报告及决算情况表中的“一般公共预算支出-交通运输支出-铁路运输”部分。在企业投资的铁路PPP项目中，财政资金还常以运营期补贴的形式体现。

（二）地方政府专项债

这里所指的专项债为财政部管辖的地方政府专项债券，不包括国家发展改革委企业债范畴的专项债。2019年，中共中央办公厅、国务院办公厅印发的《关于做好地方政府专项债券发行及项目配套融资工作的通知》提出了允许将专项债券作为符合条件的重大项目资本金，当年即有铁路项目利用专项债做资本金的项目落地。专项债在用于铁路项目时，可根据项目实际情况，同时用作项目资本金和项目债务部分，并在进行资金平衡测算后，使用“债贷结合”方案，进行市场化融资。

---

[1] 泓创智胜.专项债券100问铁路项目资金来源[EB/OL].(2023-04-04)[2023-11-15]. https://zhuanlan.zhihu.com/p/619314881.

（三）铁路建设专项资金

部分省市出台相关文件，明确安排铁路建设专项资金，一般是在土地出让收入中提取一定比例专项用于省内铁路建设。

（四）地方铁路发展基金

省级地方铁路发展基金通过吸引财务投资人等手段筹措铁路项目资本金。例如，山东省在2016年设立的山东省铁路发展基金，其基金运营主体是山东铁路发展基金有限公司（山东铁发）；安徽省利用省级筹措的非债务性资金建立了铁路建设投资基金，其基金运营主体是安徽省铁路发展基金股份有限公司（皖铁基金）。

（五）铁路沿线土地收入反哺

铁路沿线土地收入反哺，起始于2014年国务院办公厅印发《关于支持铁路建设实施土地综合开发的意见》（国办发〔2014〕37号），实施铁路用地及站场毗邻区域土地综合开发利用政策，支持铁路建设，即铁路领域的“土地资源补偿”和“TOD”，各地也陆续推出进一步的实施意见。

铁路沿线土地收入的反哺，本质上是将铁路项目的外部收益内部化，但铁路周边区域土地的开发、建设、运营存在时间差，在铁路土地取得收益前需要先投入资金进行土地的收储及一级开发工作，规划开发红线的划定和立项，以及国铁集团、地方政府、社会资本各方在主体和利益上的协调等，都需要地方政府将铁路站点周边的区域综合开发在一个很长的周期内，循序渐进做好筹划和安排，滚动做好产业和配套的开发。在部分铁路专项债项目中，这部分铁路周边土地的开发收益，预计以运营期补贴的形式通过政府性基金回流到项目。

（六）企业投资资金

在鼓励社会资本投资铁路的进程中，已经有多个铁路PPP项目落地，主要以地方铁路项目为主，包括城际铁路和货运铁路项目等，在运营期需要政府提供可行性缺口补贴以满足财务生存性[1]。

供稿：赖江帆

[1] 泓创智胜.专项债券100问铁路项目资金来源[EB/OL]. (2023-04-04)[2023-11-15]. https://zhuanlan.zhihu.com/p/619314881.

19 铁路项目典型的建设管理模式和特点是什么？

本题主要汇总分析业主自行管理（DBB）模式、项目管理（PMC）模式、工程总承包（EPC）模式、项目管理服务（PM）模式、施工管理承包（CM）模式和铁路局代建模式六大类铁路项目的典型建设管理模式的主要特点和异同[1]。

一、六大建管模式

（一）业主自行管理（DBB）模式

DBB（Design-Bid-Build）建设管理模式是由业主自行管理项目，设计、采购、施工由业主分别委托。业主自己组建指挥部，对项目实施过程进行策划、管理和控制。业主直接与施工单位、设备供货商签订合同。

DBB建设管理模式由业主成立临时指挥部牵头组织，委托相关的工程咨询单位承担相应的设计及施工的技术咨询管理服务工作。业主需要拥有一支专业齐全、具有相应管理能力和经验的项目管理团队，并选择一家监理企业对工程建设进行监理。国铁项目，由所在地铁路局牵头成立项目公司按DBB模式开展建设管理。浙江省境内项目，例如杭长客运专线等国家规划“八纵八横”

[1] 周华富.《铁路PPP项目实施机构管理实务——以杭绍台铁路PPP项目管理实践为例》[M].北京：中国市场出版社.2023.

铁路网中的项目，一般由沪昆铁路有限责任公司浙江公司负责。浙江省地方投资项目，一般由浙江省交通集团组建项目管理公司负责项目建设管理，200km/h以下的项目项目公司可自行开展项目管理、200km/h及以上客运专项项目一般委托中国铁路上海局集团有限公司代建管理。

（二）项目管理（PMC）模式

项目管理模式是指项目管理公司（或工程公司）受业主委托，按照合同约定，代表业主对工程项目的组织实施进行全过程或若干阶段的管理和服务。项目管理公司（或工程公司）受业主委托管理项目，设计、采购、施工仍直接与业主签订合同。

项目管理公司（或工程公司）根据项目的特点，抽调经验丰富、具有资格的人员，组成项目管理部PMO（Project Management Office），设计单位、供货商、施工单位受项目管理部PMO管理和控制，并直接向其报告工作。项目管理公司（或工程公司）一般不能在同一个工程项目上同时承担工程总承包又承担工程项目管理服务。

（三）工程总承包（EPC）模式

工程总承包是指工程总承包企业受业主委托，按照合同约定对工程建设项目的设计、采购、施工、试运行等实行全过程或若干阶段的承包。工程总承包企业对所承包工程的质量、安全、工期、造价全面负责。在这种模式下，工程总承包商按照合同约定，对工程建设项目的设计、采购、施工、试运行等实行全过程或若干阶段的承包；工程总承包的范围、承包方式，责权利等由工程总承包合同约定。特点是整个项目的责任和风险由承包商承担，能够提高项目的执行效率和工程质量。

（四）项目管理服务（PM）模式

项目管理服务（Project Management）是指从事工程项目管理的企业受业

主委托，按照合同约定，代表业主对工程项目的组织实施进行全过程或若干阶段或部分内容的管理和服务。项目管理企业按照合同约定，在工程项目决策阶段，可为业主编制可行性研究报告，进行可行性分析和项目策划；在工程项目的准备和实施阶段，可为业主提供招标代理、设计管理、采购管理、工程监理、施工管理和试运行（竣工验收）等服务，代表业主对工程项目进行质量、安全、进度、费用、合同、信息等管理和控制。项目管理企业不直接与该工程项目的总承包企业或勘察、设计、供货、施工等企业签订合同。项目管理企业一般应按照合同约定承担相应的管理责任[1]。

（五）施工管理承包（CM）模式

施工管理承包（Construction Management）模式又称阶段发包模式（Phased Construction Method）或快速轨道方式（Fast Track Method），与设计图纸全部完成之后才进行招标的传统的连续建设模式（Sequential Construction Approach）不同，其特点是由业主委托的 CM 模式项目负责人与设计单位、咨询工程师组成一个联合小组，共同负责组织和管理工程的规划、设计和施工。在项目的总体规划、布局和设计时，要考虑到控制项目的总投资，在主体设计方案确定后，完成一部分工程的设计，即对这一部分工程进行招标，发包给一家承包商施工，由业主直接与承包商签订施工承包合同。

（六）代建制模式

“代建制”是指投资方通过规定的程序，委托或聘用具有相应资质的工程管理公司或具备相应工程管理能力的其他企业，代表投资人或建设单位组织和管理项目建设的模式。“代建制”是一种特殊的项目管理方式。“代建制”除项目管理的内容外，还包括项目策划，报批，办理规划、土地、环评、消防、市政、人防、绿化、开工等手续，以及采购施工承包商和监理单位等内容。依据

[1] 李岩，陆惠民．项目管理服务与代建制模式的比较分析［J］．工程管理学报，2012(6)：14-17.

《基本建设项目建设成本管理规定》（财建〔2016〕504号），政府设立（或授权）、政府招标产生的代建制项目，代建管理费由同级财政部门根据代建内容和要求，按照不高于项目建设管理费标准核定，计入项目建设成本。对于建设地点分散、点多面广以及使用新技术、新工艺等的项目代建管理费确需超过本规定确定的开支标准的，按照有关权限进行审核批准与备案。

二、建设管理模式对比

从项目管理难度、管理层级、成本控制、风险转移能力和适用对象等方面，对六大建管模式的特点进行比较。

DBB模式，业主需招聘大批项目管理人员，可能出现招聘时间过长的问题；新组建的项目管理团队需要磨合过程，且需新建项目管理体系文件及管理规章制度；项目管理人员的配置难以动态调整，项目结束后存在项目管理团队重新安置问题。

PMC模式，业主需要委托一家有资质和有能力的项目管理公司（或工程公司），组建项目管理部PMO，还需对设计、采购、施工、监理进行招标，前期工作周期相对较长，项目管理部PMO代表业主对工程项目的组织实施进行管理，管理效率较高，可较好地控制投资，但是由于接口多，协调起来较难，对工程进度将会有一定影响。

EPC模式对于工期费用控制比较有利，但考虑项目出资方多，约束条件多，把控难度大，对于业主和EPC承包商风险均较大。

PM模式中业主可将项目管理工作委托给专业化的PM公司，既减轻了业主方的工作量，又提高了项目管理的水平，而且委托给PM的工作内容和范围比较灵活，可以使业主根据自身情况和项目特点有较多的选择。专业化的项目管理公司专业能力强，管理效率高，可节约管理成本[1]。

---

［1］ 彭丽，陈薇，刘保华．论工程项目管理中的CM模式与PM模式［J］．科技经济市场，2006(10)：137-138.

CM模式可以缩短项目计划、设计、竣工的周期，节约投资，较早取得收益。可以提早介入项目改进项目设计，通过分项招标和及时施工，减少设计变更。但是也可能导致承包费用较高，需要做好分析比较，充分发挥专业分包商专长。

代建模式具有政府职能合理性好，采购透明度高，节约管理成本，积累管理经验（专业化管理），制约腐败的优点。但其也存在设计方面的缺陷，导致施工阶段设计变更增多、施工效率低下、建设进度拖延、工程费用增加，不利于项目总体控制和合同管理。另外，项目设计单位和代建单位之间互相推诿责任，容易损害项目建设方的利益。

供稿：赖江帆

20 全过程工程咨询服务可以适用铁路项目吗？

铁路建设项目具有规模大、投资大、地方需求多元、专业程度高的特点，项目业主对项目建设可行性研究、项目实施总体策划、工程规划、工程勘察与设计、项目管理、工程监理、造价咨询及项目运行维护管理等全方位的全过程工程咨询服务有实际需求。本题结合浙江省建筑、水利、公路、未来社区等领域的全过程工程咨询政策应用实践，探讨地方铁路应用全过程工程咨询服务的必要性和可行性。

一、全过程工程咨询的主要内容

根据《建设项目全过程工程咨询标准》T/CECS 1030—2022的定义，全过程工程咨询是一种项目建设管理模式，具体是指咨询人在建设项目投资决策阶段、工程建设准备阶段、工程建设阶段、项目运营维护阶段，为委托人提供涉及技术、经济、组织和管理在内的整体或局部的服务活动，包括全过程总控管理服务和单项咨询服务，其中单项咨询又包括基本咨询和专项咨询。

全过程总控管理，是指为实现项目预期的进度、成本、质量、效益等总体目标，咨询人通过对项目进行策划、组织、协调和控制等全过程总体统筹，运用专门的知识、技能、工具和方法，对建设项目全过程进行管理的活动。

基本咨询，是对建设项目的投资决策、工程建设和维护运营等活动起到根本性影响作用的专业咨询服务，包括项目投资决策咨询、工程勘察设计、工程监理、工程招标采购、工程投资造价咨询、项目运营维护咨询等。

专项咨询，是对建设项目的投资决策、工程建设和维护运营等活动起到一定影响作用的专业咨询服务，包括不限于项目政策法律、项目产业、项目融资、项目特许经营、项目财务、项目信息、项目风险、项目绿色建筑、项目工程保险、项目资产评估、项目后评价等[1]。

二、浙江省地方铁路采用全过程工程咨询的必要性

（一）提升政府投资项目管理效率的需要

2021年12月31日，浙江省政府办公厅印发《浙江省扩大有效投资政策二十条》（浙政办发〔2021〕89号），提出要着力扩大有效投资、优化投资结构、提高投资效益，推广政府和社会资本合作（PPP）投资建设铁路模式。“十四五”期间，浙江省将新增铁路营运里程1800公里，加快省级省域干线铁路建设，积极推动城际铁路、市域（郊）铁路建设，预计总投资3000亿元。庞大的投资规模，促使政府投资主体积极应用项目管理创新模式、提升项目管理效率。从铁路项目管理要求来看，政府的主要管控目标在于科学决策和有效控制。目前，政府投资项目的决策、建设管理等环节还有一些薄弱项。比如，决策科学化程度不足，缺乏有效的责任约束机制；部分项目建设管理不规范，投资控制、工期控制方面的问题时有发生。据铁路行业有关统计，实现盈亏平衡的高铁项目双向客流密度一般为年均3000万～3200万人次，实现现金流平衡的高铁项目双向客流密度一般为年均2000万人次左右[2]。以此指标衡量，不少高铁项目的客流密度远无法支撑现金流。因此，有必要引入具有跨阶段服务能力的专业咨询，在项目策划、投资决策、建设控制等阶段，进行充分研究论

［1］ 引自《建设项目全过程工程咨询标准》T/CECS 1030—2022.

［2］ 佚名.多措并举轨道交通迈向新台阶［J］.世界轨道交通，2019(4)：38-40.

证，保障省内路网规划更系统、投资管理更科学，防范大规模超前建设带来的金融风险。

（二）落实地方铁路投资建设目标的需要

根据《浙江省综合交通运输发展“十四五”规划》，到2025年，浙江省将形成“五纵五横”客运网络和“四纵四横多联”货运网络主骨架，全省铁路网总里程达到5000公里，其中时速200公里及以上快速铁路里程2800公里，铁路网密度4.7公里/百平方公里；到2035年，全省铁路网总里程超7000公里，其中时速200公里及以上快速铁路里程4700公里，铁路网密度6.6公里/百平方公里。

未来15年，在铁路客运方面，浙江省将持续优化完善沪昆、京沪（杭）、沿海高铁通道能力，全面提升浙江与周边中心城市的通达能力，构建“五纵五横”客运网络，加强与国家“八纵八横”高速铁路网和长三角城际铁路网的衔接。铁路货运方面，构建“四纵四横多联”货运网络，加快港口后方通道建设、完善港口集疏运系统，实现与国家干线网的高效贯通，支撑“大湾区”建设；加强多式联运，打通铁路疏港、进企、入园“最后一公里”[1]。铁路枢纽建设方面，形成杭州、宁波、温州、金义四大全国性铁路枢纽和台州、衢州、丽水、绍兴、湖州、嘉兴六个区域性铁路枢纽，进一步衔接都市区发展规划和全省综合交通枢纽中长期布局规划，形成布局合理、疏解能力强、站场及配套设施充分的铁路枢纽新格局，服务经济社会发展。出省通道方面，结合既有、在建及规划铁路情况，与相邻的上海、江苏、安徽、江西、福建五个省市间形成13个方向，30条对外铁路通道。

在未来15年内，铁路建设投资仍将是浙江省基础设施投资的重中之重，需要在投融资模式、建设模式、管理模式、运营模式等方面进行不断探索创

[1] 交宣.交通强国建设的浙江方案——《关于深入贯彻〈交通强国建设纲要〉建设高水平交通强省的实施意见》解读［J］.今日浙江，2020(9): 2.

新，助力浙江铁路事业的健康快速发展[1]。

（三）破解铁路建设项目推进难点的需要

铁路建设具有技术复杂、关联方多、周期较长的特点，随着工程咨询服务市场化改革的不断深化，传统铁路建设咨询服务模式的弊端逐渐暴露。比如，业主协调工作量、组织管理难度大；专项咨询服务条块分割，沟通协调不顺畅，服务质量效益欠佳；路地之间存在较多分歧，缺乏高效的沟通机制，合作不够通畅。按照传统推进模式，铁路建设项目推进的难点问题主要集中在前期决策审批阶段和建设实施的征地拆迁阶段，具体为以下三方面问题：

一是线路技术方案不稳定。新建铁路项目可行性研究比选不同线位选址、工程投资、技术方案的优劣并提出推荐方案，但受沿线地方意见影响，项目技术方案短期内无法稳定，势必延长前期工作时间。比如甬舟铁路的技术方案从启动研究至方案基本稳定用时近7年。

二是立项审批涉面广、环节多。铁路项目从预可研至初步设计批复的前期工作，涉及近20项具体工作和环保、水利、文化、交通、地震、自然资源、电力公司7个单位部门。从近年来批复的铁路项目统计来看，从可行性研究评审到可行性研究正式批复，这一过程耗时短则1年，长则近4年。相对可行性研究批复过程，初步设计的批复相对要快速一些，一般在1年左右可获批通过。

部分铁路项目批复耗时统计

序号	项目名称	可行性研究评审时间	可行性研究批复时间	可行性研究耗时（天）
1	合肥至新沂铁路（安徽段）	2019-04-12	2019-12-27	259
2	杭州至黄山铁路	2009-09-26	2014-01-22	1579
3	鲁南高铁菏泽至曲阜段	2015-10-19	2018-08-16	1032
4	莱西至荣成铁路	2018-01-23	2020-04-29	827
5	潍坊至烟台铁路	2017-12-4	2020-06-29	938

[1] 章明春，李镔，钟明琳.铁路建设全过程工程咨询的浙江探索[J].浙江经济，2022（3）：49-51.

三是前期招投标工作时间长前置专题研究的咨询服务，至少需要经过预可行性研究咨询、可行性研究咨询、工程造价咨询、勘察设计招标代理、勘察监理、勘察设计咨询等多个招投标程序，考虑个别阶段可合并招标外，按最短时限45天计算，前期工作招投标工作占时至少7个月。在以往铁路项目的前期工作中，根据服务内容的不同，上述招投标工作将至少重复5次，加上建设实施过程中的施工单位、监理单位、检验监测等其他第三方服务等招投标内容，招投标的耗时更加长久。

四是概算不足导致征迁难度大。我国新建铁路项目已全面实施征地拆迁地方政府包干制，此举对于铁路项目的投资控制而言有重要作用[1]。在实践操作中，地方政府包干使用初步设计概算批复的政策处理费，但因民房、厂房、坟墓、电力线、管线、经济作物等迁改内容量大面广，补偿标准、补偿数量均会变化，并导致突破概算包干数额。超支的政策处理费往往需要沿线政府自行消化，由此给地方征迁工作带来巨大压力。

三、铁路项目应用全过程工程咨询的建议

（一）转变传统铁路项目管理思维

随着我国铁路建设的重心和事权更多地向地方转移，铁路建设咨询的服务需求日趋多元化，与传统铁路建设咨询服务供给模式的矛盾日益凸显。地方铁路建设主体不仅对“综合性、跨阶段、一体化”的咨询服务需求逐渐增强，而且就咨询服务对项目推进质量、效率、效益等的综合支撑作用提出了新要求。因此，迫切需要转变传统铁路项目管理思维，深化推进铁路建设咨询服务市场供给侧结构性改革，以适应地方多元一体化的咨询服务需求[2]。建议将全过程工程咨询模式作为地方铁路项目实施的优先选择，通过出台行业性指导意见，鼓励铁路全咨服务团队充分发挥沟通路地双方诉求反馈通道，建立顺畅沟

[1] 牛军璋.关于征地拆迁对铁路建设项目投资影响的思考[J].甘肃科技，2011，27(4)：3.

[2] 王章虎.设计单位推进全过程工程咨询的思考[J].工程与建设，2019，33(6)：3.

通协调机制等方面的积极作用，加快全咨模式的推广应用。

（二）建立“1+X”政策支撑体系

按照系统性研究理念，坚持问题导向和目标导向，政府层面要对铁路建设项目全过程工程咨询的组织实施模式、适用范围、推广路径，以及开展全过程工程咨询后对现有铁路建设管理模式的影响等进行研究，提出适应于铁路建设项目的全过程工程咨询的研究成果。建议形成地方铁路全过程工程咨询的“1+X”政策支撑体系，并明确政策的不同侧重点。其中，“1”为由省政府或省级行业主管部门发布的指导意见，可作为铁路全过程工程咨询行业发展的纲领性文件。具体形式为浙江省地方铁路全过程工程咨询试点的指导意见或浙江省铁路全过程工程咨询服务指南等[1]。“X”为涵盖具体咨询服务业务的各类技术服务标准、工作指南等。比如，聚焦招投标环节、咨询服务标准、咨询服务费用计取等内容，协调与现行相关政策规定，提出铁路行业咨询服务技术指南类个性化支撑政策。

（三）培育全过程工程咨询服务市场

铁路全过程工程咨询服务市场的培育，需要国家、省市地方政府出台各项政策加以指导。建议分步建立服务市场政策支撑体系，探索以招标示范文本和合同示范文本为市场主体开展实践提供支撑，降低项目推进过程中的政策风险；其次以服务标准为支撑，逐步建立涵盖计费标准、服务标准、服务评价标准等在内的地方铁路全过程工程咨询标准体系，引导市场主体选择全过程工程咨询模式[2]；再次通过铁路全过程工程咨询项目试点为抓手，主动对接全过程工程咨询服务市场主体，研判政策文件适用性，有针对性地完善市场培育政策，逐步补齐政策体系短板。

供稿：靳丽芳

[1] 丁洁，申恒杰.浙江省全过程工程咨询应用分析与研究［J］.中国工程咨询，2020(11): 3.
[2] 刘正杰.全过程工程咨询发展驱动因素及激励机制研究［D］.河南：郑州大学，2020.

21 铁路项目建设期保函的作用是什么？

铁路项目建设期保函，是项目建设期内施工单位应项目业主要求与银行、保险等金融机构订立并出具给建设单位（项目业主）的履约保证承诺，主要目的是为了保障项目按照既定目标顺利推进。本题主要从项目建设单位角度探讨如何用好建设期保函。

一、“保函”的实质和作用

保函是一种保证书，是“第三方担保机构”给甲方出具一份担保合同，明确表示在为乙方做担保，当发生利益纠纷时，替乙方履行相关义务，保障甲方的权益。对于铁路项目而言，保函的甲方一般是项目建设单位，即项目公司；乙方一般是项目施工单位。保函主要有以下作用：

（一）代替保证金，减少资金占用

对施工单位来说，保函可以减少因缴纳保证金引起较长时间的资金占用，施工单位有限的资金可以得到优化配置。对建设单位来说，保函可以合理地制约乙方的某些行为，更好地维护自身利益，既实现了“收取履约保证金”的效果，又省去了“保证金收取退还”烦琐程序。

（二）考核企业资质，提高企业竞争力

银行、保险等专业机构出具保函前，需对施工企业的履约能力和信誉进行评估，因此，能够顺利获得银行保函，可作为建设单位考核施工企业承包资格、判断履约能力的重要标准，拥有高额度保函的施工承包企业更具竞争力。

（三）分担履约责任，提高履约能力

对于建设单位而言，收取履约保函的目的是如期完成投资任务、达成建设目标，而非获取保函赔偿金。因此，建设单位更注重的是保函出具方能否协助施工企业严格履约，而不是单纯承担赔付责任。

二、项目实施各阶段保函

按项目实施实际情况，可能涉及的保函主要包括：施工保函、预付款保函、农民工工资支付保函、质量保函等，各项保函的申请人、责任和效果如下表。

建设期各保函内容对比

序号	保函组成	施工保函	预付款保函	农民工工资支付保函	质量保函
1	阶段	施工阶段	预付款阶段	施工阶段	竣工阶段
2	产品	履约保函	预付款保函	农民工工资支付保函	质量保函
3	申请人	施工单位（中标人）	施工单位（中标人）	工程总包单位	施工单位（中标人）
4	受益人	发包单位、业主方（招标人）	发包单位、业主方（招标人）	依法雇佣的农民工	工程发包单位、业主方（招标人）
5	接收人	发包单位、业主方（招标人）	发包单位、业主方（招标人）	属地人力资源和社会保障行政部门	工程发包单位、业主方（招标人）

续表

序号	保函组成	施工保函	预付款保函	农民工工资支付保函	质量保函
6	责任	申请人出现与《建设工程施工合同》规定的各项违约行为，给保函受益人造成的直接经济损失，担保方负责代偿	保函受益人在支付申请人工程预付款并签订预付款协议后，申请人挪用预付款、未按期返还预付款或破产的，给被保人造成的直接经济损失，担保方负责代偿	申请人在出现不履行工资发放义务，拖欠、克扣农民工工资，经相关监管部门认定给保函受益人造成经济损失，担保方负责代偿	货物或工程的质量不符合合同约定而承包人又不能依约更换或修理时，按发包人的索赔予以赔偿
7	效果	替代履约保证金	替代预付款保证金	替代农民工工资保证金	替代质量保证金

三、铁路项目建设期履约保函的应用

（一）普通铁路项目

在铁路建设过程中往往涉及履约保证金办理，大部分铁路项目采用银行保函的模式来办理履约保证金。

1．履约保函办理流程

在发包人与承包人签订合同之后，承包人采用银行保函的形式向担保人支付履约保证金，其金额按照招标文件中规定的金额进行支付，担保人在收到保证金后，向发包人出具履约担保承诺书。

2．履约保函有效期

自发包人与承包人签订的合同生效之日起至发包人签发工程接收证书且承包人按照合同约定缴纳工程质量保证金之日止。

3．履约保函具体内容

在担保有效期内，因承包人违反合同约定的义务给发包方造成经济损失时，担保方在收到发包方以书面形式提出的在担保金额内的赔偿要求后，在7天内无条件支付，无须承包方出具证明或陈述理由。

（二）PPP项目履约担保

1．履约保函办理流程

在合作协议签订前，社会资本方应向实施机构提交符合项目实施机构要求的建设期履约保函。

2．履约保函有效期

自保函提交之日起至项目完成竣工验收且项目公司递交运营期履约保函之日止。

3．履约保函具体内容

包含项目建设资金到位（包括项目资本金和注册资本）、开工节点、竣工节点、验收节点、重大工程质量事故或安全责任事故等。担保社会资本方或项目公司严格按照合作协议、《PPP项目合同》履行责任与义务，项目公司能在建设期按照合同约定或国家行业标准进行融资、建设，并且能按时完工。

供稿：陆瑜

22 铁路建设单位的施工组织设计管理职责是什么？

铁路工程施组设计是指导铁路施工项目全过程各项活动的技术、经济和组织的综合性文件，是施工技术与施工项目管理有机结合的产物，是施工活动有序、高效、科学合理进行的保证。施组计划对施工项目的质量、进度、成本起控制性、决定性作用，是企业生产投入、产出过程的关键。本题主要探讨铁路建设单位如何用好施组计划，服务项目工期控制、投资控制等管理目标[1]。

一、铁路工程施组设计概要

施组设计围绕实现质量、安全、工期、投资、环保和稳定“六位一体”的建设目标开展工作，按照各阶段要求，逐步深化细化。各阶段分类见下表。

施组设计阶段分类表

编制阶段		内容名称
决策阶段	预可行性研究	概略施组方案意见
	可行性研究	施组方案意见
设计阶段	初步设计	施组设计意见
	施工图设计	指导性施组设计

[1] 张劲严.浅谈铁道施组设计的地位与作用[J].城市建设理论研究（电子版），2011(25)：1.

续表

编制阶段	内容名称
实施阶段	实施性施组设计

铁路工程施组设计是指导项目建设的纲领性文件，一经批准，即作为项目建设管理的重要依据。应以保证工程质量和安全为前提，以优化工期、资源配置和投资效益为目标，结合工程实际，以“铺架工程”和“联调联试及运行试验”两条主线，对工程建设进行“全项目、全过程、全要素、全目标”规划与组织。

二、铁路工程施组设计的调整

施组设计一经审查批准成立，应维护施组设计的严肃性，保证实施，编制单位要对实施情况进行定期检查。发生下列情况时，各类施组及时做出调整：

（1）国家建设计划有较大调整时；

（2）不可抗力造成的自然及地质灾害发生变化时，自然、地质状况发生重大变化时；

（3）国家颁布新的技术标准或虽未颁布新标准但已明确在本项目中采用新的有关标准、规定时；

（4）设计方案变化引起施组设计需作调整或补充时；

（5）施工方案或计划做重大调整时；

（6）其他引起施组设计需做调整的情况；

（7）各类施组设计的调整由原编制单位负责，并报原审批单位审批，未经审批不得实施；

（8）施组设计的调整内容应及时更换、补充到原施组设计中。

三、铁路工程施组设计的建设单位职责

（一）施组方案（设计）意见初审

建设单位应参与施组方案（设计）意见的编制，在收到设计单位报送的施组方案（设计）意见后，主要负责人应组织认真审查，提出初审意见，并在15个工作日内完成。

重点审查大临工程、过渡工程是否单独设计，方案是否合理可行，地质勘察深度是否满足要求，重点工程施组设计方案是否合理，总体工期目标和阶段工期目标是否合理等

（二）指导性施组设计编制

建设项目的指导性施组设计必须涵盖整个项目建设的全过程，包括前期工作、实施过程、竣工验收等内容，其中站场改造大型站房工程、高风险隧道、跨越大江大河桥梁、特殊桥梁、特殊路基、铺轨架梁、无砟轨道、工程接口等重点工程、专业工程及铁路局集团公司提前介入、竣工验收均应编制专项方案。

引入铁路枢纽的建设项目，建设单位与铁路局集团公司有关规划设计单位应提前充分了解相关枢纽工程规划实施情况，统筹安排同步实施工程，编制施组设计过程中应充分征求相关枢纽的建设单位及铁路局集团公司意见。

指导性施组设计调查应在初步设计阶段开始，建设单位应就保障质量、安全、工期、投资和环保等措施和方案进行研究和论证，提高指导性施组设计编制质量[1]。

（三）实施性施组设计审批

建设单位应督促施工单位及时编制实施性施组设计。建设单位在收到监

[1] 引自《铁路工程施组设计规范》Q /CR 9004—2018.

理单位报送的实施性施组设计及审核意见后，应在5个工作日内完成审查并提出审批意见。

标段实施性施组设计应在标段工程全面开工前完成审批，专项工程施组设计应在工程开工前完成审批。实施性施组设计未经审查批准不得开工。

重点审查总工期及各专业阶段工期、临时工程布局、施组方案、重难点工程施工技术方案和进度计划，主要管理人员和工程技术人员的配备数量和资质，工程装备配置数量和总能力，材料采购供应计划，保障质量、安全、环境保护、水土保持、进度及其措施等，确保满足指导性施组设计和施工管理的实际需要。

（四）日常管理与检查

工程实施过程中，建设单位应对指导性施组设计执行情况进行定期检查，要加强动态管理，对执行中存在的问题进行协调解决，根据建设项目现场实际情况进行动态调整，以满足建设项目管理要求。

建设单位要对实施性施组设计执行情况进行核查，定期召开实施情况分析会，对不依据批准的实施性施组设计施工的单位要责成其整改[1]。

供稿：潘晔

[1] 贾彦斌.铁路项目指导性施组设计管理在工程建设中的应用[J].铁道建筑，2014(12)：130-133.

23 铁路项目如何“以施组指导征拆，以征拆保障施组”？

铁路建设对施工组织（以下简称“施组”）管理涵盖建设过程中的每一个节点及管理要素，尤其在工期管理方面表现最为明显，在施组设计中通过细化每一个工序正常资源投入量情况下所需的时间，为整个建设计划提供一个即宏观又有实际指导意义的实施方案。征地拆迁工作是工程建设保障，将征拆管理纳入整个施组管理范畴，以施组指导征拆，以征拆保障施组，可以为工程建设提供可控的良好外部环境，确保工程建设的顺利进行。本题提出“以施组指导征拆，以征拆保障施组”的管理思路，为项目建设创造良好的外部环境，保障建设施组得以兑现[1]。

一、政策依据

相关政策依据如下：《中国铁路总公司关于进一步加强铁路建设项目征地拆迁工作和费用管理的指导意见》（铁总计统〔2017〕177号）；《铁路工程施组设计规范》Q/CR 9004—2018；《关于规范开展高速铁路项目依法开通工作的实施办法》（铁办〔2020〕82号）；《浙江省铁路建设土地和房屋征收安置工作实施办法（试行）》。

[1] 马志国，邱继红，宁自华.铁路建设项目征地拆迁实施分析及对策建议［J］.中国铁路，2022(10)：44-47.

二、当前铁路征拆工作存在的问题

（一）组织体系复杂带来的管理难度增加

目前，铁路征拆工作实施管理体系为铁路建设方、地方政府两条线，建设方的组织体系职责主要由现国铁集团赋予；地方政府组织体系主要以作为铁路项目管理或征地拆迁为主体责任实施设置由县（区、市）人民政府根据铁路项目设立征地拆迁实施机构，负责和配合项目公司按照包干合同约定时间节点完成拆迁和交地工作。

我国铁路建设形成独立的组织和管理体系，建设单位与地方政府尤其是基层政府组织体系没有隶属关系，而征地拆迁的大量工作均是由两个体系中基层组织完成。因双方均属于不同组织的管理机构，在实施过程中的工作侧重点并不完全一致，造成征地拆迁工作与施组的不统一而影响工程建设的推进。

（二）进度管理薄弱

铁路建设施组中的进度管理是一个较为严格的控制体系，征地拆迁工作一直以服务建设推进为目标，但其进度管理并未纳入施组管理体系中，往往是在建设过程中“遇到问题、解决问题”。地方政府作为法定的征迁工作主体其管理方式更多的是行政管理，系统性施组进度管理概念较为薄弱。在没有结合建设目标制订有效推进计划的情况下，基层政府以“征地”代“交地”而实际上造成施工进场存在困难。

（三）“供需”不匹配的矛盾

征拆工作基本上是以政府为主导，地方政府在不能深刻领会铁路建设管理的“施组指导”的管理思路下，基本是先易后难地开展工作，因此在实践中是“以征拆引导施组”，地交到哪里就要组织施工进场，不能考虑控制性工程等难点用地影响进度，对整个建设工期影响及资源投入量带来很大的不确定性。

（四）设计变更导致用地变更带来的违法用地风险

铁路建设用地的模式有一段时期是“边设计、边施工、边报批”，铁路设计的特殊性无法一次性将用地全部精确落实，设计变更导致新增用地，出现用地完成批复以后仍存在部分变更用地的问题。因“二次补征用地”批复在目前土地管理系统的政策路径尚未明确，致使设计变更新增用地存在违法用地的风险，也在一定程度上影响建设的进程[1]。

当前的铁路建设模式征地拆迁工作重心已转移至地方政府，在既有建设单位征地拆迁组织管理体系加强的同时对沿线地方政府征迁工作要求更高，因此在过程中应当加强“路地”征拆工作组织体系的沟通，明确双方工作目标与职责，建立健全联动保障机制，确保征拆施组落到实处，为建设保驾护航。

三、落实“以施组指导征拆，以征拆保障施组”

（一）建立与施组相结合的征拆组织体系

地方政府方面：应将施组节点内容纳入征拆体系及管理。为强化征地拆迁工作和施组相互保障、协调统一的落实，地方各级政府特别是成立的铁路建设领导小组办公室（铁路指挥部）,应高度重视和领会指导性施组在铁路建设过程中的重要性，省、市级要把指导性施组与征拆工作结合融入项目日常决策和督办中，各县（区）通过举办的征拆学习或培训机会，把指导性施组与日常征拆工作有效融入推进计划中，在全面开展征拆工作同时，重点按照影响施组控制性时间节点用地做好征地与拆迁工作，组织对影响施组节点进行职责明确并纳入政府日常工作进度考核，全力攻克和协调解决影响施组交地的重难点问题，真正体现征拆为保障施组服务。

建设单位方面，应将征拆推进内容纳入施组管理体系。基于“以施组指导征拆，以征拆保障施组”原则下征拆工作需纳入施组管理的范畴，相应的建

［1］ 傅明龙.铁路建设项目流程管理应用与实践〔J〕.中国铁路，2017（05）：022.

设单位的施组管理体系也需进一步完善。一是要会同施组管理部门和设计单位按照要求制订详细的征地拆迁实施推进计划，重点对影响施组的控制性工程用地如特大桥隧、连续梁、路基、隧道口等，制订明确交地推进计划时间表，送地方政府将其纳入征拆实施计划中，指导对县（区）、乡镇（街道）、村推进征地拆迁工作。二是考虑征拆计划推进过程中的复杂性和出现的滞后性，征拆协调部门要对计划落实情况定期组织检查盯控，并将结果反馈施组管理部门，适时适当地对工程施组进行优化和调整，同时对一些关键卡控点要盯控并及时会同地方政府推进解决。

（二）建立路地紧密和长效的征拆与施组联动保障机制

为确保征地拆迁工作能够有效保障施组的落实与推进，在过程中应当建立路、地双方不同层次的定期联席协调例会制度，根据影响施组计划梳理出的征拆重难点问题，及时提交相关层次联席协调例会进行协调解决，地方政府则可以按照问题种类提交各级相关部门给予解决或成立专班形成每日（周）动态攻坚督办，同时联席例会的内容也可形成纪要等，作为项目推进过程中的“实施痕迹”保留下来，以增强征迁工作的可追溯性，真正体现以施组指导征拆，以征拆保障施组的联动机制。

（三）做好施工图的深化和稳定

铁路设计工作应改变传统设计理念，尽可能深入现场勘察调研减少实施过程中变更，特别是站后设备设施用地在初步设计阶段施工图就应达到一定的深度并基本稳定，将全部项目用地予以明确落实，防止因设计变更造成无法征用和违法用地的情形，影响施组和整个项目的推进。

（四）做好进度管理体系的完善

目前铁路建设的施组设计已基本完善，同时征拆工作经过近几年的探索也总结出一定的经验，将征拆工作的进度管理纳入整个施组管理体系中的条件已经成熟。因此，新开工建设的铁路项目在编制施组设计时要组织项目专业人员依据整个施组的要求编制征拆计划，包括进度管理、资金管理等要素，将征拆工作全面纳入施组管理中，在建设过程中做到以施组指导征迁，以征迁保障施组。

（五）创新征迁管理模式（征迁PDCA管理）

将征拆工作纳入整个建设施组管理后，首先在项目准备阶段对征拆工作就做出了一个全面的计划（P），确定保证建设顺利推进的征拆工作总目标和具有可实施性的工作计划。在建设过程中按照征拆施组的计划要求严格执行（D），实现计划中的工作内容。在计划落实过程中要及时比照计划对进展情况组织定期、不定期的检查（C），尤其是针对影响控制性工程的征拆工作特别进行关注，将征拆施组与建设施组进行对比找到影响建设推进的征拆矛盾点。针对检查的结果对存在问题的点进行分析并进行反馈（A），并按照问题的种类采取相应的措施，形成最有利的解决方案。如此对项目整体的征拆工作就可以实行动态化管理，结合已建立的组织机构及相关管理制度，按照PDCA管理模式及时更新问题库，使征拆工作在管理模式形成一个良性的循环，使征拆工作真正保障施组和建设项目有序高效推进[1]。

供稿：马志国

[1] 赵君鑫，陆银根.铁路工程施组设计：第2版[M].成都：西南交通大学出版社，2013.

24 铁路项目电力线迁改流程和工作重点是什么？

2020年7月，浙江省发展改革委印发《浙江省铁路项目电力线迁改工作指导意见》（浙发改基综〔2020〕259号），旨在适应铁路建设管理新形势新要求，有效破解铁路项目电力线迁改前期深度不够、工程启动滞后、工作责任归属不清等问题，进一步理顺铁路项目电力线迁改工作，保障电力供电安全，提升铁路项目建设管理水平。本题探讨铁路电力线迁改的工作重点和流程，并提出有关工作建议。

一、迁改原则

铁路电力线迁改方案编制应遵循“实事求是，经济节约”原则，统筹区域电网发展规划要求，执行国网电力行业和国家相关标准规范规定。迁改费用标准按照国家、省计价定额和电力相关定额等规定执行，并将改迁费用补偿纳入征地拆迁成本。超出迁改执行标准，引起投资增加的，按照“谁提出、谁负责，谁受益、谁承担”原则确定承担单位。

二、各阶段迁改工作重点

（一）预可行性研究阶段

根据铁路建设项目涉及的省市和区域，铁路设计院参照邻近铁路的改移道路、沟(渠),“三电”和地下管网改迁批复单价，根据经验值估列迁改费用。

沿线地方政府应加强前期组织，督促铁路设计单位选线踏勘应积极主动与属地电力部门衔接，共同梳理需迁改的电力线路；属地电力部门应做好服务保障与技术支撑，积极参与选线踏勘工作。

（二）可行性研究阶段

项目公司或建设单位取得当地政府、主管部门、产权人对线位涉及的三电迁改、改路、改渠、管线迁改、公铁立交、中央直属企事业单位及军事设施搬迁等形成意向方案并确认技术标准。

完成项目公司或建设单位与地方政府签订铁路建设项目征地拆迁包干框架协议，委托具有相应资质的电力设计单位按照已稳定的铁路线位调查电力线迁改工作任务。建设单位会同沿线地方政府、电力公司、铁路设计单位对初步迁改方案进行核对、修改、确认，形成四方确认书，相关迁改费用纳入项目投资估算。

（三）初步设计阶段

项目公司或建设单位应组织设计单位进一步做好全线征地拆迁数量调查工作，并建立影像资料。委托具有相应资质的电力设计单位细化修订电力迁改方案，按照“宁早勿赶”的原则，根据铁路主线施工需求，编制电力线迁改计划，高压电力线迁改原则上不安排在电力迎峰度夏期间实施。铁路项目建设单位会同地方政府、电力公司三方确认电力线迁改方案，并联合出具书面意见，相关迁改费用纳入项目投资概算。

（四）实施阶段

项目公司或建设单位以初步设计批复征地拆迁费用为基础，与地方政府签订征地拆迁实施协议，由地方政府根据实施协议明确的工期和费用要求组织实施。

沿线地方政府应积极协商项目建设单位、属地电力公司尽早展开电力线迁改工作，依法合规确定迁改实施主体。征迁责任部门在施工队伍进场前提交50%以上的红线用地，或与产权单位签订80%以上补偿协议，全部征地拆迁工作在6～8个月内完成。

建设单位是铁路建设项目管理的责任主体，对项目实施全过程负责，应依规参与征地拆迁全过程，对征地拆迁事项的执行要形成建设、设计、监理单位与地方政府、被征地拆迁人五方确认签证，及时按规定对已完成征地拆迁验工计价；对征地拆迁总费用核定或重大单项征地拆迁事项可委托第三方审价单位审价并出具审价意见，对征地拆迁资金流向和支付情况进行监管[1]。

铁路项目各阶段迁改工作重点详见下图。

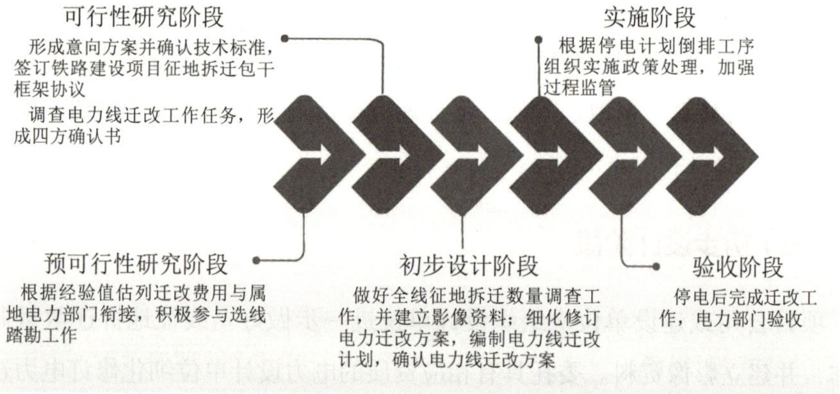

铁路项目各阶段迁改重点工作示意图

三、电力线路迁改流程

国网电力市区分公司、县（区）公司供电所等是配电设施迁改业务实施单位，按本单位分级原则，负责迁改申请受理、迁改方案编制、设计和施工方案评审、检修计划编制、迁改现场协调、迁改工程验收投产、设备台账维护、资产实物接收、退役资产处理和相关资料收集等工作，负责督促迁改提出方按要

[1] 王阳.铁路建设项目征地拆迁投资控制探讨[J].铁路工程技术与经济，2016(5)：22-26.

求执行相关手续办理、协议签订、工程结决算和补偿移交等工作。按照电线等级不同，由不同层级审批电力线迁改文案，详见下表。铁路项目电力迁改实施阶段流程详见下图。

不同等级电力迁改审批等级表

电力线等级	迁改方案审批等级	停电计划审批等级
35kV 及以下	县级	县级（提前 1 个月）
110kV	市级	市级（提前 3 个月）
110kV 电缆及以上	省级	省级
500kV	省级	片区公司

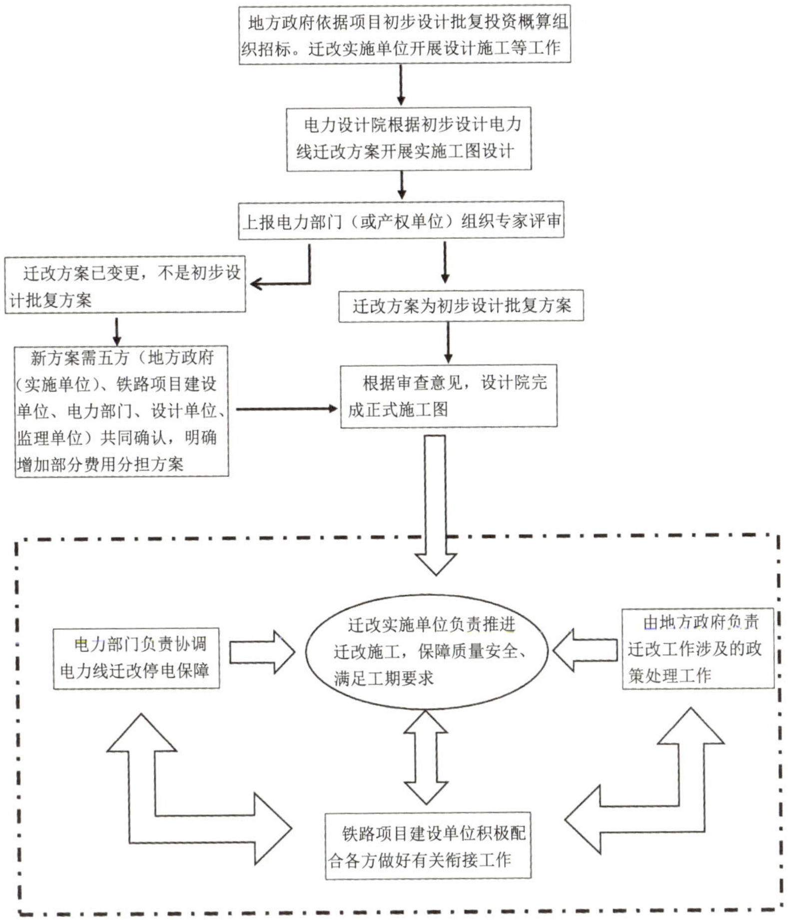

铁路项目电力迁改实施阶段流程图

四、工作建议

（1）关注迁改数量。需在前期阶段与产权部门对接，收集铁路沿线区域内管网布置图及市政规划图，确保迁改数量的准确性。

（2）关注重要线路。主要是110千伏及以上高压电力线路，需确保其迁改工作实施计划与铁路施组相结合，保证铁路项目主体工程无障碍施工；确保迁改方案为地方政府和产权部门认可的方案。

（3）关注迁改变更。原则上按初步设计批复的方案实施，确因现场条件变化、线位调整、设计遗漏等原因引起变更，需经地方政府（实施单位）、建设单位、产权部门、设计单位、监理单位五方确认，导致投资增加的，按照“谁提出、谁负责，谁受益、谁承担”的原则确定增加部分费用分担方案。

（4）关注资产交接。迁改完成后，由产权部门进行竣工验收，验收合格后向地方政府或建设单位出具竣工验收报告，设备设施移交产权单位。电力线迁改工程形成的全部资产，由所属地方政府作为拆迁补偿移交给属地电力公司，按有关规定办理资产移交手续。原有老旧设备、材料等资产由属地电力公司按照固定资产管理要求办理报废或退役手续，并由属地电力公司负责回收处理。

供稿：金一凡

25 铁路项目临时用地是什么？

结合浙江省实际和自然资源部门相关文件规定，本题梳理临时用地的概念、范围和管理要求。

一、政策依据

按照时间顺序，涉及临时用地的有关文件包括：浙江省国土资源厅《浙江省临时用地管理办法（试行）》（浙土资发〔2016〕31号）、自然资源部《关于规范临时用地管理的通知》（自然资规〔2021〕2号）、自然资源部《关于用地要素保障接续政策的通知》（自然资发〔2022〕160号）。

二、临时用地的定义和范围

（一）临时用地的定义

根据自然资源部《关于规范临时用地管理的通知》（自然资规〔2021〕2号），临时用地是指建设项目施工、地质勘查等临时使用，不修建永久性建（构）筑物，使用后可恢复的土地（通过复垦可恢复原地类或者达到可供利用状态）。临时用地具有临时性和可恢复性等特点，与建设项目施工、地质勘查等无关的用地，使用后无法恢复到原地类或者复垦达不到可供利用状态的用地，不得使用临时用地。

（二）临时用地的范围

根据自然资源部《关于规范临时用地管理的通知》（自然资规〔2021〕2号），临时用地包括：

（1）建设项目施工过程中建设的直接服务于施工人员的临时办公和生活用房，包括临时办公用房、生活用房、工棚等使用的土地；直接服务于工程施工的项目自用辅助工程，包括农用地表土剥离堆放场、材料堆场、制梁场、拌合站、钢筋加工厂、施工便道、运输便道、地上线路架设、地下管线敷设作业，以及能源、交通、水利等基础设施项目的取土场、弃土（渣）场等使用的土地。

（2）矿产资源勘查、工程地质勘查、水文地质勘查等，在勘查期间临时生活用房、临时工棚、勘查作业及其辅助工程、施工便道、运输便道等使用的土地，包括油气资源勘查中钻井井场、配套管线、电力设施、进场道路等钻井及配套设施使用的土地。

（3）符合法律、法规规定的其他需要临时使用的土地。

三、铁路临时用地的分类

根据国家铁路局《关于发布铁路工程造价标准的公告》（国铁科法〔2017〕30号），铁路临时用地主要分为大型临时设施项目用地和小型临时设施项目用地。

（一）铁路大型临时设施项目用地

（1）铁路便线（含便桥、隧、涵）用地。指通往临时场站、砂石（道砟）场的临时铁路线、架梁岔线及场内铁路便线、机车转向用的三角线等，独立特大桥的吊机走行线，以及重点桥隧等工程专设的铁路运料便线等用地。

（2）汽车运输便道（含便桥、隧、涵）用地。指汽车运输干线、沿线纵向运输便道及通往重点土石方工点、桥梁、隧道、站房、取弃土石场、砂石（道砟）场、区间牵引变电所及临时场站等的引入线用地。

（3）运梁便道用地。指专为运架大型混凝土成品梁而修建的运输便道用地。

（4）临时给水设施用地。指为解决工程用水而铺设的给水干管路（管径100毫米及以上或长度2公里及以上）及隧道工程的水源点至山上蓄水池的给水管路，缺水地区临时贮水站，井深50米及以上的深水井等用地。

（5）临时电力线（供电电压在6千伏及以上）用地。包括临时电力干线及通往隧道、特大桥、大桥和临时场站、砂石（道砟）场等的电力引入线用地。

（6）集中发电站、集中变电站（包括升压站和降压站）用地。

（7）临时通信基站。指在没有通信条件的边远山区、无人区等区域，设置的无线通信基站用地。

（8）临时场站用地。指根据施组设计需要确定的大型临时场站，包括材料场、填料集中加工站、混凝土集中拌和站、独立设置的混凝土构配件预制场、制（存）梁场（含提梁站）、钢梁拼装场（含提梁站）、掘进机拼装场、盾构泥水处理场、管片预制场、仰拱预制场、轨节拼装场、长钢轨焊接（存放）基地、换装站、道砟存储场、轨枕预制场、轨道板预制场等用地。

（9）隧道污水处理站用地。指根据特殊环保要求（如有水源保护区、高类别功能水域等保护要求）必须设置的隧道污水处理站用地。

（10）渡口、码头、浮桥、吊桥、天桥、地道用地。指通行汽车为施工服务的设施用地。

（二）铁路小型临时设施项目用地

（1）为施工及施工运输（包括临管）所需修建的临时生活及居住房屋、文化教育及公共房屋（如职工宿舍、食堂、开水间、洗衣房、卫生间、洗浴室、多功能室、广播室、会议室、资料室、看护房屋、文体活动场所等）和办公、生产房屋（如办公室、试验室、货运室、发电站、变电站、空压机站、料库、火工品库、车库等房屋，铺架工程临时调度房屋，材料棚、停机棚、加工棚等，不包括轨枕预制场、轨道板预制场、管片预制场主体厂房）及上述各类房屋的配套设施所涉及的用地。

（2）为施工及施工运输而修建的小型临时设施，如通往涵洞等工程和施工队伍驻地以及料库、车库等的运输便道引入线（含便桥、涵），列入大型临时的工地内沿线纵向运输便道以外的工地内运输便道（含便桥、涵）、轻便轨道、吨位小于10吨或长度小于100米的龙门吊走行线、由干线到工地或施工队伍驻地的电力线、地区通信线和达不到大型临时给水管路标准的给水管路等所涉及的用地。

（3）为施工及施工运输（包括临管）而修建的临时建（构）筑物。如临时给水设施（水塔、水池、井深小于50米的水井等），临时排水沉淀池、隔油池，钻孔用泥浆池、沉淀池，临时整备设施（检修、上油、上沙等设施），临时信号，临时通信（指地区线路及引入部分），临时供电，临时站场建筑，接触网预配场、杆塔存放场地，分散的预制构件存放场，钢结构等加工场，架桥机等大型机械设备安拆拼装场地及配套设施等所涉及的用地。

（4）其他。大型临时设施和过渡工程项目内容以外的临时设施所涉及的用地[1]。

四、铁路项目临时用地管理要求

临时使用土地由县级自然资源行政主管部门批准，其中涉及基本农田5亩、耕地10亩以上的，需报设区市自然资源行政主管部门备案。

申请临时用地应当合理选址，可利用非耕地的，不占用耕地，可利用劣质耕地的，不占用优质耕地；不得影响近期建设规划或者控制性详细规划的实施，

[1] 单向华，李夏初，梁勇，等.关于铁路建设临时工程费用的研究与建议[J].铁路工程造价管理，2013(3)：1–6.

不得妨碍道路交通、损坏水利等公共设施，不得造成安全隐患。

临时用地申请人（包括单位和个人）向拟申请用地所在地的县级自然资源行政主管部门提出申请。

临时使用土地合同由临时用地申请人与提供临时用地的权利人签订。

临时使用农用地的，应当签订临时用地复垦协议，编制土地复垦方案，对可能因挖损、塌陷、占压等原因破坏的土地范围、面积、地类和程度等进行科学合理预测，提出土地复垦的技术路线和方法，明确土地复垦的时间，落实土地复垦费用措施等。

临时用地补偿费用包括土地补偿费、青苗及地上附着物补偿费。各地可根据地方实际情况制定临时用地的补偿标准。具体补偿费用由申请人与土地权利人根据补偿标准协商确定。

临时用地的期限一般不超过2年。建设周期较长的能源交通、水利等基础设施建设项目施工使用的临时用地，期限不超过4年。

供稿：邱梦凯

26 铁路项目临时用地如何审批？

按照国家、省关于临时用地管理的相关规定，铁路项目临时用地审批需要在规定使用范围内，按照相关审批条件要求，由临时用地使用单位向土地所在地县（市）申请用地。本题依据有关文件规定要求，梳理临时用地审批的流程和具体工作。

一、临时用地审批权限

根据自然资源部《关于规范临时用地管理的通知》（自然资规〔2021〕2号）要求，县（市）自然资源主管部门负责临时用地审批，其中涉及占用耕地和永久基本农田的，由市级或者市级以上自然资源主管部门负责审批。不得下放临时用地审批权或者委托相关部门行使审批权。

二、临时用地审批的材料清单

（一）申请材料清单

根据《中华人民共和国土地管理法》和自然资源部《关于规范临时用地管理的通知》（自然资规〔2021〕2号）相关规定，建设单位申请临时用地应当提供材料包括：临时用地申请书、临时使用土地合同、项目建设依据文件、土地复垦方案报告表、土地权属材料勘测定界材料、土地利用现状照片及其他必要的材料。具体如下：

（1）施工单位提出用地申请。①填写临时用地申报表；②临时用地单位或个人营业执照复印件；③原土地权属证明材料；④提供临时使用土地合同，合同应载明对临时用地的补偿的支付方式、时间和使用后的土地恢复等事项达成的协议内容；⑤勘测定界技术报告和勘测定界图；⑥城市规划行政主管部门出具的同意使用临时用地的手续（城市规划区内的）；⑦市、县自然资源管理部门要求提供的其他相关材料。

（2）乡（镇）自然资源管理部门对临时使用土地的申请进行审核。

（3）市、县自然资源管理部门对临时用地申请进行审查、审批。

（4）缴纳土地复垦保证金。

（5）施工单位应按照批准的用途和期限合理使用土地。使用期满，按规定要求将临时使用的土地交回原土地的所有者或者使用者。临时用地占用耕地的，临时用地单位应当自临时用地期满之日起1年内恢复种植条件。

（二）用地合同主要内容

临时用地申请人根据土地权属，与县（市）自然资源主管部门或者农村集体经济组织、村民委员会签订临时使用土地合同，明确临时用地的地点、四至范围、面积和现状地类，以及临时使用土地的用途、使用期限、土地复垦标准、补偿费用和支付方式、违约责任等。

（三）土地复垦方案

临时用地申请人应当编制临时用地土地复垦方案报告表，由有关自然资源主管部门负责审核。其中，所申请使用的临时用地位于项目建设用地报批时已批准土地复垦方案范围内的，不再重复编制土地复垦方案报告表。

供稿：邱梦凯

27 铁路项目变更设计的范围和原则是什么？

为规范铁路建设项目变更设计管理工作，保证工程质量、施工安全，合理控制工程投资，依据《建设工程质量管理条例》《建设工程勘察设计管理条例》《铁路建设工程勘察设计管理办法》及有关规定，2012年铁道部印发《铁路建设项目变更设计管理办法》（铁建设〔2012〕253号）。本题以该文件为依据，梳理铁路项目变更设计的原则和范围。

一、变更设计范围

根据《铁路建设项目变更设计管理办法》（铁建设〔2012〕253号），变更设计是指铁路工程建设项目施工图审核合格后至工程初步验收合格后半年以内变更设计的活动。施工图阶段需要对初步设计批复的重大内容调整的，包括施工图预算超出初步设计批复总概算的，比照Ⅰ类变更设计程序报初步设计审查部门批准。

二、变更设计分类原则

铁路建设项目变更设计分为Ⅰ类、Ⅱ类。

Ⅰ类变更设计以变更设计原因划分，一项变更设计原因为一个变更设计。

Ⅱ类变更设计以工点划分，同一工点或同一病害引起的不可分割的一次性变更为一个变更设计。同一工点中的不同变更内容、同一病害类型的不同工点、同一变更内容的不同段落应分别划分为不同的变更设计，严禁合并或拆分变更设计。

三、变更设计具体分类

对初步设计审批内容进行变更且符合下列条件之一者为Ⅰ类变更设计。

（1）变更批准的建设规模、主要技术标准、重大方案、重大工程措施。建设规模是指工程范围，车站（段、所）规模。主要技术标准是指铁路等级、正线数目、设计行车速度、线间距、最小曲线半径、限制坡度或最大坡度、牵引种类、机车类型或动车组类型、牵引质量、到发线有效长度、闭塞类型或行车指挥方式与旅客列车运行控制方式、建筑限界。重大方案及重大工程措施是指批复的线路、站位、重点桥渡、站房建筑方案、重要环水保措施等（详见附件）。

（2）变更初步设计批复主要专业设计原则的。

（3）调整初步设计批准总工期的。

（4）建设项目投资超出初步设计批准总概算的。

（5）国家、原铁道部相关规范、规定重大调整的。

除Ⅰ类变更设计外的其他变更设计为Ⅱ类变更设计。

附件：《铁路建设项目变更设计管理办法》中明确的“重大方案及重大工程措施标准”

（1）线路方案有较大改变的，线路平面曲线半径小于批准最小曲线半径的。

（2）路基与桥梁相互变化连续长度500米及以上的，路基与隧道（明洞）相互变化连续长度50米及以上的。

（3）车站站位调整的。

（4）轨道类型变化的。

（5）跨度100米及以上桥梁跨度或桥位变化，特殊桥梁结构类型变化的。

（6）道增设或减少泄水洞的，增加长度300米以上辅助坑道的，围岩类型连续变化引起投资增加超过800万元的。

（7）通信传输系统速率等级、长途通信光缆纤芯数量、GSM-R移动通信系统无线场强覆盖原则、综合视频监控系统视频采集点设置原则、通信综合网管等系统中心方案变化的。

（8）调度方式、闭塞制式、列控等级、联锁制式、驼峰及编组站制式、主要系统设备重大技术标准变化的。

（9）防灾安全监控系统中工务段、铁路局级总机系统接入方式、监测子系统设置原则变化的。

（10）电力变配电所分布方案、主要供电设备类型、远动及电力调度方案变化的。

（11）牵引供电方式、外部电源电压等级、牵引供电设施分布方案、主要牵引供电设备类型、接触网悬挂类型等主要技术标准（包括接触线、张力、支柱、零部件）、远动及牵引供电调度方案变化的。

（12）站房建筑形态、高度、面宽，结构体系等建筑方案、主体结构变化的。

（13）站台雨棚结构类型（有站台柱与无站台柱）变化。

（14）给水站水源类型、污水排放标准发生改变的。

（15）依法或依照相关规定需要补充办理环评手续的环保工程变化。

供稿：金一凡

28 铁路项目 I 类变更设计如何管理？

铁路工程建设项目发生变更设计是不可避免的，过程应本着以节约和控制投资为原则，以保障质量和工期为目标，杜绝不合理的变更。本题依据《铁路建设项目变更设计管理办法》（铁建设〔2012〕253号）要求，针对项目 I 类变更设计审批，梳理铁路项目变更设计管理流程。

一、政策依据

I 类变更的政策依据包括：《铁路建设项目变更设计管理办法》（铁建设〔2012〕253号）；《铁路基本建设项目及计划管理办法》（铁发改〔2020〕10号）；《铁路基本建设项目投资管理办法》（铁发改〔2022〕123号）；各省或铁路公司发布的变更设计管理办法。

二、I 类变更设计程序

按照程序节点，主要分为提出变更设计建议、会审变更设计方案、编制变更设计文件、初审变更设计文件、批准变更设计文件、审核下发变更施工图等。

1．提出变更设计建议

施工图审核合格并交付后，建设、施工、监理以及勘察设计单位均可就设计文件中符合 I 类变更设计条件的内容向建设单位提出设计变更，变更设计建议应在变更内容实施前提出，并填写《变更设计建议书》。

2. 会审变更设计方案

建设单位应就I类变更设计建议组织勘察设计、施工、监理等单位进行现场勘察、研究会审，详细分析变更设计原因，研究提出变更设计类别及变更设计方案，确定责任单位及费用处理意见，形成由参审人员签字的《变更设计会审纪要》，建设单位应履行内部程序，对《变更设计会审纪要》的主要内容进行确认，需要履行董事会决策程序的应履行决策程序。

3. 编制变更设计文件

勘察设计单位应严格按照原铁道部相关规定和《变更设计会审纪要》以及确定的安全应急方案编制变更设计文件，I类变更设计文件一般应在会审纪要下发后30日内完成，特殊情况下I类变更设计文件完成时间由建设单位商勘察设计单位确定。

4. 初审变更设计文件

建设单位应对I类变更设计文件进行初审，涉及环水保的重大问题的变更设计，应按照规定报送国铁集团审查。

5. 批准变更设计文件

初步设计审查部门收到I类变更设计文件后，应尽快组织现场核实，提出明确要求，对符合审批条件的，一般在30个工作日内完成批复；需要补充资料的部分，应及时提出补充要求，并在资料补充后20个工作日内另行批复。

6. 审核下发变更施工图

建设单位根据I类变更设计批复组织勘察设计单位完成施工图并组织对施工图进行审核，将审核合格的施工图随同《变更设计通知单》下发施工及监理单位，并就非施工单位责任的部分与施工单位签订施工补充协议[1]。

I类变更设计审查流程详见下图。

[1] 赵静.浅析铁路工程二次经营管理技巧及方法[J].建筑工程技术与设计，2015(10)：1167-1168.

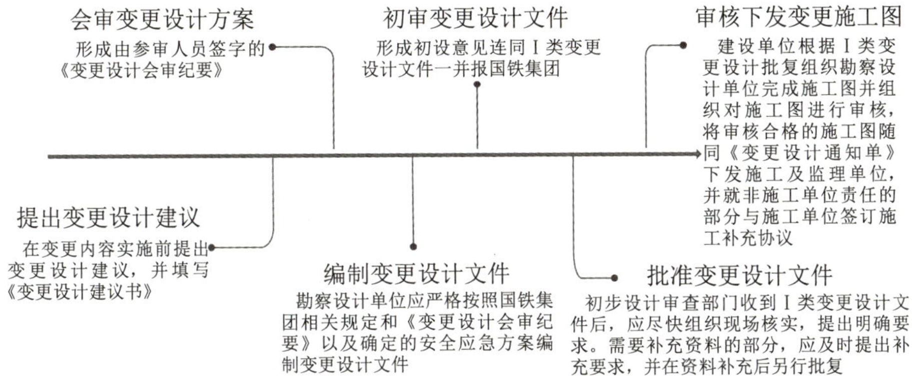

Ⅰ类变更设计审查流程图

三、变更设计费用承担

（一）费用审批

Ⅰ类变更设计概算由勘察设计单位按初步设计批复的概算编制原则编制，并对工程数量和费用进行增减对照，按规定报送国铁集团审批。

（二）费用承担

（1）因责任原因引起的变更设计：属于施工单位责任的，施工单位按规定承担变更设计造成的损失；属于勘察设计单位责任的，由勘察设计单位无偿承担变更设计的勘察设计工作并按规定承担变更设计造成的损失；属于建设方责任的，由建设单位承担变更设计造成的损失。

（2）非责任原因的变更设计：属于不可抗力的，按合同约定处理；属于风险包干范围的，按风险包干相关规定处理；其他变更设计增减工程费用，除相关规定外，由建设单位承担，相关事宜在合同中明确。

（3）非责任原因引起的Ⅰ类变更设计，勘察设计费按变更设计批复支付；责任原因引起的Ⅰ类变更设计，勘察设计费由责任单位承担。Ⅱ类变更设计不另计取勘察设计费[1]。

四、审核过程中常见问题

在审核过程中变更设计主要存在以下五方面的问题：

1. 变更设计原因不成立

部分变更设计为隐藏真实原因，假借其他原因编制变更设计，原因与变更内容不对应。

2. 变更设计方案不合理

变更设计方案未进行经济比选，变更费用过大，造成浪费。

3. 变更设计费用不合理

未按规定编制变更设计费用，原设计或变更设计工程量与图纸不符；不按初步设计批复原则编制概算；变更前后概算编制原则不一致等。

4. 变更设计责任不清

变更设计材料中隐藏变更责任，不反映真实变更原因，无法明确责任单位。

5. 变更设计资料不完善

未严格按照变更设计程序进行审批，变更资料不完善，不能及时存档。

五、相关措施建议

（一）技术措施

1. 在勘察阶段

要切实做好地质选线工作，对于区域内经常出现的不良地质情况开展专题研究，以充分揭示不良地质实际情况；加强地质判识方法和技术的研究，提

[1] 刘芳.从工经的角度对铁路建设项目变更设计若干问题的分析与探讨［J］.铁路工程技术与经济，2022(5)：56–59.

高判识能力。同时加强大数据在铁路建设中的应用，及时统计积累相关工程指标并开展比较分析；对重大不良地质，宜采用动态设计、动态施工，进行专项方案设计及专家会审讨论，及时优化调整设计施工方案。

2．在设计阶段

要梳理特殊施工环境工点分布情况、影响因素，并提出针对性工程措施、方案论证等。对于特殊复杂工程要对设计方案、施组进行专项设计，必要时可调动各方力量（如设计院、高校、施工单位等）；对有可能引起投资变化较大的方案（如重大立交、迁改方案、地方环保要求等）做好投资分析和经济论证，并充分与相关方沟通，稳定外部需求；对于专业性较强的三改工程，应尽可能提高相关方案的设计深度，并加强相关方案的投资分析工作；设计院在勘察设计中有意识地关注行业最新技术发展，保证设计方案的先进性。在设计中采用的“四新”技术应进行充分的技术经济论证，及时研究补充单价分析，保证项目投资的合理性。

（二）管理措施

1．合理安排勘察设计周期

在总结过去勘察设计经验的基础上保证合理的铁路勘察设计周期，避免因为勘察设计周期不足导致外部需求不稳、地质勘察资料深度不够等情况的出现。

2．及时更新规范规程

建设主管部门对于铁路工程建设中出现的新的地质情况要及时总结，更新现有规范、技术规程，减少新开工项目中因为规范、规程不全引起的变更数量。同时也保证设计规范与实际运营单位要求相协调，避免出现设计规范不满足运营单位实际要求的情况。

3．沟通协调工作关口前移

建设单位在设计阶段就应组织设计院对地方的相关诉求做好投资测算，对投资影响较大的重大地方诉求，如增设车站等尽可能在可行性研究阶段达成路地协议，明确工程范围、投资主体等影响项目投资的重大事项。

4．做好环保批复等地方批复的统筹工作

相关专题批复时间应该与铁路工程设计及批复时间相协调。

5．建设过程中加强运营单位的需求管理

根据推荐阶段及时组织相关方对接，根据需求确定合理的方案，对于影响投资较大的需求，严格按照变更流程执行。

6．积极引入全过程造价咨询单位

建设单位可以通过委托第三方专业造价机构进行全过程造价咨询工作，发挥全过程造价咨询单位技术优势实现全过程、全方位、全要素、全对象的投资控制。

7．加大激励措施

加大对参建单位优化施工措施、施工工艺而导致负变更的激励措施。

供稿：金一凡

29 铁路项目Ⅱ类变更设计如何管理？

铁路工程建设项目发生变更设计是不可避免的，过程应本着以节约和控制投资为原则、以保障质量和工期为目标，杜绝不合理的变更。本题依据《铁路建设项目变更设计管理办法》（铁建设〔2012〕253号）要求，针对项目Ⅱ类变更设计审批，梳理铁路项目变更设计管理流程。

一、Ⅱ类变更设计程序

与Ⅰ类变更设计类似，Ⅱ类变更设计程序分为提出变更设计建议、进行现场核实、确定变更设计方案、审核下发变更施工图等。Ⅱ类变更设计审查流程详见下图。

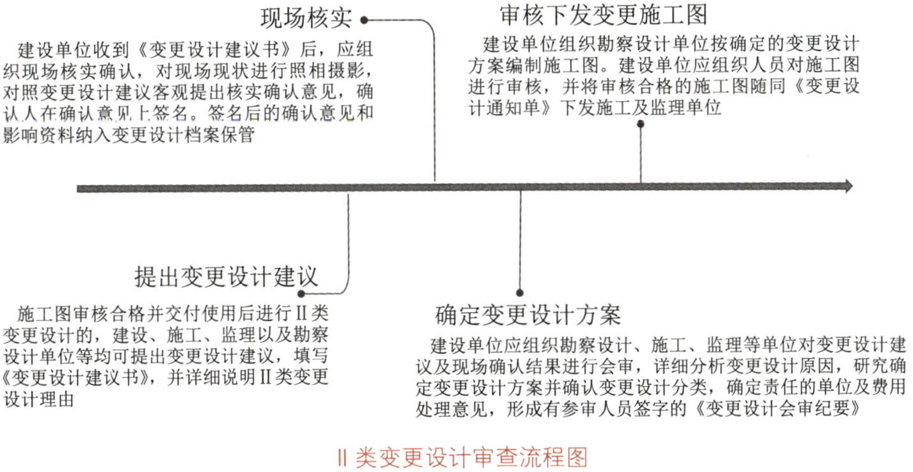

Ⅱ类变更设计审查流程图

Ⅱ类变更设计同样处于施工图审核合格并交付使用后，建设、施工、监理以及勘察设计单位等均可提出变更设计建议，建设单位作为变更设计的审核确认方。

二、变更设计费用承担

Ⅱ类变更设计引起的工程费用由勘察设计单位按变更设计的工程数量、施工承包合同约定和初步设计批复的概算编制原则编制，建设单位组织审定。

Ⅱ类变更设计由建设单位承担的费用在预备费支出。在实际操作中，Ⅱa类变更设计编制概算、扣除甲供并降低造价确定费用后在预备费中列支。Ⅱb类变更设计按工程数量及合同中工程量清单单价计算费用，无清单价时，参照类似清单单价或重新组价计算费用并在风险费中列支。Ⅱ类变更设计费用一般由建设单位委托第三方审价单位进行审价。

三、控制变更的措施建议

（一）合理安排勘察设计周期

在总结过去勘察设计经验的基础上保证合理的铁路勘察设计周期，避免因为勘察设计周期不足导致外部需求不稳、地质勘察资料深度不够等情况的出现。

（二）及时更新规范规程

建设主管部门对于铁路工程建设中出现的新的地质情况及时总结，更新现有规范、技术规程，减少新开工项目中因为规范、规程不全引起的变更数量。同时也保证设计规范与实际运营单位要求相协调，避免出现设计规范不满足运营单位实际要求的情况。

（三）与地方政府的沟通协调工作关口前移

建设单位在设计阶段就应组织设计院对地方的相关诉求做好投资测算，对投资影响较大的重大地方诉求，如增设车站等尽可能在可行性研究阶段达成路地协议，明确工程范围、投资主体等影响项目投资的重大事项。

（四）地方政府应做好环保批复等地方批复的统筹工作

地方批复时间应该与铁路工程设计及批复时间相协调。

（五）建设过程中加强运营单位的需求管理

根据推荐阶段及时组织相关方对接，根据需求确定合理的方案，对于影响投资较大的需求，严格按照变更流程执行。

（六）积极引入全过程造价咨询单位

建设单位可以通过委托第三方专业造价机构进行全过程造价咨询工作，发挥全过程造价咨询单位技术优势实现全过程、全方位、全要素、全对象的投资控制。

（七）加大激励措施

是加大对参建单位优化施工措施、施工工艺而导致负变更的激励措施。

供稿：金一凡

30 铁路项目变更设计与可行性研究调整审批的边界如何把握？

铁路项目管理实践中重大项目变更事项，可能涉及项目可行性研究报告批复范围调整，需要对事项进行判断，确认其属于变更还是可行性研究调整。本题主要结合政府投资条例等文件要求，尝试区分二者的边界。

一、政策依据

根据《政府投资条例》（国务院令第712号）、《关于印发〈关于贯彻机关内部“最多跑一次”改革加强政府投资项目审批服务的操作指引（暂行）〉的通知》（浙发改办投资〔2019〕67号）文件有关规定，有关事项属于可行性研究报告报批或调整范围。具体包括：

《政府投资条例》（国务院令第712号）第12条，初步设计提出的投资概算超过经批准的可行性研究报告提出的投资估算10%的，项目单位应当向投资主管部门或者其他有关部门报告，投资主管部门或者其他有关部门可以要求项目单位重新报送可行性研究报告。

《关于印发〈关于贯彻机关内部“最多跑一次”改革加强政府投资项目审批服务的操作指引（暂行）〉的通知》（浙发改办投资〔2019〕67号）第18条，有下列情形之一的，项目可行性研究报告应当重新审批，原则上不超过一次：①项目建设规模、建设内容、技术方案发生重大变更的；②项目单位报批的项目概算与已批复可行性研究报告的投资估算不符，经认定确需要增加投资概算，且超过估算10%以上的；③线性项目的建设地点发生重大变更，其规划选址、用地用海预审重新报批的。

《关于印发〈关于贯彻机关内部“最多跑一次”改革加强政府投资项目审批服务的操作指引（暂行）〉的通知》（浙发改办投资〔2019〕67号）第19条，有下列情形之一的，项目可行性研究报告应当调整，原则上不超过一次：①项目业主发生变更的；②项目资金来源发生变更的；③点状项目的建设地点发生变更，且不涉及规划用地重批的；④因国家规划及政策调整、地质条件重大变化等不可抗力导致项目规划选址、用地用海预审需要重新报批的。

二、铁路项目变更需可行性研究报批或调整情形

涉及下列事项的，建设单位需进行可行性研究报批或调整。

（一）运输组织

（1）新增（减）车站；

（2）车站建造位置发生重大变化，调整跨县（市、区）；

（3）运输组织模式发生客、货占比变化；

（4）运营管理主体变化。

（二）主要工程

（1）特大桥增加2处（含）以上；

（2）线路、轨道位置调整，水平位移超过500米且调整量超过5公里或全线10%；

（3）新增（减）动车运用所。

（三）其他

（1）实施中重大标准、工期、规模变化等引起投资增加超出批复可行性研究投资10%（不含征地拆迁及政策性增长因素）；

（2）正线数目变化（单线、双线变化）；

（3）设计时速变化。

国家审批可行性研究浙江省发展政策委审批初设项目需按此调整或重批可研时，由前道处室牵头负责向国家相关审批部门提出申请，按国家相关审批程序办理。

三、轨道交通项目变更可行性研究报批或调整情形

城际铁路、城市轨道交通（地铁、轻轨、有轨电车）项目，涉及下列事项的，建设单位需进行可研报批或调整。

（一）车站工程

（1）车站新增（减）车站2座（含）以上；

（2）车站位置调整，城际铁路调整距离超过400米、城市轨道交通调整距离超过300米；

（3）车站敷设方式地下调地上2座（含）以上，地上调地下1座（含）以上。

（二）区间工程

（1）区间线位调整长度超过全线10%；

（2）区间敷设方式地上调地下长度超过5公里或全线长度20%。

（三）其他

（1）新增车辆基地、控制中心、主变电所（35千伏以上）；

（2）车辆基地、控制中心、主变电所（351千伏以上）位置变化，且中心位置平移（城际铁路、城市轨道交通平移距离超过1公里。

（3）车辆基地、控制中心、主变电所（35千伏以上）规模变化，建筑面积增、减超过原规模的50%。

供稿：朱鑫鑫

31 铁路项目概算控制的内容是什么？

概算是铁路项目投资控制的主要依据，因概算调整事关重大，铁路行业投资管理部门对概算调整持审慎态度，要求在铁路项目的决策立项到竣工验收全周期内做好项目投资控制。本题结合《铁路基本建设项目投资管理办法》（铁发改〔2022〕123号）文件要求，梳理概算控制的具体工作要求。

一、概算控制框架

根据《铁路基本建设项目投资管理办法》（铁发改〔2022〕123号）文件有关规定，铁路项目概算调整主要发生在工程实施阶段。按照文件要求，铁路项目建设单位应按“静态投资、动态投资、机车车辆购置费、铺底流动资金”四部分，将投资分别控制在批复概算内。

（一）投资概算框架

根据《铁路基本建设工程设计概（预）算编制办法》TZJ 1001—2017，铁路项目设计概（预）算费用分为“静态投资、动态投资、机车车辆购置费、铺底流动资金”四部分，费用具体组成如下图。

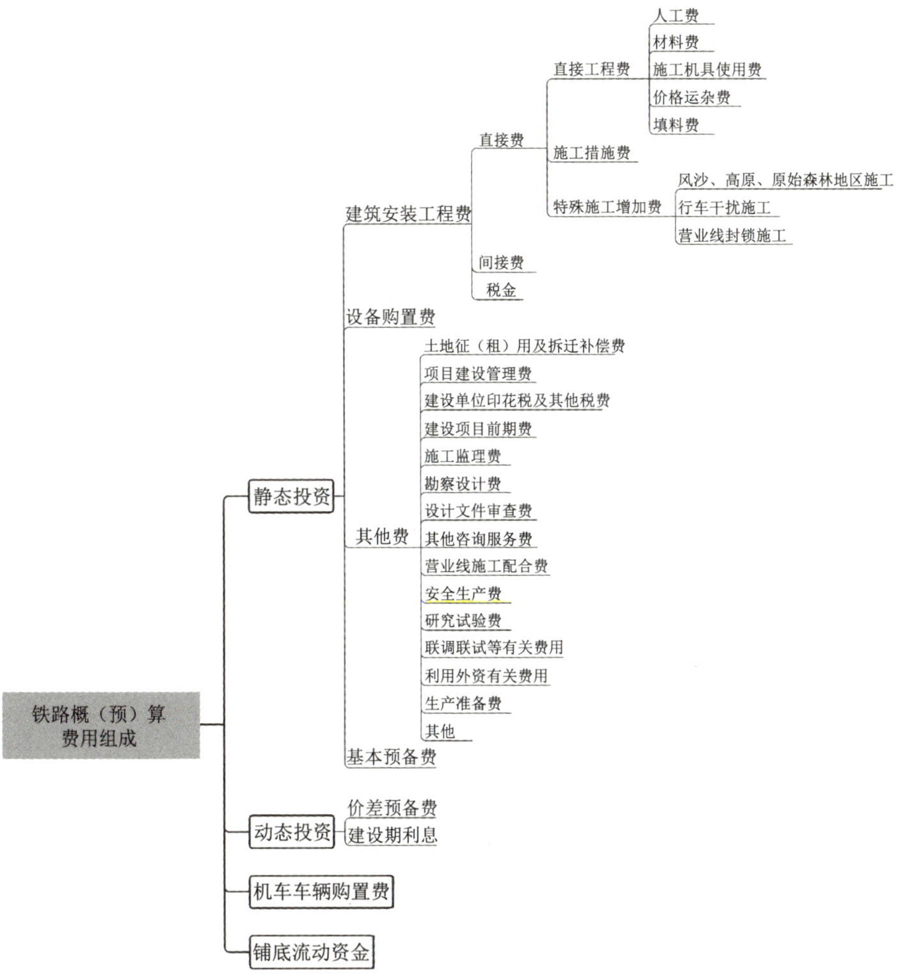

铁路项目概（预）算费用组成图

（二）影响概算的主要费用

1．变更设计

根据《铁路建设项目变更设计管理办法》（铁建设〔2012〕253号），变更设计是指铁路工程建设项目施工图审核合格后至工程初步验收合格后半年以内变更设计的活动。分为Ⅰ类变更和Ⅱ类变更。

2．征地拆迁费用

因征拆费用标准、数量等变化引起的概算投资调整。2017年以后，铁路项目实施“地方政府包干”政策，在征迁实施过程中，实际征拆费用超过概算投资控制额时，需要对原控制概算进行调整，并以批复后的调整概算进行总投资控制。

3．基本预备费

基本预备费以静态投资中的“建筑安装工程费、设备购置费、其他费”为基数，按照一定比例计提。按照《铁路基本建设项目投资管理办法》（铁发改〔2022〕123号），Ⅰ类变更、Ⅱ类变更、主要材料价格上涨等，均可使用。项目实施过程中，如出现超过概算控制时，需要对原概算调整。

与基本预备费类似的费用项目，还包括招标结余费、设计优化费，均可由建设单位履行相关决策程序后在额度内自行审批。

二、铁路项目概算控制策略

根据《铁路基本建设项目投资管理办法》（铁发改〔2022〕123号），以及铁路项目全过程管理需要，需要在决策阶段、设计阶段、施工阶段做好不同侧重的概算控制[1]。

（一）决策阶段，通过做细前期工作控制概算

重点从两个方面着手，实现概算结论的真实准确。一是做好项目基础调查。以中长期铁路规划等为指导文件，组织专家团队进行论证，提前预测工程造价成本与项目收益，避免项目决策盲目性；二是做好项目可行性论证。铁路项目的发起单位，要从经济性、带动性、财务可行性等多个角度考量项目的可行性，针对不同线位、不同方案的选择，二次估算工程造价成本与投资，探索

[1] 吕燎原.铁路工程造价超概算原因及控制策略探讨［J］.工程技术研究，2021（8）：200-201.

实施限额设计。

（二）设计阶段，通过合理限额控制概算

重点从做细方案入手控制概算总额。在满足国家相关技术标准与实现预期建设目标的前提下，确定工程设计方案各环节的造价额度。一般以概算定额作为“限额”基础，分解投资额和工程量，以此作为工程投资与造价成本的控制线。经专家团队论证后，对工程设计方案中的技术性问题进行再论证、再核实，尽可能降低设计因素对工程造价成本、施工工期造成的影响。

（三）施工阶段，以招投标、合同管理等手段控制概算

实施规范的招投标工作和严格的合同管理，能够对施工阶段概算控制产生积极作用。一是规范主材、地材等招投标管理。通过明确材料采购条件及要求，在材料供应环节引入竞争机制，选择更适合铁路施工的工程材料采购量、采购时间、采购批次与采购价格。二是严格合同履约管理。在施工合同中，明确施工单位的权责范围，对于工程造价影响因素与造价变动量等关键内容，要严谨缔约，必要时进行补充完善。三是用好第三方监理。建设监理单位对施工过程的监督管理，能够有效控制并监督项目科学落实变更设计，合理控制概算。

三、部分概算影响因素的处理

（一）变更设计的费用处理

Ⅰ类变更设计由建设单位分析原因后按程序报国铁集团审批，使用基本预备费、招标节余费，对于地方提出并承担投资的可增加项目概算。

Ⅱ类变更设计、主要材料价格上涨等，由建设单位履行相关决策程序后在基本预备费和招标节余费额度内自行审批。

（二）基本预备费等不足的处理

对基本预备费和招标节余费不足的，建设单位应提出调整方案及资金来源方案，国铁集团出资人代表和建设单位应分析原因、明确责任并提出处理意见后报国铁集团，按以下规定程序办理调增项目概算的批复：

（1）因国家政策调整引起的，由国铁集团发展和改革部会同相关部门进行研究并提出建议，履行国铁集团决策程序后，由工程设计鉴定中心办理批复。

（2）因地质条件发生重大变化、主要材料价格上涨引起的由工程设计鉴定中心会同相关部门进行审查，按国铁集团决策程序办理调整批复。

（3）其他因素引起的，调整初步设计静态投资概算未超出可行性研究报告批复静态投资估算的，由工程设计鉴定中心会同相关部门审查并提出意见建议，履行国铁集团决策程序后办理批复。

（4）其他因素引起的，调整静态投资概算超出可行性研究报告批复静态投资估算的，由国铁集团发展和改革部根据调整事项情况，可委托有资质的单位开展评审，受委托单位应按要求出具评审报告。国铁集团发展和改革部会同相关部门进行审查并提出意见建议，履行国铁集团决策程序后，由工程设计鉴定中心办理批复。

供稿：靳丽芳

32 既有铁路城镇段外迁工程资产如何处置？

近年来，既有铁路穿越城市影响城市发展的矛盾日益突出。为了满足城市规划建设需要，优化城市布局，释放城市发展空间，提高土地利用率，进一步促进地方经济社会发展，多地政府提出将既有铁路城镇段改造或外迁的设想，国铁集团原则上同意在路地双方协商一致的前提下实施既有铁路城镇段外迁工程。本题围绕既有资产，探讨如何规范做好铁路城镇段改造或者外迁涉及的资产处置工作。

一、既有铁路资产范围

既有铁路资产主要包含站房、站场、线路区间、工电供等工区、生活生产房屋等。

二、资产处置方式

既有铁路城镇段外迁工程，可选择采用两种处置方式：一是资产置换方式，二是现金收购方式。既有铁路城镇段外迁工程资产置换或现金收购的责任主体是铁路局，相关铁路局应加强与地方政府的沟通协商，明确双方的权利和义务，在项目实施前签署协议。

（一）资产置换方式

资产置换方式是指外迁工程由地方政府出资，铁路局负责组织建设，项目建成开通后移交给铁路局，铁路局将既有铁路土地移交给地方政府，铁路局拟用于综合开发的地块除外。

对于资产置换方式，协议应明确置换范围、置换产生的费用（如外迁新建项目费用等）、新建项目费用支付方式、委托代建、资产移交、置换段安全责任等相关内容；外迁新建项目费用根据项目年度投资计划及时足额拨付，并在新建项目开通前以清理概算费用为准，结清余款。既有铁路资产置换过程中涉及缴纳相关税费的资金问题，按不增加铁路企业负担的原则，与资产置换方协商规范处理。

（二）现金收购方式

现金收购方式是指对既有铁路资产按规定进行资产评估后，由地方政府以现金方式收购；国铁集团将外迁工程纳入基本建设项目组织建设，地方政府负责征地拆迁工作。既有铁路外迁工程相关税费可以减免或地方政府全额承担的，鼓励采用现金收购方式。

对于现金收购方式，既有铁路资产应按相关规定进行资产评估。现金收购价格应充分考虑按同等功能恢复新建所需费用（以最终项目概算清理额度为准），高于既有铁路评估价格的部分，地方政府应对差额足额给予补助。既有铁路资产现金收购过程中涉及缴纳相关税费的资金问题，按不增加铁路企业负担的原则，与资产收购方协商规范处理。

协议应明确收购范围、收购金额、资金支付方式（含资金拨付、首批资金到位、开工前取得后续资金银行保函等）、新建铁路相关事宜、收购段铁路资产交付、收购段安全责任、土地综合开发等相关内容。其中收购资金分三期支付：首期支付收购资金的30%，并出具后期收购资金的银行保函；中期支付按项目建设计划分年度在年初1月31日前支付；尾款结清以项目清理概算费用为准，在新建项目开通之前结清。现金收购所得款项计入相关铁路企业资产处置所得，并按相关规定上缴国铁集团。

三、工程实施及资产移交

外迁工程纳入国铁集团基建项目计划。铁路局负责组织项目建设，地方政府负责征地拆迁工作（征拆费用按项目可行性研究批复时的费用包干使用）。

资产置换方式由地方政府筹集建设资金，并根据项目年度投资计划及时足额拨付资金。现金收购方式由国铁集团负责筹集建设资金。

铁路局应结合地方款项到位情况，向国铁集团申请项目年度建设投资计划，并根据项目工程设计及相关协议内容合理安排工程建设进度。

新建铁路验收合格，且土地证件、遗留问题处理完毕并开通运营后，办理既有铁路资产移交。

供稿：陈文垚

33 铁路项目建设期投资控制如何管理？

铁路建设投资数额巨大，需加强铁路基本建设项目投资管理，全面实现项目质量、安全、工期、投资等建设目标，节约建设资金，满足运营需求，发挥投资效益。本题从铁路项目的建设期（即施工阶段）入手，探讨该阶段投资控制的具体措施。

一、投资控制的依据及各方责任

《铁路基本建设项目投资管理办法》（铁发改〔2022〕123号）、《关于铁路建设项目清理概算工作的通知》（发改投资电〔2019〕1号）是建设项目投资控制的规范性文件，分阶段提出了投资控制的内容、程序、分工和责任要求。建设单位是建设项目投资控制的责任主体。设计单位提供项目设计（文件），是全过程投资控制的基础。施工单位依据设计图纸组织施工，按合同价款控制投资。监理单位对工程施工和验工计价进行监理。主管部门按职责分工对全过程投资进行审批和监管。

二、建设期控制投资要点

（一）工程实施阶段

1．工程招投标管理

对拟定的招标内容和招标范围，通过标段划分、招标方式、承包方式、潜在投标人合格条件、评标办法等的合理设置，引导和促进潜在投标人积极参与竞争，在工程质量（服务质量）、工期、安全等得到保证的条件下，通过强化市场竞争，合理降低工程造价。

2．投资和资金计划管理

（1）突出重点项目的原则，对全线关键线路上的工程、重点工程、对后续工程有影响的工程和施工时间上有特殊要求的工程要优先安排，确保阶段目标和总工期目标的实现。

（2）控制资金总量的原则，要统筹考虑年度的资金总量，合理安排投资和资金总量，而不是根据施工单位具体的资金需求进行安排，在控制资金总量的前提下安排投资计划，不是一经下达的投资计划，即使多完成也不宜考虑调整计划、办理验工计价和资金拨付，一贯强调年度投资完成多少是不科学的。

3．验工计价管理

项目实施过程中，要严格验工计价，要按照代建协议、合同规定的办法、原则验工计价：一是及时掌握施工形象进度和已完工程量；二是详细审核验工计价，确保计价与形象进度相符、与实物工程量相符、与合同约定相符，避免超计价、虚假计价现象发生；三是对变更项目计价要从实从严把关，严格按合同及验工计价办法予以核定，杜绝“未批先计”。

4．变更设计管理

在建设项目实施阶段，主要规范设计变更程序，严格按照设计变更分类原则核定变更项目：即“同一工点或同一病害引起的其内容不可分割的一次性变更，为一项设计变更”的原则，严禁“打包”，杜绝II类变更项目“打包”

后按I类变更审核并报批，避免因分类不清而突破投资。变更设计易发生及应引起重点关注的几个领域：改移道路、地基处理、土石方调配、桩基岩性、基础辅助设施、围岩级别、岩溶处理和反坡排水等，在工程实施过程中我们应该履行投资控制的主体责任，采取主动和事前控制措施，避免不合理的变更设计发生，浪费工程投资。

（二）工程清理概算阶段

清理概算本不是建设过程中的一个阶段（规范说法为批复概算内办理竣工结算），属铁路行业的一个惯例和特色，清理概算文件的编制是随着建设项目结束对投资运行动态模拟的最终修正，是项目投资的最终限额。主要应做好以下工作：

1．投资检算

一是要及早开展施工图投资检算工作。二是施工图与初设之间有标准规模等变化的，应通过Ⅰ变更设计的途径处理。三是与初设批复相比，相同工程项目（最基层的支付子目，即工程量清单单价子目）的指标不应该有大的差异。四是标段之间不平衡的问题，建议本着风险共担的原则跨标段调整，即负量差不支付，正量差本着风险共担的原则处理。

2．征地拆迁

（1）征地拆迁费用处理。全面推行征地拆迁地方政府包干制度：一是在项目前期阶段通过公开招标引进第三方审价单位，提前介入征地拆迁的现场踏勘、核实和测算，有效改变了以往铁路项目征拆概算测算不深不实、结果大幅超概算的被动局面；二是与沿线地方政府共同制定征拆实施计划、共同处理征拆过程中出现的难点、堵点和焦点，保障征拆工作顺利推进；三是充分发挥第三方审价单位的专业技能，严格控制征拆范围、严格把握价格标准，并及时办理五方签认手续；四是严格按照征拆包干协议约定的时间、方式和金额拨付征拆款项，有效控制征拆总费用。

（2）“三电”及管线迁改。对于纳入施工承包合同的35千伏及以上电力迁改、军缆迁改和地下油气水管线迁改工程，原则以施工单位与产权单位签订的补偿协议为准，经第三方审价后，与施工单位签订补充协议补偿；对于10千伏及以下的电力迁改工程，原则上不予补偿，确因实施期间数量发生较大变化，施工单位难以承担其风险时，可按照实际数量和原合同（概算）单价（指标）计算费用，经第三方审价后，本着风险共担的原则与施工单位签订补充协议后补偿。

（3）道路及沟渠改移。对于纳入施工承包合同、具有设计文件的一般的道路和沟渠改移工程，原则上纳入施工图预算（或施工图投资检算），不再进行处理；对于纳入施工承包合同且实施期间变化较大的高等级道路及交通枢纽的导改工程，以及采用经济补偿且没有设计文件的沟渠改移工程，应根据工程设计、费用标准和补偿协议确定费用，经第三方审价后，签订补充协议补偿。

（4）临时用地及复垦。对于取弃土（渣）场，以及大型场站（铺轨基地、制梁场、轨道板场）等临时用地，在工程实施期间，地方政府出台了新的临时用地标准，则可按设计文件确定的临时用地数量、施组确定的工期和费用标准计算费用，经第三方审价后，签订补充协议补偿，大型临时设施便道、拌和站和其他小型临时设施等的费用变化可不予考虑。临时用地的复垦方案必须经地方政府相关部门批复，若批准方案与原设计方案（初步设计或施工图设计）有较大差距，可按批复的用地方案、工程数量、和概(预）算编制原则计算费用，经第三方审价后，签订补充协议补偿。原则上大型临时设施便道、拌和站和其他小型临时设施等的费用变化可不予考虑，不建议将复垦费拨付地方由地方实施复耕，特殊情况下不需要复垦的，需要地方政府出具相关文件。

3．价差调整

（1）甲供物资设备。直接按实际采购价格和采购数量与初步设计（或施工图设计）的价值之差计算甲供物资设备价差，采购数量应按施工图设计数量和变更设计增减数量之和作为控制，委托施工单位采购的属甲供范围的材料设备，比照甲供价差调整方式办理。甲供物资设备价差＝甲供物资设备数量×实际采购价格－批复甲供物资设备数量×批复采购价格。

（2）自购物资设备。自购物资设备按《铁路建设项目实施阶段材料调差指导意见》（铁建设〔2009〕46号）和《原铁道部关于补充铁路建设项目实施阶段材料价差调整目录的通知》（铁建设〔2012〕230号）的规定办理价差调整，价差调整的基础是验工计价。

对于四电集成项目，工程所涉及的材料设备均为集成商自行采购，在价差调整时执行国铁集团关于自购料调差的相关规定。

（3）地材差。地材差原则上不处理。若因环保要求或风景名胜区禁采等原因，则应以相关文件为依据计算，但文件必须是在招标期间或者招标后发布的。道砟价差应扣除运杂费后计算。

4．新增工程

新增工程没有任何定义，只是在处理量差过大和实施过程中出现的一些小Ⅱ类变更设计时采用的特殊手段。主要包括由于地方和环保要求增加立交通道和声屏障工程，不应包括下穿立交通道的孔径和上跨立交桥路面宽度变化，以及验收和安全评估提出的突破设计规范和验收标准的补强工程，符合设计规范和验收标准的，应属于完善设计范畴，不应作为新增工程处理。新增工程均应按变更设计程序办理。

供稿：邢耀飞

34 铁路第三方审价主要职责和内容是什么?

铁路建设项目建设投资大、建设周期长、沿线地质情况复杂，是政府审计监督和关注的重点。为确保国有资金使用的合规性，铁路建设项目采用第三方审计方式能有效达到铁路建设项目成本控制与时间控制，使建设资金得到良好的使用，项目投资收益获得保障。本题主要探讨铁路项目第三方审价工作内容，并提出相关建议。

一、铁路第三方审价工作依据和内容

铁路第三方审价工作根据国家及铁路部门相关法律法规、标准规范，遵循客观、独立、公正的原则实施审价工作，实现概算目标成本控制，依法维护业主的合法权益，积极配合建设单位上级主管部门或政府部门法定审计工作，并及时提交各项所需资料。

（一）工作依据

（1）国家颁布的法律法规、标准规范、省市地方性法规和政府文件；

（2）《铁路基本建设工程设计概（预）算编制办法》TZJ 1001—2017；

（3）国铁集团现行的相关文件、技术标准；

（4）国家建设项目审计准则及相关文件；

（5）财政部基本建设财务管理规定；

（6）现行相关的行业标准、规范；

（7）项目可行性研究、初步设计等批复和施工图设计文件；

（8）施工合同。

（二）工作内容

1．变更设计审价

按照本项目建设单位确定的投资控制程序，第三方咨询机构对本项目施工阶段发生的全部Ⅰ类、Ⅱ类变更设计进行审价，包括对变更设计的数量、单价、执行标准的审核，提交审价报告。

2．施工阶段材料价差调整审价

在工程实施阶段分期对施工合同内非甲供材料价差调整、燃油料价差调整、甲供材料设备价差调整等进行审核，提交阶段性审价报告。

3．征地拆迁相关费用审价

采用全过程同步参与的方式，对项目施工过程中的土地、房屋、管线、道路、沟渠等实施征收、迁改移的范围、数量、补偿标准，以及程序、投资、权属等进行控制、咨询，以期达到合法、合规、节约、及时的目标，同时形成完整的工程资料，确保土地验收确权、项目国家验收一次性通过。

4．概算清理审价

在建设单位的统一组织下，对概算清理涉及的材料及设备价差调整、火车运价差调整、变更设计等内容进行审价，出具概算清理审价报告。

5．审价配合工作

工程实施阶段，配合建设单位完成验工计价工作，协助建设单位和设计院审核地基处理等变更设计方案及概算，并提交第三方造价咨询意见等。概算清理阶段，配合建设单位和设计院上报相关审价报告及审价数据，参与清理概算审查会议并做好汇报解释，按审查意见对审价报告进行修改、完善并达到审查要求。

6．竣工结算审核

项目概算清理批复后，实施竣工结算审核。按照概算清理批复的原则，在概算清理批复总费用范围内，对本项目的参建各方依据各自的合同约定、变更批复、概算清理批复等规定进行竣工结算审核，出具竣工结算审核报告。配合建设单位与参建方签订调整合同价的补充合同，完成末次验工计价复核工作。并配合财务竣工决算审计工作，对施工单位填报的交付资产完工结算表中数据进行复核。

7．其他咨询服务工作

及时向委托人提供审价工作月报，报告审价工作的进度、问题、建议等，及时向委托人提供所需的造价信息、政策文件等资料。

（三）工作流程

（1）熟悉项目概况，收集项目图纸、计划文件、设计概算，了解委托方的审价要求，收集委托方及参建方的内部控制制度（重点是投资控制）。

（2）收集项目涉及的政策法规、标准规范、定额、价格信息，并了解当地相关工程材料的市场价格情况等。

（3）编制全过程投资控制及审价工作实施方案。方案内容包括：项目概况、工作内容、工作计划、工作方法、工作目标、工作纪律、主要标准、工作成果要求、主要表格或图表等。

（4）组织审价项目部及公司复核人员进行业务培训，培训内容包括：审价工作实施方案的内容、与项目有关的政策、审价要求、委托方要求、对策措施等。

（5）组织参建单位及相关单位（如测绘公司、评估公司）进行业务培训交流。统一流程、表格等，编印通讯录、建立群。

（6）审价外业工作。审价人员到达施工工点，跟踪审核和记录变更设计实施情况，参与工程量计量。

（7）审价内业工作。审价人员对资料内容进行审核，审核变更设计概算及价差调整的合规性、合理性、准确性、真实性，编写审价工作底稿；区别不同情况，出具相应报告或意见：数量审核报告、变更设计审价报告、评审意见、建议、验工计价、阶段清理、概算清理审价报告、结算或决算审核报告等。

（8）各项目组每天向总体及技术协调组报告审价情况，并撰写周报、月报呈报委托方。

（9）在形成审价中间成果报告时，应主动征询委托人、设计院的意见。

（10）根据征询情况，对中间报告作合理修改后出具正式审价报告。

（11）整理审价档案，交委托方并存档。

（12）在委托方需要时，做好对报告的解释配合工作。

（四）提交的成果

（1）编写项目审价规划，审批项目审价实施细则；

（2）提出合同评审意见；

（3）负责审价方案、审价工作、审计结果编写及审批。

（4）负责审价月报、审价工作阶段报告、专题报告和项目审价工作总结的编写；

（5）负责填写审价日记、接受报审文件和资料、发放审价报告及相关通知；

（6）负责复核或从现场直接获取的有关数据并制作审价工作。

二、铁路第三方审价的工作建议

（一）强化征地拆迁费用审计

按照国铁集团及浙江省发展改革委对铁路建设项目征地拆迁管理现行有关规定，均要求建设单位作为建设项目实施推进责任主体，组织前期征地拆迁调查和土地勘界工作，与地方政府、设计单位共同核实数量和补偿标准，确定迁改方案和补偿费用，签订征地拆迁实施协议。

全过程参与征地拆迁实施工作，协调地方政府落实征地拆迁资金按进度到位、提供建设用地；会同地方政府对征地拆迁实际数量和费用进行确认，组织第三方审计和征地拆迁验工计价，拨付资金，确认股比等，对实施阶段征地拆迁数量和补偿标准的合规性、真实性、准确性负责。

因此，铁路建设项目内部审计相较于其他交通类建设项目，需强化前期征地拆迁费用的审计，要求对征地拆迁实物、工作进度和资金用量进行实时监督，及时纠正征地拆迁工作中出现的问题，保证良性运作；采取定期检查、专项检查等方式，通过阶段性审计，调查、处理征地拆迁工作中出现的违法违纪问题，保证资金专款专用，切实维护国家和群众利益。

（二）强化施工单位建设资金使用的审计

铁路建设项目线路长、投资规模大，涉及施工标段多，农民工用工数量庞大，项目建设过程中施工单位的建设资金是否合理使用、农民工工资是否及时支付，关系到项目的顺利推进及社会维稳。因此，铁路建设项目过程中通过强化对施工单位建设资金的审计，保证建设资金用于本项目支出，防止建设资金被挪用、串用或抽调；督促施工单位及时足额发放农民工工资，切实维护农民工权益。通过对施工单位各类台账资料的审计，保证验工计价及工程成本真实可靠，防止出现偷工减料、虚增成本的情况。通过对施工单位采购流程及合同执行情况的审计，确保相关建设程序合法、合规，确保采购成本合理、公允。

（三）坚持工程审计与财务审计有机结合

基本建设项目投资大、周期长、复杂性和单一性决定了审计的内容不仅包括工程审计，还应包括财务审计，两者有机结合，以立项为起点，以工程项目的建设程序为主线，以财务审计与工程造价审计为分支，以工程竣工决算审计为终点形成闭合审计回路[1]。工程审计与财务审计有着不可分割的联系，通过工程审计与财务审计有机结合，可以发现工程审计与财务审计单方面作业不容易发现的问题，有效完成工程竣工决算、固定资产投资。

供稿：邢耀飞

[1] 肖平,潘筱霞.基本建设项目竣工决算审计应该把握的四点[J].审计与理财,2005(12):1.

35 铁路项目外部环境整治包含什么内容？

铁路项目外部环境整治是铁路安全管理的重要组成部分。2020年，浙江省政府办公厅印发《关于开展全省普速铁路沿线外部环境安全隐患综合治理行动的通知》（浙政办函〔2020〕39号），开展为期1年半的浙江省普速铁路沿线外部环境安全隐患综合治理行动。本题参照治理行动的相关要求，梳理铁路项目外部环境整治的具体内容和工作要求。

一、外部环境整治的内容

铁路项目外部环境整治是指对铁路项目沿线轻飘物及危树、山体及边坡溜坍风险、铁路线路安全保护区内违法行为、铁路沿线易燃易爆危险物品场所开展整治。

二、外部整治的“环境”范围

按照治理行动要求，全面设立铁路线路安全保护区，健全完善铁路沿线环境安全监管长效工作机制，落实铁路沿线环境安全治理各方责任，依法依规查处违法违规行为。《铁路安全管理条例》明确的安全保护区范围包括：

（一）铁路线路安全保护区范围

根据《铁路安全管理条例》规定，铁路线路两侧应当设立铁路线路安全保护区。新建、改建铁路的铁路线路安全保护区范围，应当自铁路建设工程初步设计批准之日起30日内，由县级以上地方人民政府依照本条例的规定划定并公告。铁路建设单位或者铁路运输企业应当根据工程竣工资料进行勘界，绘制铁路线路安全保护区平面图，并根据平面图设立标桩。铁路线路安全保护区的范围，从铁路线路路堤坡脚、路堑坡顶或者铁路桥梁（含铁路、道路两用桥，下同）外侧起向外的距离分别为：①城市市区高速铁路为10米，其他铁路为8米；②城市郊区居民居住区高速铁路为12米，其他铁路为10米；③村镇居民居住区高速铁路为15米，其他铁路为12米；④其他地区高速铁路为20米。

（二）铁路线路安全保护区其他范围的规定

（1）在铁路线路路堤坡脚、路堑坡顶、铁路桥梁外侧起向外各1000米范围内，以及在铁路隧道上方中心线两侧各1000米范围内，确需从事露天采矿、采石或者爆破作业的，应当与铁路运输企业协商一致，依照有关法律法规的规定报县级以上地方人民政府有关部门批准，采取安全防护措施后方可进行。

（2）高速铁路线路路堤坡脚、路堑坡顶或者铁路桥梁外侧起向外各200米范围内禁止抽取地下水。

（3）任何单位和个人不得擅自在铁路桥梁跨越处河道上下游各1000米范围内围垦造田、拦河筑坝、架设浮桥或者修建其他影响铁路桥梁安全的设施。因特殊原因确需在前款规定的范围内进行围垦造田、拦河筑坝、架设浮桥等活动的，应当进行安全论证，负责审批的机关在批准前应当征求有关铁路运输企业的意见。

（4）在铁路桥梁跨越处河道上下游各500米范围内进行疏浚作业，应当进行安全技术评价，有关河道、航道管理部门应当征求铁路运输企业的意见，确认安全或者采取安全技术措施后，方可批准进行疏浚作业。但是，依法进行河道、航道日常养护、疏浚作业的除外。

（5）禁止在铁路桥梁跨越处河道上下游的下列范围内采砂、淘金：①跨河桥长500米以上的铁路桥梁，河道上游500米，下游3000米；②跨河桥长100米以上不足500米的铁路桥梁，河道上游500米，下游2000米；③跨河桥长不足100米的铁路桥梁，河道上游500米，下游1000米。

（6）铁路两侧500米范围内的塑料大棚、彩钢棚、广告牌、防尘网等轻质建（构）筑物和倒伏后影响铁路设备设施的高大树木，防止大风天气条件下危及铁路运输安全需重点整治。

三、外部整治的职责分工

（一）地方人民政府环境整治主体责任

根据《国务院办公厅关于印发交通运输领域中央与地方财政事权和支出责任划分改革方案的通知》（国办发〔2019〕33号）中“地方承担铁路沿线（红线外）环境污染治理和铁路沿线安全环境整治”的规定，落实地方人民政府对铁路沿线安全环境整治的主体责任，明确相关部门铁路安全环境监管、隐患整治等职责，建立健全铁路沿线环境安全管控长效工作机制，探索推动将铁路沿线环境安全纳入城乡城管网格化管理平台协同监管，将铁路桥下及两侧铁路线路安全保护区用地依法纳入国土空间规划统筹安排，确保铁路沿线环境安全持续稳定。

根据《铁路安全管理条例》，铁路沿线地方各级人民政府和县级以上地方人民政府有关部门应当按照各自职责，加强保障铁路安全的教育，落实护路联防责任制，防范和制止危害铁路安全的行为，协调和处理保障铁路安全的有关事项，做好保障铁路安全的有关工作的责任。

（二）铁路运输企业安全生产主体责任

根据《铁路安全管理条例》相关规定，铁路运输企业建立健全铁路沿线环境安全管理工作责任制，对铁路沿线环境进行经常性巡查和维护，发现问题妥善处理，对不能处理的安全问题立即上报铁路监管部门和地方人民政府相关职能部门，及时消除安全隐患。

（三）铁路监管部门监管责任

依法实施铁路行业安全监管，对危害铁路安全的违法行为严格行政执法，有效净化铁路沿线安全环境。积极协调相关各方力量，研究制订相关制度办法组织开展铁路沿线环境安全综合整治，消除铁路沿线环境安全隐患。

供稿：郭鑫巍

36 铁路项目外部环境整治的重点工作有哪些？

铁路线路安全保护区等范围的划定，为外部环境整治明确了工作边界，各职能部门按照责任清单分工落实，并建立起长效机制。本题主要筛选外部环境整治的重点工作。

一、铁路线路安全保护区内违法行为整治

重点整治铁路线路安全保护区内烧荒、放养牲畜、排污、倾倒垃圾及其他危害铁路安全的物质，擅自建造建(构)筑物、取土、挖沙、挖沟采空作业、堆放悬挂物品、上跨下穿管线、施工作业等违法行为。由铁路运输企业定期进行巡查，发现问题立即处理，不能立即处理的及时上报铁路监管部门和地方人民政府相关职能部门；由铁路监管部门或地方人民政府相关部门依法对违法行为进行行政处罚。

二、铁路两侧安全保护范围内违法行为整治

重点整治违反法律法规及国家或行业标准、影响铁路运输安全的危险物品生产、加工、储存或销售场所，采矿采石和爆破作业，排放粉尘烟尘及腐蚀性气体的生产活动，高速铁路两侧 200 米范围内及地下水禁采区内抽取地下

水，铁路桥梁跨越处河道上下游一定范围内采砂、淘金和擅自围垦造田、拦河筑坝、架设浮桥或者修建其他影响铁路桥梁安全的设施等违法行为。由铁路运输企业配合地方人民政府进行全面排查，发现问题立即处理，并由铁路监管部门或地方人民政府相关部门依法对违法行为进行行政处罚。

三、铁路沿线轻飘物及危树整治

重点整治铁路两侧500米范围内的塑料大棚、彩钢棚、广告牌、防尘网等轻质建（构）筑物和倒伏后影响铁路设备设施的高大树木，防止大风天气条件下危及铁路运输安全。由铁路运输企业配合地方人民政府进行全面排查，共同确定安全隐患及整治措施，由地方人民政府按标准加固轻质建（构）筑物，拆除违法彩钢板建筑等设施，督促产权人砍伐或者定期修剪危树。

供稿：郭鑫巍

37 高速铁路项目开通需要哪些必备条件?

根据《关于规范开展高速铁路项目依法开通工作的实施办法》(铁办〔2020〕82号)文件明确的“高铁项目依法开通必备条件”要求，本题探讨各方在落实高铁项目依法开通工作中的责任分工和具体做法。

一、政策依据

高铁项目开工造设的政策依据包括:《中国铁路总公司铁路建设管理办法》(铁总建设〔2015〕78号);《国铁集团关于规范非控股非代建合资铁路和地方铁路 委托运营验收及运营安全评估工作的指导意见》(铁建设〔2019〕31号);《关于规范开展高速铁路项目依法开通工作的实施办法》(铁办〔2020〕82号)等。

二、必备条件

《关于规范开展高速铁路项目依法开通工作的实施办法》(铁办〔2020〕82号)文的制定依据是:《中华人民共和国铁路法》《中华人民共和国环境保护法》《中华人民共和国土地管理法》《中华人民共和国消防法》《铁路安全管理条例》等法律法规和铁路建设项目竣工验收、运营安全评估等相关规定，因此，高速铁路项目开通运营的必备条件涉及土地、环保、消防、安全等多个方面，主要包括以下十大必备条件：

（1）主体工程及其配套工程、辅助工程按设计文件建成；

（2）静态、动态、初步验收和运营安全评估发现的问题整改完毕并复验销号；

（3）I类变更设计手续全部完成；

（4）地方政府和企业资金落实到位，地方政府在高铁项目可行性研究报告中承诺的高铁项目运营期间财政补贴、土地、税收等优惠政策以正式文件或其他有效形式落实到位；

（5）高铁项目建设用地取得自然资源部或国务院授权、委托的省级人民政府批复；

（6）环境保护和水土保持自主验收及相关信息公开、报备证明全部完成，全线消防工程和设施建设全部完成并取得合格意见书；

（7）外部电源满足运营要求，所有牵引变电所和配电所的一、二路电源已送电；

（8）市政配套工程或过渡工程全部完成，满足旅客安全进出站条件；

（9）与运输生产直接相关的生产生活设施全部完成，满足运营要求和安全生产需要；

（10）跨越接触网35千伏及以下电线路迁，下穿、并行线路油气管线防护，易燃易爆、放射性物品等危险物品生产、加工、储存或销售场所仓库治理达标，线路两侧不符合国家标准、行业标准的各类杆塔迁改完毕或采取可靠的防护措施，彩钢房等临建拆除或加固处理，线路两侧200米内水井封闭，公跨铁立交桥及其附属安全设施竣工验收并移交，桥梁助航标志设置并按规定移交等，外部环境整治工作全部完成。

三、各方责任分工

高铁项目依法开通，涉及六类部门和单位的责任分工。依据文件要求，各单位的职责包括：

（一）建设单位

落实项目管理主体责任，做好工程实施、质量安全排查和问题整改；会同其他单位落实必备条件要求。

（二）参建单位

主要包括勘察设计、施工、监理、施工图审核等单位，要求落实各自工程质量责任，做好质量安全排查和问题整改，确保工程质量符合设计文件和验收标准。

（三）国铁企业代建的业主单位

协调推进地方政府和企业出资、市政配套建设、外部电源送电、建设用地组卷报批、外部环境整治等工作；按规定办理委托运输管理。

（四）铁路运营单位

严格按规定的程序和内容，实施提前介入、静态验收、动态验收、开通达标评定等；会同建设单位抓好问题整改、落实开通必备条件，办理开通运营。

（五）国铁集团及有关部门

检查指导高铁项目依法开通工作，组织开展项目初步验收、运营安全评估、开通前检查等，批复办理开通申请。

（六）有关地方政府

负责组织地方和企业出资、市政配套建设、外部电源送电、建设用地组卷报批、外部环境整治等工作，协调解决涉及地方的影响项目依法开通的重大问题。

供稿：潘旭茂

38 铁路项目开通前政府必须保障的工作有哪些？

本题主要探讨铁路项目开通运营前，需要政府部门配合协调做好的一系列保障工作内容。

一、政策依据

铁路项目开通前的工作要求政策依据包括：《中国铁路总公司铁路建设管理办法》铁总建设〔2015〕78号；《国铁集团关于规范非控股非代建合资铁路和地方铁路 委托运营验收及运营安全评估工作的指导意见》铁建设〔2019〕31号；《关于规范开展高速铁路项目依法开通工作的实施办法》铁办〔2020〕82号。

二、政府需要保障的基本条件

根据中国国家铁路集团有限公司《关于规范开展高速铁路项目依法开通工作的实施办法》（铁办〔2020〕82号），政府方需做好以下条件保障：

（1）I类变更设计手续全部完成。

（2）地方政府和企业资金落实到位，地方政府在高铁项目可行性研究报告中承诺的高铁项目运营期间财政补贴、土地、税收等优惠政策以正式文件或其他有效形式落实到位。

（3）高铁项目建设用地取得自然资源部或国务院授权、委托的省级人民政府批复。

（4）环境保护和水土保持自主验收及相关信息公开、报备证明全部完成，全线消防工程和设施建设全部完成并取得合格意见书。

（5）市政配套工程或过渡工程全部完成，满足旅客安全进出站条件。

（6）与运输生产直接相关的生产生活设施全部完成，满足运营要求和安全生产需要。

（7）跨越接触网35千伏及以下电线路迁改，下穿、并行线路油气管线防护，易燃易爆、放射性物品等危险物品生产、加工、储存或销售场所仓库治理达标，线路两侧不符合国家标准、行业标准的各类杆塔迁改完毕或采取可靠的防护措施，彩钢房等临建拆除或加固处理，线路两侧200米内水井封闭公跨铁立交桥及其附属安全设施竣工验收并移交（静态验收前完成），桥梁助航标志设置并按规定移交等，外部环境整治工作全部完成。

三、项目开通的各项准备工作

（一）运营前的准备工作

地方政府要配合好建设单位会同铁路局集团公司、项目业主等相关部门，做好开通运营前的推进方案，检查开通落实条件，梳理相关问题。

（二）运营前的检查工作

高铁项目联调联试期间进行、运行试验开始前，政府检查高铁开通达标评定、问题整改、开通条件落实等情况，高铁项目联调联试期间进行、运行试验期间，协调解决影响高铁项目开通的重大问题，部署初步验收前的重点工作。部署高铁项目开通有关工作，检查梳理剩余工程、静态验收、专项验收、外部环境治理、建设程序、地方资金落实等情况，向相关铁路局集团公司和铁路公司主要负责同志反馈检查发现的问题。

政府通常需要对铁路项目的以下几个方面进行检查：

1．基础设施建设

包括铁路线路、桥梁、隧道、车站、信号系统、通信设施等。确保这些设施的建设和安装符合国家的标准规范，并且能够满足铁路运营的需求。

2．设备测试和调试

政府需要对铁路项目的各种设备和系统进行测试和调试，以确保它们能够正常工作并符合相关的安全标准和规定。这包括列车、信号设备、安全设备、通信设备等。

3．安全检查

政府需要对铁路项目的安全管理工作进行检查，确保已经建立了完善的安全管理制度和应急预案，并且能够按照规定进行操作和管理。

4．人员资质和培训

政府需要对从事铁路工作的人员资质和培训进行检查，确保他们具备必要的技能和素质，并且能够按照规定进行操作和管理。

5．问题协调和沟通

政府需要对铁路项目的问题协调和沟通，确保已经与相关部门和问题方进行充分的协调和沟通，解决可能存在的影响开通的问题。

这些检查工作需要政府进行充分的准备和组织，确保铁路项目能够顺利地开通运营。在检查过程中，政府还需要注重与铁路运营公司和相关部门的沟通和合作，共同推动铁路项目的发展。

供稿：潘旭茂

39 铁路项目竣工验收有哪些内容？

根据《铁路建设项目竣工验收交接办法》（铁建设〔2021〕23号），铁路建设工程竣工验收交接是指铁路建设工程按批准的设计文件内容建成，由验收机构对其进行综合评价考核，移交接管使用单位的整个过程。本题结合国铁集团有关文件规定，梳理铁路项目竣工验收的主要阶段和工作内容。

一、政策及规范

铁路项目竣工验收的政策规定包括：《铁路建设项目竣工验收交接办法》（铁总建设〔2021〕23号）；《铁路建设工程质量监督管理规定》（交通部令〔2015〕2号）；《高速铁路竣工验收办法》（铁建设〔2012〕107号）；《高速铁路工程静态验收技术规范》TB 10760—2021；《高速铁路工程动态验收技术规范》TB 10761—2013；《新建铁路项目运营安全评估办法（试行）》（铁总安监〔2015〕361号）；《关于进一步规范铁路基建大中型项目竣工验收工作的通知》（铁总建设〔2014〕91号）等。

二、竣工验收工作的依据

高铁项目竣工验收，依据以下文件要求：①国家有关法律法规；②经批准的可行性研究报告；③经批准的初步设计（含变更设计）文件；④审核合格的施工图；⑤设备技术说明书；⑥国家和国铁集团颁布的设计规范、工程施工质量验收标准。

三、竣工验收的主要阶段和内容

根据《高速铁路竣工验收办法》（铁建设〔2012〕107 号）相关要求，高速铁路竣工验收分为静态验收、动态验收、初步验收、安全评估、正式验收五个阶段。

（一）静态验收

确认各专业工程是否按设计完成且质量合格，系统设备是否已安装并调试完毕，提出各专业静态验收报告，组织对静态验收报告进行专家评审，提出评审意见。

（二）动态验收

项目静态验收合格后，对工程全部系统验证性综合调试，并委托专业机构按规定进行实车运行条件下动态检测，形成动态验收报告，组织动态验收报告进行专家评审，提出评审意见。

（三）初步验收

对工程建设情况以及静动态验收情况进行确认的过程，核对初步验收条件，开展初步验收工作，提出初步验收报告。

（四）安全评估

经初步验收合格后，且初步验收发现的影响运营安全的问题得到解决后，对安全管理、设备设施、规章制度、人员素质等是否具备开通安全运营条件进行检查评价的过程。

（五）正式验收

正式验收是在开通初期运营一年以上由国家主管部门或委托国铁集团组织对建设项目整体情况进行检查和评价的过程[1]。

供稿：任雪斌

［1］ 吕伏河.浅谈高速铁路工程竣工验收阶段土建工程施工管理要点［J］.建筑工程技术与设计，2016(9)：1601.

40 铁路项目静态验收、动态验收、初步验收有什么不同？

本题依据《高速铁路竣工验收办法》（铁建设〔2012〕107号）规定，分析静态验收、动态验收、初步验收的工作侧重点。

一、组织单位不同

（1）静态验收由铁路局组织，建设单位配合，是先期验收。

（2）动态验收由铁路局组织，建设单位配合，也是先期验收。

（3）初步验收由国铁集团初步验收委员会组织，是政府验收。

二、验收时点不同

（1）静态验收一般在施工单位自检合格、监理单位确认的基础上进行。

（2）动态验收在静态验收合格后进行。

（3）初步验收在动态验收合格后进行。

三、验收条件不同

（一）静态验收条件

（1）主体工程及其配套工程、辅助工程已按设计文件建成；

（2）环境保护设施、水土保持设施与主体工程同步建成；

（3）劳动、安全、卫生及消防设施与主体工程同步建成；

（4）承包单位按有关规范、标准对工程质量和系统功能自检合格；

（5）精测网复测已经完成，复测资料完备，复测成果已移交；

（6）辅助工程（含公路立交桥）已经移交完毕；

（7）监理单位对工程质量评定合格；

（8）建设用地经依法批准；

（9）竣工文件已按规定的编制内容和标准基本完成。

（二）动态验收条件

（1）静态验收存在的问题整改完毕，静态验收合格；

（2）联调联试、动态检测和运行试验大纲已经批准；

（3）工机具、常备材料、交通工具已按设计文件配备到位。

（三）初步验收条件

（1）静态验收、动态验收合格后，静、动态验收问题整改完成；

（2）劳动、安全、卫生及消防设施经相关部门检查认可；

（3）竣工文件按规定编制达到档案验收标准；

（4）环境保护设施、水土保持设施经主管部门检查认可。

供稿：任雪斌

41 铁路安全管理责任如何划分？

铁路项目开通运营后，地方政府承担铁路安全管理责任，有义务保障铁路运输安全和畅通，保护人身安全和财产安全。根据《中华人民共和国铁路法》《铁路安全管理条例》和其他有关法律、行政法规，浙江省制定了《浙江省铁路安全管理条例》，自2022年7月1日起施行。本题依据该条例内容，梳理铁路安全管理责任。

一、条例适用范围

浙江省行政区域内与铁路安全有关的活动及其监督管理。条例所称的铁路，包括国家铁路、地方铁路、专用铁路和铁路专用线。

二、安全管理职责分工

建立铁路沿线安全环境治理省级联席会议制度。联席会议由浙江省平安建设领导机构的办事机构和浙江省交通运输、公安、发展改革、自然资源、生态环境、住房和城乡建设、农业农村、水利、林业等部门，以及铁路监督管理机构、铁路运输企业组成。联席会议由浙江省人民政府有关负责人召集，必要时可以委托相关部门负责人召集。浙江省交通运输主管部门承担联席会议日常工作。

浙江省住房和城乡建设主管部门负责指导、监督铁路沿线房屋建筑和市政基础设施工程、城市道路与铁路交叉工程建设的管理，以及穿跨越铁路的城市道路的安全运行管理等工作。

浙江省自然资源主管部门应当加强铁路沿线国土空间规划管理，负责指导、监督铁路沿线地质灾害防治等工作。

浙江省农业农村主管部门负责指导、监督铁路沿线农用薄膜、塑料大棚等农业种植、养殖设施的安全隐患排查整治工作。

浙江省林业主管部门负责指导、监督危及铁路线路安全的林木处置工作。

铁路沿线设区的市、县（市、区）人民政府和乡镇人民政府、街道办事处与铁路运输企业，协调处理保障铁路安全的有关事项。

铁路公安机关负责维护车站和列车内的治安秩序，并与地方公安机关共同负责维护铁路沿线的治安秩序。

铁路运输企业以及从事铁路建设、设备制造维修等活动的单位，应当依法承担安全生产主体责任，建立健全全员安全生产责任制和安全生产管理制度，保证安全生产所必需的资金投入[1]。

供稿：浙江省铁路建设推进攻坚专班

[1] 引自《浙江省铁路安全管理条例》（2022年5月27日浙江省第十三届人民代表大会常务委员会第三十六次会议通过）。

42 铁路项目如何申报全国水土保持示范工程？

本题以杭绍台铁路项目的实践为例，总结铁路项目申报“全国水土保持示范工程”的相关经验。

一、全国水土保持示范工程奖项概况

水土保持（Soil and Water Conservation）是防治水土流失，保护、改良和合理利用水土资源，建立良好生态环境的工作。治理水土流失，事关经济社会可持续发展和中华民族长远福祉。为全面贯彻落实科学发展观和建设生态文明社会的重大战略部署，积极探索具有水土保持特色的生态建设新路子，更好地推进水土保持生态建设工作，充分发挥水土保持在建设生态文明社会中的重要引导带动作用，促进我国经济社会又好又快发展，2011年水利部发文在全国范围内开展水土保持生态文明工程创建活动。按照全国评比达标表彰工作协调小组办公室《关于公布第二批全国创建示范活动保留项目目录的通告》要求，2021年1月13日，水利部印发《关于开展国家水土保持示范创建工作的通知》（水保〔2021〕11号），国家水土保持生态文明工程改为国家水土保持示范工程。

二、全国水土保持示范工程申报程序及评分标准

（一）申报程序

根据《水利部办公厅关于印发国家水土保持示范创建管理办法的通知》（办水保〔2021〕171号），按照自主建设、自愿申报、严格评审、动态管理的原则开展创建，类型包括国家水土保持示范县、国家水土保持科技示范园和国家水土保持示范工程（含生态清洁小流域和生产建设项目）三类，由建设主体自愿申报，省级水行政主管部门审核推荐，水利部组织评审认定的程序开展。

申报材料包括申请创建示范的申报函、创建总结报告、创建成效的介绍视频及其他图片影像资料。水利部组织第三方评审机构对示范申请进行审查，采取形式审查、现场复核和专家评审，评分低于80分不得纳入建议名单。每年9月前完成年度评审工作，形成建议名单报水利部水土保持司。水利部根据评审结果将名单进行网上公示后公布、授牌。

（二）评分标准

铁路项目属于“生产建设项目”，其评分标准包括四大方面17项指标：组织领导（15分，机构人员、管理制度、宣传培训3项指标）、建设管理（25分，水土保持方案设计、监测监理、监督检查、设施验收、补偿费缴纳5项指标）、综合防治（30分，防治理念，防治体系，防治措施，防治技术、工艺和方法，防治投资，防治目标完成情况，工程质量7项指标）、防治成效（30分，生态效益、社会效益2项指标）。

三、杭绍台铁路申报全国水土保持示范工程所做的关键工作

2021年11月，杭绍台铁路公司组织完成水土保持自主验收并挂网公示。2022年5月，杭绍台铁路通过浙江省水利厅验收核查和“国家水土保持示范工

程”初审，次月由水利厅向水利部推荐申报。2022年12月26日，水利部经公示后正式发文公布示范名单。

（一）创新EPC模式下水土保持管理关系

杭绍台铁路是国家运用社会资本投入高铁建设的首批示范项目，也是首条采用EPC工程总承包模式建设。在对比分析DBB与EPC模式管理关系差异基础上，建设单位杭绍台铁路公司创新提出了授权EPC总承包单位招标委托第三方开展水土保持监测的对策。通过合同关系约束，EPC总承包单位协调督促施工单位配合监测、落实监测提出的整改意见，减少了建设单位协调工作量，有效缩短了管理链条，提高了管理效率。同时，监测单位发挥了专业技术优势，弥补了EPC总承包单位缺乏项目管理经验和对施工单位管控较弱的不足。

（二）提早谋划制订示范创建方案

杭绍台铁路公司领导高度重视环境保护和水土保持工作，始终秉承“来时青山绿水，走时绿水青山”建设理念，以创建标杆工程为目标，建立健全水土保持管理组织机构，明确各单位水土保持责任。施工单位进场后，建设单位与EPC总承包单位多次组织全线参建单位开展水土保持专题培训，邀请水土保持专家授课，从思想源头拧紧螺丝增强示范创建意识。同时，经过反复酝酿、修订，双方联合发布了《杭绍台铁路国家水土保持生态文明工程创建实施方案》，根据各标段工程情况规划示范段，制订推进计划，落实责任人，实行日常检查、目标考核与信用评价挂钩，确保了实施方案的扎实推进。

（三）强化过程控制，确保依法合规建设

1．发挥水土保持监测单位专业优势，强化检查力度

建设单位、EPC总承包单位每月组织监测单位至少开展1次联合检查，对现场检查和水行政主管部门监督检查发现的问题，监测单位按照专业要求提出整改意见，由EPC总承包单位督促施工单位落实整改。同时，监测单位按规

定定期向水行政主管部门报送监测报告。验收前一年，根据建设单位要求，监测单位加密现场检查频次，大力推进渣场规范化、用地复垦复绿等重点工作。

2．投入先进设备，提高生产工艺

全线拌和站、梁场投入多套废水废渣自动分离系统、砂石分离系统，提高砂石料回收利用率，同时建立进出场洗车池、多级沉淀池，废水回收利用于场地除尘、绿化浇灌等，有效避免废渣、泥浆引发水土流失。

3．加强工程、植物和防护措施落实

在施工过程中，及时开展表土剥离、集中堆存防护用于后期复垦，对弃渣场实行“一场一图”设计，确保截排水沟、挡墙措施合理，做到先挡后弃。同时，结合地方加工利用弃渣，合理规划运输线路；结合工程进度及时落实工程、植物和各项临时防护措施，制订“绿化方案”，早布局、早规划，对隧道洞门边仰坡、路地路堑边坡等路段，做到成形一段绿化一段，种植较小苗木结合养护和后期补种，实现以时间换成本、成活率高的目标，施工完成后及时开展复耕、复绿，沿线形成了一条美丽的“绿色廊道”，部分原先的弃渣中转场复垦成梯田，油菜花开时节成了网友的打卡点。

4．坚持依法合规建设

在项目前期取得水土保持方案批复的基础上，设计单位初步设计阶段、施工图设计阶段均开展了水土保持后续设计，落实批复要求。施工过程中，由于征地拆迁等原因部分弃渣场及临时中转场位置发生变更，建设单位积极与区县水行政主管部门对接，根据要求在启用前均完成变更审批、备案手续，并按批复要求及时缴纳水土保持补偿费，实现依法合规建设。

（四）优化余方资源利用，降低土地扰动破坏

设计单位通过优化断面设计、减少深挖高填，实际挖填量减少1300多万方，较批复水土保持方案减幅达28%；节约红线征地454亩、临时用地1724亩。在施工过程中，杭绍台铁路公司积极与地方政府联动强力推进土石方资源化、社会化利用，减少弃渣场52处，减少取土场9处，实际剩余弃渣仅51万

方，堆存到6处弃渣场。土石方及占地的优化，扰动范围和余方大幅度减少，提高了资源利用率，不仅节约了工程投资，而且地方政府通过拍卖弃渣获得经济效益，充分体现水土保持理念和“绿色”“双碳”的时代要求。

（五）信息化与BIM应用助推水土保持管理

EPC总承包单位自主研发了“铁路建设项目水土保持信息化管理系统”并率先在杭绍台铁路应用。系统采用B/S模式，除软件平台外，还包含施工现场安装的监测监控设备构成的智能采集子系统，主要包括施工车辆车载GPS、污水监测设备、扬尘噪声监测设备、视频监控设备等，实现了远程控制、即时响应、资料共享的监管体系，化解了原有模式下线型项目巡查时间长、响应慢、难度大、投入高等工程水土保持管理难题。

此外，施工单位针对重点隧道洞口应用BIM技术开展“一洞一景”布局设计，统筹水土保持工程及植物综合措施，实现了洞脸防护和水土保持生态的和谐统一。

（六）党建水土保持融合，联建共创示范引领

杭绍台铁路公司组织参建单位联手水利部太湖流域管理局、浙江省水利厅、绍兴市、台州市以及沿线各区（县）水利部门，共同开展多个阶段党建与水土保持业务融合的“联建共创”活动。以党建为引领，持续发挥各基层党组织优势，深入工程建设一线，通过开展水土保持特色工地党课、现场督导检查、协调帮促、观摩交流、示范段创建等活动，打破了沟通壁垒和服务屏障，破解工程建设过程中余方处置、土地移交恢复等难题，实现“监督管理有界面，党建活动无界限”。

该活动得到了水利部官网和新闻媒体多次宣传，华东地区其他铁路项目也借鉴并开展比学赶超活动，舟山市水利局专题组织到本线观摩交流，提前为甬舟铁路建设监管积攒经验。杭绍台铁路水土保持已形成示范效应。

在全体参建单位的共同努力下，杭绍台铁路建设全过程水土保持监测三

色评价均为“绿色”，扰动土地整治率99.66%、水土流失总治理度99.42%、土壤流失控制比1.25、拦渣率97.35%、林草植被恢复率99.25%、林草覆盖率为40.70%，各项指标优于批复要求。

绍兴越城区——灵芝梁场复垦效果

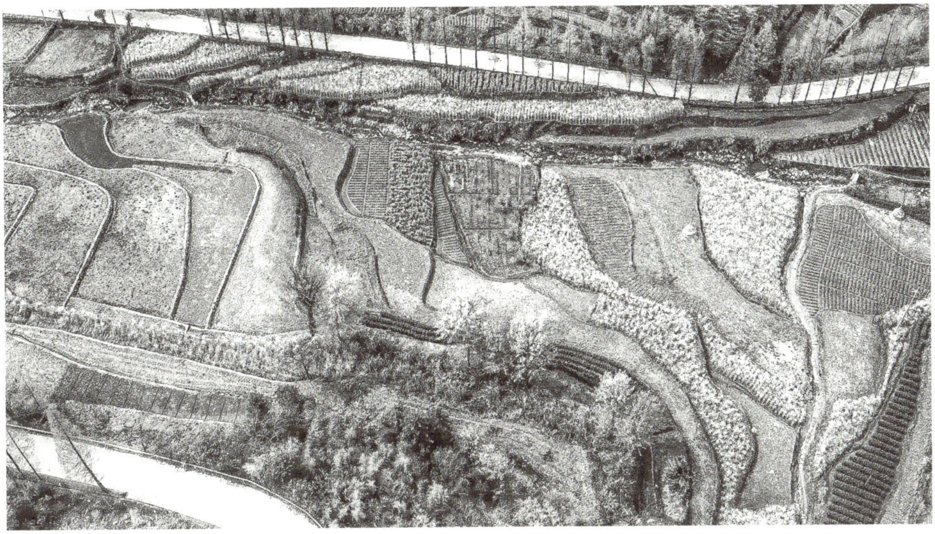

台州临海市——白罗山隧道进口弃渣场复垦效果

供稿：杭绍台铁路有限公司　陈国良

43 铁路项目概算清理的内容是什么?

铁路项目概算清理是对铁路项目征地拆迁、材料差价、特殊不良地质工程措施与方案变化、过程中的标准、规模、规范、规定等变化的分析与说明。概算清理能够规范和加强铁路工程项目建设管理，完善决策管理程序、合理确定项目概算总额、指导工程竣工决算、推进项目销号投产，也能使概算实际反映铁路工程的最终投资和真实价值。本题梳理铁路项目概算清理的工作内容和有关流程[1]。

一、概算清理的重点

(一)施工图投资检算

施工图投资检算是概算清除的基础性工作，及时、准确地编制施工图投资检算，对施工图量差、价差调整等工作有着重要意义。铁路项目施工合同多为总价合同，合同约定施工图量差一般情况下是不调整的，因此国铁集团在批复该费用时较初步设计通常不予增加，而是作为考核设计单位设计成果的一项重要指标。

[1] 高志权.施工企业铁路工程概算清理工作探讨[J].建筑工程技术与设计，2015(6)：699.

（二）征地拆迁费用

征地拆迁费用主要是指征地、拆迁、地下管线路、三电迁改、改移道路等列入第一章的工程费用。征地拆迁费用清理是一项政策性强、工作量大、较为复杂的工作。具体主要包括：征地，地方政策性费用，改路、改沟、改渠三改工程，通信、广电、电力线路三电工程，地下管线三迁工程。

（三）变更设计费用

变更设计是指施工图经审核修改审批后至工程正式验收前，变更施工图的活动。变更设计的费用应按初步设计概算批复和招标文件明确的主要原则（包括概算编制、土石方调配、材料供应计划方案等）计算。根据铁路建设项目变更的相关规定，变更设计要坚持“先审批、后变更；先设计，后施工”的原则。

（四）政策性费用

政策性费用清理一般是设计单位在建设单位的委托下对建设过程中的材料涨价等因素进行的概算调整。实际调整中主要包括以下几项：①外来材料差（甲控料价差）：施工合同有风险包干费的，概算中材料价格变化幅度（以审批编制期概算为准）在±5%以内部分由施工企业承担，超出部分纳入概算并由建设单位承担。②甲供材料及设备费用差：甲供材料及设备采取实报实销政策，施工单位不存在风险。

（五）由预备费及造价费处理的各项工程费用

列入该项下的工程主要是指在工程建设中发生的不构成Ⅰ类变更设计，但确属不应由施工单位承担风险的工程。该类工程通常是施工企业清理概算中最常见、同时也是最重要的、最难的部分，主要有：风险包干费范围外的Ⅱ类变更设计、新增工程、施组方案变化造成的投资增加、自然灾害损失（属不可抗力而发生）等。这些费用上报一定要组织充实的支撑材料，由地方政府提出要求的，要提供地方政府的文件；因执行新规范、新标准发生的，要提供相应规范、标准文件；属不可抗力发生的自然灾害，要提供地方气象部门出具的气象证明材料以及建设单位和监理单位的确认材料。

二、概算清理的工作流程

（一）概算无须调整

（1）概算清理工作一般由建设单位向项目初步设计审批部门提出概算清理的申请；

（2）初步设计审批部门（一般是属地的发展改革委）认可后，组织有资质的设计单位或者施工图设计单位编制概算清理文件；

（3）概算清理文件经建设单位初审后，连同初审意见一并上报主管部门审查批准。

（二）概算需要调整

（1）建设单位向项目初步设计审批部门提出概算调整的申请。

（2）初步设计审批部门收到概算调整申请后，考虑是否委派审计；如需审计，由审计出具意见。

（3）初步设计审批部门安排概算调整评审，根据审计意见和评审意见进行批复。

概算清理工作时间跨度大、涉及单位广、内容繁杂，是一项系统性工作，也是项目反映问题的渠道和争取利益最大化的最终途径[1]。

供稿：任雪斌

[1] 张华.浅议铁路基本建设项目概算清理［J］.城市建设理论研究（电子版），2011(28)：20-21.

44 铁路项目站房的合适规模如何把握?

新一轮高铁建设，各地对铁路站房规模要求较高，项目批复后普遍要求扩大站房面积，但目前浙江省对铁路站房规模的确定尚无统一的衡量标准。本题基于调研提出车站站房规模合理化取值建议。

一、车站规模适应性分析

2020年上半年，浙江省发展改革委调研了浙江省铁路客站现状情况，对站房规模与旅客流量进行了适应性分析，并结合城市等级、人口量级、经济水平和地理区位的不同，细化了站房规模取值标准。从杭州东站、温州南站、绍兴北站、苍南站等 42 个铁路车站的调研分析来看，浙江省各地区车站指标不统一，铁路站房经济性、规模适应性存在一定问题。杭长、甬台温、温福等早期运营铁路沿线部分车站出现站房规模过小人员拥挤，与现状需求不匹配的情况，如温福铁路苍南站，建于2009 年，现状车站站房总建筑面积 4200 平方米，日均发送旅客7000 人次，最高峰达到 1.9 万人次，已无法满足实际客流需求，正在实施改扩建工作；而杭黄、商合杭等新开通铁路沿线的个别车站，则存在规模相对较大，现状利用效率不高的情况，站房建设规模相对现状需求偏大，满足远期客流增长的富余能力。

二、出现不适应的主要原因

《铁路旅客车站设计规范》TB 10100—2018规定，铁路客站站房建筑面积应根据铁路客站的最高聚集人数来确定不同的面积人均指标，再由最高聚集人数与站房面积人均指标相乘得出。以往铁路项目研究批复的站房规模，在浙江省存在不适应性的主要原因如下：

（一）前瞻性不足，未考虑铁路客流的快速增长

铁路车站最高聚集人数一般由经济运量调查数据计算而来，与该地区的人口及经济发展水平等有密切关系。2001—2018年，浙江省铁路出行率（人平均年乘车总次数）由0.89提高到3.77，翻了3倍。2010年前建设的部分铁路车站目前已出现规模不足的情况，主要原因是原有预测模型的出行率取值过低，前瞻性不足，无法适应浙江省铁路出行快速增长的实际需求。随着未来通苏嘉甬、甬台温福、杭温、杭绍台等一批干线、城际铁路建成通车，浙江省铁路网覆盖面积还将进一步扩大，铁路客运量也将进一步增长。

（二）精准度不高，建设规模指标设置较宽泛

《铁路旅客车站设计规范》TB 10100—2018中规定，中小型铁路客站（最高集聚人数小于3000人次）站房建筑面积宜为5～15m^2/人，特大型、大型铁路客站站房建筑面积宜为9～20m^2/人。该指标取值范围较宽泛，最低值与最高值相差近半。国铁集团出于减少自身出资考虑，项目批复时多采用下限值，造成站房规模较实际需求往往偏小；而各地政府在申请站房规模扩大时，往往追求大面积，则容易造成站房规模较实际需求偏大。

三、车站规模的合理化取值分析

从调研情况来看，早期建成的铁路项目中地级市车站规模一般为1万～5

万 m^2（一般经专题研究确定），县（市）车站规模一般则为4000～10000m^2。而新建成铁路项目站房规模有所扩大，如杭黄铁路沿线县（市）车站规模均在12000 m^2左右。近些年，浙江省新批复的杭温铁路二期、金建铁路、温玉铁路、沪苏湖铁路等项目，沿线车站规模设置已相对合理，基本符合经济发展、交通出行的需求，但由于全省尚无统一的衡量标准，部分车站规模仍存在一定的瑕疵。

浙江省部分铁路项目的车站站房规模统计

站名	站房规模（m^2）	所在（市）2019 年 GDP（亿元）	所在县（市）2019 年人口数量（万人）	同区域内铁路车站规模情况
浦江站	12000	230.16	42.05	第一座车站
兰溪东站	10000	385.69	56.81	第一座车站
玉环站	10000	617.5	62.8	第一座车站
南浔站	15000	458.01	62.5	第一座车站
桐庐东站	15000	386.4	43.6	杭黄高铁桐庐站站房面积 11998 m^2
大洋站	3000	383.2（建德市）	44.7（建德市）	杭黄高铁建德站站房面积 12000 m^2
温岭西站	3000	1105.13	122.14	甬台温高铁：温岭站站房面积 16466 m^2

以上车站可根据所在地是否已有建成高铁车站分为两类：第一类是本站为该县（市）第一座高铁车站，主要有浦江站、兰溪东站、玉环站和南浔站，其站房规模均为10000～15000m^2，所在对应县（市）2019年GDP为200亿～600亿元，常住人口则在40～60万人。车站规模已基本在合理范围内，但各站之间略有差异；第二类是本站为该县（市）第二座高铁车站，主要有桐庐东站、大洋站和温岭西站，除桐庐东站站房规模稍大，大洋站和温岭西站均为3000m^2规模小站，区域内高铁车站总规模符合经济发展、人口数量的规模需要。

四、下一步工作建议

为优化浙江省内各地区车站站房规模，避免不同地区站房人均面积指标差异过大，有效提高旅客的候车体验，减少建设成本的浪费，提出如下举措建议：

（一）积极争取国铁集团支持，结合实际需求确定浙江省铁路站房规模

铁路车站站房与该地区的人口及经济发展水平有直接关系，也与该站在省内，乃至在国内的地位，城市的经济形态、客流辐射范围等有关。浙江省经济发展水平较高，作为出行客流基础的人口总数量也较大，采用全国平均指标已不能满足浙江省各地铁路出行的需求。因此，在新建铁路的可行性研究编制过程中，尽可能寻求国铁集团支持，结合浙江省铁路出行实际需求，适当提高浙江省铁路站房规模。并以方法修正后计算的数值作为行业新部门协调处理站房规模的内部口径。

（二）理论与实践相结合，进一步合理确定站房规模

理论上将浙江省站房规模指标取值标准化、规范化，力求在车站站房在工程先进性和工程经济性之间达到平衡，并以“经济、适用，在可能的情况下兼顾美观”为基本原则，使站房规模取值有针对性做到“一站一值”。实践上，考虑站房规模的影响因素较多，还需结合国铁集团和地方政府的不同要求，适当在理论基础上做一定幅度的调整。原则上，地级市铁路车站规模需进行专题研究确定，而县（市）第一座铁路车站可在10000～15000m^2范围内综合把握，争取实践与理论计算差值不超过30%。

供稿：朱鑫鑫

45 铁路项目“超概”的主要原因有哪些？

铁路工程“超概”是指在工程项目竣工时，竣工决算额超过批准的初步设计概算。工程超概意味着投资规模扩大、经济效益降低，是各方均十分重视并重点把控的工作内容。本题分析铁路工程超概的原因，并提出措施控制。

一、政策依据

依据国铁集团印发的《铁路基本建设项目投资管理办法》(铁发改〔2022〕123号)，经核定的投资概算是控制项目总投资的依据，初步设计的规模和标准应严格控制在可行性研究报告批复之内。初步设计提出的投资概算超过经批准的可行性研究报告提出的投资估算10%的，项目单位应当向可行性研究报告审批部门报告，可行性研究报告审批部门可以要求项目单位重新报送可行性研究报告。

二、超概的主要原因

(一)铁路建设与地方政府的配合工作复杂，征地拆迁费用严重不足

1. 征地拆迁标准与费用预估不足

铁路工程建设项目建设范围短的几十公里，长的几百上千公里，施工区

域一般都是跨省、市、地区，征地拆迁政策涉及不同省、市的不同文件。由于施工阶段征地拆迁费用与设计调查时采用的费用标准相差悬殊，因此征地拆迁费用经常出现不足。

2．征地拆迁数量调查不够深入

由于可行性研究投资估算的数量和标准调查不深入，导致设计和实施阶段的概算和费用大幅度超出可行性研究投资估算，对于地方政府签订征地包干协议和融资产生较大的影响，从而使部分项目迟迟无法顺利开工；实施期间费用因征地拆迁费用增加较大，征地拆迁资金迟迟得不到落实，继而影响工程的顺利实施。部分纳入施工承包范围的三电迁改和道路及沟渠等在工程实施期间大幅度发生变化，超出承包人风险承受的限度，进而影响其他工程进展和变更施工合同[1]。

（二）材料价差增幅较大，与设计概算相差甚远

铁路工程的材料价差与省市定额站公布的调差方式不一样，一般分外来料和地方料。

1．外来料价差取值标准偏低

由于铁路外来料的价差是根据铁路工程造价信息公布的材料价来调整的，设计概算一般按设计的前一年的材料价，即在设计阶段时外来料价差就滞后一年，为工程实施后的价差费用的增加留下了隐患。铁路工程的轨道、通信、信号、接触网专业的材料属特有专门的材料，有些材料用原铁道部测定的价差系数是包不住的，如轨道的线上料——钢轨和道岔近年来出厂价多次调高，施工期与设计期的材料系数相差较大；通信、信号、接触网的新设备新材料不断出现，用国产、合资、进口的材料其价格出入也很大，用价差系数也是难以包干的。

[1] 王淑慧.浅谈铁路工程全过程造价控制管理[J].城市建设理论研究（电子版），2013(8)：181.

2．地方料价格波动大且不计入调差

地方材料的价差虽然在设计阶段用的是当期的施工地区的采购价，但因施工期较长，地方环境保护和水土保持的要求，施工地区的地方料可能有较大变化，同时按照铁路工程建设项目造价管理规定，中粗砂、碎石等地材不属于调差范围，涨跌风险完全由施工单位承担，而且地材涨幅普遍较大，给施工单位带来了较大的成本压力，也是目前铁路建设项目中普遍存在的共性问题和难点。根据调查，杭州市2019—2023年地材涨跌幅度如下表：

杭州市2019—2023年地材价格对照表

名称	单价（元/吨）			涨幅（%）
	概算价（2019年）	市场调查价（2023年）	单价差	
中粗砂	127	194	67	52.76
碎石	64	140	76	118.75

（三）可行性研究批复与项目招标开工间隔时间长

有些铁路项目在可行性研究批复几年后才开始招标施工，施工期与概算期各项政策、材料价格、自然环境发生较大变化，使得概算严重不足，施工期不得不超概算。因此，钢铁、水泥等原材料的价格波动对于铁路工程概算来说影响很大。一是原材料市场价格波动对铁路工程项目管理有影响。二是劳动力的价格也有影响，不同的地区、时间，劳动力供需关系等都对劳动力成本产生影响。

投资概算作为铁路项目投资计划确定的主要依据，也是控制投资规模、工程造价的拨款的主要依据，必须采取多种有效措施，使建设投资控制在确定的目标之内。由此提出以下建议：一是要强化决策、设计阶段的投资控制，做好建设项目投资事前和主动控制工作，为项目顺利开展打下基础。二是要强化合同管理，贯彻工程建设全过程。三是要加大建设单位投资控制的主体责任，落实征迁、变更、材料等方面的过程控制。

供稿：邢耀飞

46 浙江省铁路客运通道总体格局现状是什么？

随着近几年铁路建设的蓬勃发展，浙江省已形成“四纵四横”铁路干线。截至2022年底，浙江省铁路运营里程达到3801.3公里，设计时速200公里及以上快速铁路运营里程1864.2公里，铁路网密度3.60公里/百平方公里，人均铁路营业里程58.12公里/百万人，复线率76.5%，电气化率83.8%。浙江省11个设区市已有10个（除舟山外）通达高铁，53个县（市）已有40个通达铁路或有铁路项目在建，覆盖全省88%的人口，共有出省通道12个，基本构建形成杭州至长三角和省内主要城市1～2小时高铁交通圈，铁路现代化事业实现了全方位提升。本题梳理浙江省现状铁路客运通道的总体格局。

一、“四纵”骨干网

“四纵”骨干网是指沿海通道、沿海二通道、沪昆通道、九景衢宁通道（详见下表）。

浙江省现有“四纵”铁路主骨架网

通道性质	名称	浙江省内线路构成
四纵	沿海通道	甬台温铁路、温福铁路
	沿海二通道	杭绍台铁路
	沪昆通道	沪杭客运专线、杭长客运专线、沪昆铁路
	九景衢宁通道	九景衢铁路、衢宁铁路

二、“四横”骨干网

“四横”骨干网是指宣杭甬通道、合杭通道、金台通道、金丽温通道（详见下表）。

浙江省现有现状“四横”铁路主骨架网

通道性质	名称	浙江省内线路构成
四横	宣杭甬通道	宣杭铁路、杭甬客运专线、萧甬铁路
	合杭通道	商合杭铁路、宁杭客运专线、杭黄铁路
	金台通道	金台铁路
	金丽温通道	金丽温铁路、金温货线、金千铁路

三、客运通道建设存在的问题

浙江现有宁杭、杭甬、杭长、金丽温、杭黄、商合杭、杭绍台等干线铁路。总体上看，当前浙江省铁路运能紧张状况得到一定缓解，但铁路基础设施相对于经济发展要求仍然不足，部分通道能力仍然紧张。具体表现在以下四个方面：

（1）路网规模和路网密度仍然偏低，全省人均铁路营业里程56.0公里/百万人，路网规模占全国2.4%，年客运量占全国6.9%，铁路基础设施规模与经济发展不匹配。

（2）部分铁路干线运输能力紧张，线路技术标准低，如沪昆通道长期满负荷运转，无法满足持续增长的客货运需求；甬台温、温福等干线铁路技术标准不高，与国家沿海大通道的战略定位不匹配。

（3）四大枢纽布局不尽合理，枢纽客货运系统布局需结合城市规划进一步优化完善，枢纽内部通道瓶颈问题较为突出，编组站、动车存车场（所）等配套设施能力不足，目前全省仅有杭州动车所、杭州西动车所投运。

（4）区域铁路发展不平衡，省内个别区域尤其是浙西南地区，许多县（市、区）仍无铁路覆盖，与浙江省大花园建设不相匹配。

供稿：吴剑锋

47 浙江省铁路客运通道规划格局是什么？

本题从上位规划入手，梳理未来浙江省铁路客运通道规划格局。

一、国家铁路上位规划分析

（一）《中长期铁路网规划》（2016年）

根据2016年国家发展改革委印发的《中长期铁路网规划》，规划到2025年，铁路网规模达到17.5万公里左右，其中高速铁路3.8万公里左右，网络覆盖进一步扩大，路网结构更加优化，骨干作用更加显著，更好发挥铁路对经济社会发展的保障作用。展望到2030年，基本实现内外互联互通、区际多路畅通、省会高铁连通、地市快速通达、县城基本覆盖。高铁网方面，在“四纵四横”高速铁路的基础上，增加客流支撑、标准适宜、发展需要的高速铁路，部分利用时速200公里铁路，形成以“八纵八横”主通道为骨架、区域连接线衔接、城际铁路补充的高速铁路网。普速网方面扩大中西部路网覆盖，完善东部网络布局，提升既有路网质量，推进周边互联互通，形成覆盖广泛、内联外通、通边达海的普速铁路网[1]。

根据规划，在构建和强化“八纵八横”高速铁路网主骨架基础上，同时

[1] 费志荣.推进供给侧结构性改革扩大铁路有效供给[J].中国经贸导刊，2016(22)：41-42.

划建设高速铁路区域连接线，进一步完善路网、扩大覆盖。浙江省内涉及的包括甬台温福高铁、沪乍杭高铁、通苏嘉甬高铁、宁杭二通道、杭温高铁等。

（二）《长江三角洲地区多层次轨道交通规划》

根据2021年国家发展改革委印发的《长江三角洲地区多层次轨道交通规划》，到2025年基本建成轨道上的长三角，形成干线铁路、城际铁路、市域（郊）铁路、城市轨道交通多层次、优衔接、高品质的轨道交通系统，长三角地区成为多层次轨道交通深度融合发展的示范引领区，有效支撑基础设施互联互通和一体化发展。

其中，干线铁路网依托国家铁路，主要服务中长途客货运输，兼顾城际功能。一是构建多向通达高速铁路通道，面向北、西、西南三个方向，以国家“八纵八横”高铁通道中的沿海、京沪、京港（台）三个纵向通道，以及陆桥、沿江、沪昆三个横向通道为主骨架，加密路网，补强繁忙干线路段，对内紧密串联重要都市圈和节点城市，对外快速通达重点城市群和省会城市。二是全面拓展提升普速铁路网络。进一步完善普速铁路设施布局。浙江省内规划有沪乍杭铁路、宁杭铁路二通道、宜湖铁路、杭临绩铁路、杭丽铁路、甬台温福铁路、金义铁路等。

城际铁路网，主要服务区域节点城市之间及节点城市与邻近城市间的城际客流。浙江省内规划有沪杭城际、如通苏湖城际、水乡旅游线城际等。

（三）浙江省综合交通运输发展“十四五”规划

根据《浙江省综合交通运输发展“十四五”规划》，到2025年基本形成内畅外联、经济高效、泛在先进、安全绿色、整体智治的现代综合交通运输体系，基本建成省域、市域、城区3个“1小时左右交通圈”，争创交通运输现代化先行省。到2035年，基本建成高水平交通强省，基本实现高水平交通运输现代化，形成“六纵六横”综合运输通道和以杭州、宁波（舟山）国际性综合交通枢纽与温州、金华（义乌）全国性综合交通枢纽为核心的现代都市枢纽体系。

其中，客运铁路重点构建“五纵五横”主骨架，强化与国家高铁网、长三角轨道交通网衔接，优化沿海、沪昆等通道能力，提升与周边中心城市通达能力，完善省内主干通道。推进甬台温福、沪乍杭高铁、沪杭城际、温武吉、杭临绩、杭丽、宜湖城际等项目开工建设；谋划建设沪甬跨海通道、宁杭二通道等项目；推进金南、衢黄铁路、嘉湖城际、沪舟甬通道等项目前期研究；并提出开展沪杭磁悬浮、环杭州湾南岸铁路通道、超级高铁、高铁快运等研究。

二、客运铁路总体规划布局

（一）“五纵五横”客运网络

构建“五纵五横”客运网络，加强与国家“八纵八横”高速铁路网和长三角城际铁路网的衔接。优化完善沪昆、京沪（杭）、沿海高铁通道能力，全面提升浙江与周边中心城市的通达能力。

1.“五纵”客运通道

沿海通道。南通—嘉兴（上海）—宁波—温州—福州，包括规划建设的通苏嘉甬（沪嘉甬）铁路、甬台温福高铁。

沿海二通道。南通—上海—杭州—台州—温州—福州，包括规划建设的沪乍杭高铁、铁路杭州萧山机场站枢纽及接线工程，建成的杭绍台铁路、甬台温铁路、温福铁路。

宁杭温通道。南京—杭州—温州，包括建成的宁杭客运专线，规划建设的宁杭二通道、宜湖铁路，在建的湖杭铁路、杭温铁路。

合金温通道。合肥—金华—丽水—温州—福州，包括建成的杭黄铁路，在建的金建铁路，建成的金丽温铁路。

沪杭衢通道。上海—杭州—衢州，包括建成的沪杭客运专线、杭长客运专线，规划建设的沪杭城际铁路，在建的杭衢铁路。

2.“五横”客运通道

沪湖合通道。上海—湖州—合肥，包括在建的沪苏湖铁路，建成的商合杭铁路。

（舟）杭武通道。舟山—宁波—杭州—临安—绩溪—池州—武汉，包括规划建设的甬舟铁路，建成的杭甬客运专线，规划建设的杭临绩铁路、环杭州湾南岸铁路通道。

台金衢通道。台州—金华—衢州，包括规划建设的金台城际、金衢城际。

温丽衢武通道。温州—丽水—衢州—景德镇—武汉，包括建成的金丽温铁路、规划建设的衢丽铁路、建成的九景衢铁路。

温武吉通道。温州—武夷山—吉安，即规划建设的温武吉铁路。

（二）“4+6”铁路枢纽布局

为提高大都市区综合交通枢纽集散能力建设，打造形成四大全国性铁路枢纽及六个区域性铁路枢纽（杭州、宁波、温州、金义四大全国性铁路枢纽，台州、衢州、丽水、绍兴、湖州、嘉兴等区域性铁路枢纽），进一步衔接都市区发展规划和全省综合交通枢纽中长期布局规划，形成布局合理、疏解能力强、站场及配套设施充分的铁路枢纽新格局，服务经济社会发展。

1．杭州铁路枢纽

形成“一轴两翼九射双十字双环线六客站”的空间布局，衔接18条铁路（沪杭客专、沪杭城际、沪杭磁浮、宁杭、商合杭、杭黄、杭临绩、杭长、杭甬、杭绍台、杭温、沪乍杭、宁杭二通道、环杭州湾南岸铁路通道、合芜宣杭城际，以及沪昆、宣杭、萧甬），6个客运站（杭州、杭州东、杭州西、杭州南、萧山机场、钱塘），9个方向（上海、南京、合肥、武汉、长沙、黄山、温州、台州、宁波），建设杭州西动车运用所。

2．宁波铁路枢纽

形成“一环五射六支四客站”的空间布局，衔接10条线路（萧甬、甬台温、杭甬、金甬、通苏嘉甬、甬舟、甬台温福高铁、环杭州湾南岸铁路通道、沪甬通道、沪舟甬通道），4个客运站（宁波、宁波西、舟山、宁波东），5个方向（杭州、温州、金华、嘉兴、上海），建设宁波动车运用所。

3．温州铁路枢纽

形成“一轴一环五射三客站”的空间布局，衔接8条线路（金温、金丽温、甬台温、温福、甬台温福高铁、乐清湾支线、杭温、温武吉），3个客运站（温州南、温州东、温州北），5个方向（杭州、宁波、武夷山、金华、福州），建设温州南动车运用所。

4．金义铁路枢纽

形成“一轴两核八射四客站、客内货外”的空间布局，衔接12条线路（沪昆、杭长、金丽温、金温、金千、金台、金甬、金建、杭温、金台城际、金衢城际、金南铁路），4个客运站（金华、义乌、金华南、金义），8个方向（杭州、台州、宁波、丽水、温州、衢州、南平、黄山），建设金华动车运用所。

供稿：吴剑锋

48 浙江省铁路货运通道未来格局是什么？

目前，浙江省铁路货运已基本形成以沿海港口后方通道为骨架的货运网络，建成了宁波穿山港铁路、乐清湾港区铁路、衢宁铁路、金台铁路，启动建设金甬铁路等一批疏港铁路项目。本题主要梳理浙江省铁路货运的未来规划格局。

一、货运铁路上位规划分析

（一）《中长期铁路网规划》（2016年）

根据2016年国家发展改革委印发的《中长期铁路网规划》，货运铁路的通道主要为以下两个方面：

（1）形成区际快捷大能力通道。推进普速干线通道瓶颈路段、卡脖子路段及关键环节建设，形成跨区域、多径路、便捷化大能力区际通道。结合新线建设和实施既有铁路扩能，强化集装箱、快捷、重载等运输网络，形成高效率的货运物流网，提高路网整体服务效率。浙江省内涉及的包括宁波（台州）—金华铁路、温州—武夷山—吉安铁路等。

（2）面向“一带一路”国际通道。推进我国与周边互联互通，完善口岸配套设施，强化沿海港口后方通道。以宁波—舟山等沿海城市及重要港口为支点，畅通港口城市后方铁路通道及集疏运体系，构建连接内陆、铁海联运的国际交通走廊。

（二）《长江三角洲地区多层次轨道交通规划》

根据2021年国家发展改革委印发的《长江三角洲地区多层次轨道交通规划》，货运通道建设主要为以下两个方面：

（1）干线铁路网依托国家铁路，主要服务中长途客货运输，兼顾城际功能。进一步完善普速铁路设施布局，加快填补路网空白，推进瓶颈路段、卡脖子路段扩能改造，鼓励升级改造既有普速铁路开行动车组，强化集装箱、重载等运输网络，打通以铁路为骨干的多式联运最后一公里，推动普速铁路设施能力和基础服务广泛覆盖。

（2）加快建设宁波至金华等铁路，规划建设杭州湾货运铁路等项目。结合运输需求和既有线能力等，研究实施新沂至长兴等铁路扩能改造。积极推进铁路专用线建设，推动沿海港口铁水联运设施联通，全面实现铁路干线与重要港口、大工矿企业、物流园区等高效衔接。

二、浙江省货运铁路规划格局

根据《浙江省综合交通运输发展“十四五”规划》，货运铁路构建“四纵四横多连”主骨架，完善大湾区货运双环网，打通港口集疏运主通道，加密进港入园铁路支线和专用线。与新建货运干线铁路同步设计、建设，开通配套铁路支线或专用线，打通疏港、进企、入园“最后一公里”（详见下表）。

（一）“四纵”货运通道

沪昆通道。上海—杭州—金华—衢州。由建成的沪昆铁路，规划建设的沪乍杭铁路构成。

沿海货运通道。宁波—台州—温州—福州。由建成的甬台温铁路和温福铁路构成。

金温通道。金华—丽水—温州—杭州（千岛湖）。由建成的金温货线铁路、金千铁路构成，在金华衔接沪昆铁路。

九景衢宁通道。九江—衢州—丽水—宁德。由建成的衢宁铁路、九景衢铁路构成，在衢州衔接沪昆铁路。

（二）“四横”货运通道

宣杭甬通道。宣城—杭州—宁波。包括建成的宣杭铁路、萧甬铁路，规划建设的环杭州湾南岸通道，在宣城衔接皖赣铁路。

金甬舟通道。金华—宁波—舟山。包括在建的金甬铁路，规划建设的甬舟铁路。

金台通道。金华—台州。由建成的金台铁路构成，在金华衔接沪昆铁路。

温武吉通道。温州—武夷山—吉安。由规划建设的温武吉铁路构成，在吉安衔接京九铁路。

浙江省规划“四纵四横”货运通道

通道性质	名称	省内线路构成
四纵	沪昆通道	沪昆铁路、沪乍杭铁路
	沿海货运通道	甬台温铁路、温福铁路
	金温通道	金温货线、金千铁路
	九景衢宁通道	九景衢铁路、衢宁铁路
四横	宣杭甬通道	宣杭铁路、萧甬铁路、环杭州湾南岸通道
	金甬舟通道	金甬铁路、甬舟铁路
	金台通道	金台铁路
	温武吉通道	温武吉铁路

（三）“多联”铁路专用线

加强多式联运，规划一批港口、大型工矿企业和物流园区铁路专用线项目，鼓励与新建货运干线铁路同步规划、设计、建设，开通配套铁路支线或专用线，打通疏港、进企、入园“最后一公里”，充分发挥铁路的货运作用，促进浙江省运输结构调整。

（1）港区支线及海铁联运专用线。包括北仑支线复线、穿山港支线复线工程、梅山铁路支线、六横岛铁路支线、嘉兴港区货运支线、大小门岛港区铁路支线、乐清湾港区铁路支线扩能改造工程、头门港支线二期头门新区至头门港段、大麦屿港铁路专用线、龙门港铁路专用线、健跳港铁路专用线、婺城港（栅川）铁路专用线、金华市金西罗洋作业区铁路专用线、苏溪集装箱办理站、兰溪港铁公水多式联运枢纽铁路专用线、龙游港铁路专用线等。

（2）工矿企业专用线。包括乐清电煤储备集疏基地铁路专用线、常山南方水泥铁路专用线、江山巨油能源油库铁路专用线、元立集团铁路专用线、江山绿色建材产业园铁路专用线、巨化集团铁路专用线电气化改造、荣盛新材料（台州湾）产业园铁路专用线、遂昌经济开发区铁路专用线等。

（3）物流园区专用线。包括杭州市星桥物流园区铁路专用线、瓯海站物流专用线、甬台温铁路温州段沿线市（县）货场物流专用线、义乌综合保税区铁路专用线、金华市新能源汽车产业园专用线、金甬铁路东阳国际物流园区专用线、中国（永康）五金物流港铁路专用线、金义综保区铁路专用线、浙中公铁联运港国际班列专用线、江山公铁联运无水港铁路专用线、衢州市多式联运枢纽港疏港专用线、浙赣合作区连接铁路专用线等。

供稿：吴剑锋

49 高铁项目运行是如何排图的?

高铁项目运营是国铁集团运营管理的重要内容，也是“全国路网一张图”实施的核心内容。本题主要了解高铁列车运行排图的基本知识。

一、列车运行图的内容

列车运行图是根据国民经济发展的需要和铁路运输能力的情况而编制的，体现着铁路工作的各种质量指标和数量指标。在编制运行图时充分考虑人民铁路为人民服务的方针，如安排列车运行线路时，首先考虑旅客列车，并尽量安排开往大城市的客车在白天到达，在下午或夜间发车。与此同时，运行图还要安排好货物列车的运行线。列车运行图规定了全路各车次列车占用区间、列车在每个车站的到达和出发（或通过）时刻、列车在区间的运行时间、列车在车站的停站时间以及机车交路、列车重量和长度等。因此，列车运行图也同时规定了铁路线路、站场、机车、车辆和通信信号等设备的运用和与行车有关各部门的工作。

铁路列车运行图是表示列车在铁路区间运行及在车站到发或通过时刻的技术文件，是全路组织列车运行的基础。

二、列车运行排图步骤

高速铁路列车运行图由国铁集团直接领导，组织全路各铁路局进行统一编制，整个编制过程主要分为以下五个步骤。

（1）国铁集团根据铁路运输市场需求、铁路技术装备或运输组织方式发生的变化，下达新图编制通知，提出本次编图原则、任务及要求。

（2）各铁路局根据国铁集团的要求确定本局编图的任务和要求，提出新线工程的本线、跨线列车开行方案建议，及既有线本线、跨线列车的运行方案。

（3）召开全路编图准备会议，审定编图相关技术资料，确定跨局高速铁路列车开行方案（列车开行对数和径路），动车组运用交路等。

（4）铺画全路跨局高速铁路列车运行方案图。

（5）编制高速铁路列车运行详图。

基于列车运行图的编制原则，列车开行的多少其核心因素还是运输市场的需求。当客流量较低时，行车密度和重联比必然下降；当客流量持续增长，行车密度和重联比必然也将随之上升。客流和行车密度相辅相成，提高客流量是争取在基本运行图编制安排更多跨线列车的关键因素。

供稿：徐斌

50 铁路PPP项目的政府风险如何识别？

铁路PPP项目是国家铁路行业投融资体制改革的重要标志性成果。随着杭绍台、杭温、杭衢等一批铁路PPP项目的实施，铁路领域的政企合作方式也在不断探索优化。本题以杭绍台铁路的实践为基础，关注铁路PPP项目中的政府风险识别并提出相关建议。

一、政府风险的识别

铁路项目潜在的风险构成较为复杂，在实施方案风险分担设计时会对关键风险进行细致约定，该部分风险可以采用情景分析法进行量化后测算出承担成本，其余风险的后果值则难以单独量化，适合采用比例法。因此，铁路项目适合采用“情景分析法+比例法”结合的方法进行风险承担成本测算以杭绍台铁路 PPP 项目为例。考虑到杭绍台铁路项目采用委托运输管理模式运作，项目运输管理由原中铁总下属路局负责，线路纳入国铁网络，该线路在运营中实际开行的列车对数受到全国铁路网行车调度安排影响。项目公司对列车开行对数低于预期的风险不具有控制力，难以承担全部的运量不足风险，因此，该风险应当由政府方为主承担，并设定最低需求运量，保障项目公司的合法权益

杭绍台铁路针对列车开行对数设计了单独的风险分担机制，实际列车开行对数低于最低需求列车开行对数时，政府方将进行差额保障。这一风险就可

以通过情景分析法进行量化，即设定基本、不利、最坏三种情形，分别分析三种情形可能发生的概率，计算出期望风险值，在财政承受能力论证阶段提前预估此项特殊风险的量值，尽可能准确地预测未来可能发生的财政支出责任，合理纳入财政预算，并根据未来实际发生的风险值进行调整。而对于政策变化、法律变更、不可抗力等难以量化的风险，则单独通过比例法进行估算。

两种方法的结合使用有利于更准确、更有针对性地评估铁路 PPP 项目中政府方可能需要承担的风险支出责任，合理纳入财政预算支出安排，确保PPP项目的稳步推进、避免发生地方政府隐性债务风险。

二、化解政府风险的策略

化解政府付费风险的整体策略为“知己知彼，以仲促谈”“多措并举，盘活存量”。

（一）知己知彼，以仲促谈

站在社会资本方的角度而言，社会资本面临政府付费风险时，可发起再谈判。首先应梳理己方履约情况，其次确定谈判磋商方向，之后强化履约措施，最后确定谈判磋商方案。具体操作中，当政府欠付费用无争议且政府有资源时，社会资本可直接通过再谈判与政府达成共识；当政府欠付费用有争议，或无争议但政府无资源时，社会资本可借助第三方定分止争，如通过专家评审、过程仲裁（如对合同含义的仲裁）、最终仲裁等渠道收回资金。

（二）多措并举，盘活存量

站在政府方的角度来看，财政资金不足是引发政府付费风险的内在原因，地方政府应以系统思维处理好政府、区域和项目之间的关系，从区域整体上盘活资产，变现后及时支付PPP项目关联的付费支出，如此方可从根本上避免政府付费风险。具体操作中，盘活存量是目前政策利好的一种途径。如财政部印发的《支持贵州加快提升财政治理能力奋力闯出高质量发展新路的实施方案》（财预〔2022〕114号）鼓励省市收储资源资产、允许债权转化为股权、推动盘活处置资产等，为地方政府提供了化债增收的办法。

三、主要启示

（一）风险暴露对于政企双方而言都是不利的

政府付费风险除了造成社会资本无法按时收回投资外这一直接影响外，还会间接影响地方政府信誉，削减社会资本参与PPP项目的热情，甚至引发社会资本投标时附加较高的风险溢价，或在事后投机退出等以规避政府付费风险。社会资本发起再谈判或申请仲裁无疑会影响项目经营，且造成较高事后成本。政府财政压力约束下，积极寻求流动性资金来源一定优于延期支付和投机考核扣减付费。

（二）应创新化解风险的多元渠道

创新采用“内生、置换、恳谈、政策”等方式，一方面可以化解PPP项目政府付费风险，另一方面也有利于为地方创收增效。具体可在盘活存量的路径上重点考虑为项目配套存量资源资产（TOT+BOT打包）、允许社会资本置换债务等。

供稿：何雨佳

案例篇

ANLI PIAN

51 铁路项目压覆矿补偿问题怎么处理？

铁路项目建设规模大、线路长、覆盖范围广，沿途压覆矿现象十分普遍。实务中的主要难点在于对矿业权属、范围、补偿标准、资金来源等事项的认定，存在分歧争议多、补偿标准低、解决周期长等问题。本题探讨铁路项目压覆矿的补偿，以杭绍台为例总结相关经验。

一、铁路项目压覆矿补偿范围的界定

（一）相关法律规定

《国土资源部关于进一步做好建设项目压覆重要矿产资源审批管理工作的通知》（国土资发〔2010〕137号）及其他文件明确约定，补偿的范围原则上应包括：

（1）矿业权人被压覆资源储量在当前市场条件下所应缴的价款（无偿取得的除外）；

（2）所压覆的矿产资源分担的勘查投资、已建的开采设施投入和搬迁相应设施等直接损失[1]。

[1] 易兵.铁路建设项目压覆矿产资源补偿范围和一般方法［J］.铁道经济研究，2019(5)：31-33.

（二）压覆矿补偿的范围界定

实践中，压覆矿产资源纠纷中的赔偿范围通常涉及以下几方面：

1．矿业权价值损失

矿业权包括探矿权和采矿权。探矿权和采矿权属于矿业企业的核心资产。我国法律明确规定探矿权和采矿权属于用益物权，依法应受到保护。建设项目压覆造成矿区范围内全部矿产资源无法开发利用的，项目建设单位应对全部矿业权损失进行赔偿；建设项目压覆造成矿区范围内部分矿产资源无法开发利用的，应对被压覆部分的矿业权价值损失进行赔偿。

2．矿山开发投资形成的固定资产损失

矿业企业取得矿业权后，为进行矿产资源开发利用，通常需要投入资金办理土地使用权，建设厂房、矿山工程，购买生产设备，以及投资建设矿山道路、电力、供水、环保等基础设施，形成矿山生产运营所必需的固定资产。建设项目压覆导致矿山固定资产丧失利用价值的，建设单位应对矿业权人的固定资产损失进行赔偿。其中，建设项目仅压覆部分矿产资源，导致部分矿山固定资产丧失利用价值，或者固定资产使用年限缩短的，应赔偿对应部分的固定资产损失。

3．因建设项目压覆导致矿山开采条件变化而增加的投资

建设项目压覆矿区范围内部分矿产资源时，对于压覆范围外的矿产资源，虽然能够继续开采，但矿区范围的缩小往往导致剩余资源的开采方式、开采顺序、技术及安全条件等发生了变化，需要变更矿山开采设计，增加建设投资。由于此项资金投入系由于建设项目压覆所导致，建设单位应对采矿权人增加的投资进行赔偿。

4．建设项目压覆导致的停产停业损失

对于生产经营中的矿业企业，建设项目压覆可能导致矿山出现停产停业。对于矿业企业停产停业期间的损失，项目建设单位应予以赔偿。

5．劳动裁员损失

因压覆导致矿山生产规模缩小或矿山服务年限缩短，需要进行裁员和职工安置的，项目建设单位应向矿业权人赔偿相应劳动裁员损失。

6. 搬迁费用

矿区范围内矿产资源被压覆无法开发利用时，矿山生产设备等资产中能够搬迁至其他矿山继续使用的，可通过搬迁方式减少资产损失和浪费。对于资产搬迁所产生的费用，应由项目建设单位承担。[1]

二、杭绍台铁路压覆矿补偿实践

（一）基本情况

杭绍台铁路项目的主要压覆矿点有6处，其中台州境内5处、绍兴境内1处。在地方铁办的协调下，项目公司与沿线各矿权人签订了压覆矿权意向性协议书，并于2016年12月13日取得浙江省国土资源厅关于本项目压覆矿权的审查意见和批复文件。具体压覆矿点有：上虞区长塘镇GL萤石矿（探矿权）、天台县JX矿业有限公司（采矿权）、天台县福溪街道XZ矿区（探矿权）、天台FY采石场（采矿权）、临海市KAY多金属矿（探矿权）、临海市MZT多金属矿（探矿权）。

（二）分歧焦点

经对照已批复的项目详细概算表中上述压覆矿点的相关县（市、区）提出：由于在概算分劈中存在缺项漏项，导致补偿费用无出处，因此，地方提出压覆矿补偿应为项目建设业主承担，不属于政府拆迁包干范围。另一方面，按照地方政府征地拆迁包干范围和职责，相关压覆矿补偿的工作应由所属地方政府负责。因此，压覆矿的补偿原则、分劈原则、补偿金额等，均待评估协商。杭绍台铁路是路内首个采用地方政府征地拆迁包干使用的项目，地方缺少相关执行依据，需要省级行业主管部门予以明确。

[1] 吴永高.冼春雷.建设项目压覆矿产资源纠纷之六：赔偿范围[EB/OL].（2023-08-21）[2023-03-14]. https://zhuanlan.zhihu.com/p/613934013.

（三）协调过程

1．评估补偿范围和金额

省级行业主管部门牵头召开专题协调会议，明确由杭绍台公司牵头，会同地方主管部门和第三方评估机构，对天台FY采石场（采矿权）、临海市KAY多金属矿（探矿权）、临海市MZT多金属矿（探矿权）进行了评估并出具初评报告，经专家论证会审核后出具最终评估报告。

2．明确补偿资金出处

省级行业主管部门牵头召开专题协调会议，明确杭绍台铁路压覆矿补偿工作严格按照国家、浙江省压覆矿补偿有关规定、程序组织实施，根据《杭绍台铁路PPP项目合同》、浙江省发展改革委《关于杭绍台铁路PPP项目投资合同政府方相关义务分解的函》（浙发改基综〔2017〕179号），沿线相关地方政府承担主体责任，杭绍台铁路公司做好配合，浙江省自然资源征收中心给予指导。明确了补偿资金从杭绍台铁路征地拆迁未分劈费用中列支，由地方政府包干。

3．签订补偿协议

按照两次协调会议精神，相关县（市、区）与涉及的相关矿业权人签署补偿协议，并依法合规落实补偿责任。

（四）主要经验

（1）压覆矿补偿工作是铁路用地报批的前期条件，应在项目前期就开展补偿工作。

（2）前期顶层设计应全面考虑，应纳入初步概算，避免后期工作过程中产生不必要的麻烦。

（3）地方国土部门作为矿产资源管理部门，应及时就压覆矿补偿工作提供相应指导意见，避免地方政府及项目业主在实施过程中因专业知识缺乏而导致发生错误的情况。

供稿：徐斌

52 浙江省铁路项目耕地占补平衡如何处理?

为了遏制耕地面积快速减少的势头，守住“18 亿亩”耕地红线不动摇，国家早在 1998年就对《土地管理法》进行了修订，提出了“耕地占补平衡制度、土地利用规划管理制度以及土地用途管制制度”，严格控制农用地转为建设用地。铁路等国家重点项目占补平衡工作的完成程度对全面耕地占补平衡工作的实施效果起着至关重要的作用[1]。本题以杭黄铁路项目为例，探讨浙江省铁路项目占补平衡相关处理经验。

一、政策规定

《中华人民共和国土地管理法》第31条规定，国家实行占用耕地补偿制度。非农业建设经批准占用耕地的，按照“占多少，垦多少”的原则，由占用耕地的单位负责开垦与所占用耕地的数量和质量相当的耕地；没有条件开垦或者开垦的耕地不符合要求的，应当按照省、自治区、直辖市的规定缴纳耕地开垦费，专款用于开垦新的耕地。

《浙江省国土资源厅关于做好建设项目“占优补优”耕地占补平衡工作的通知》(浙土资函〔2015〕48号）规定，全面落实“占优补优”制度，建设项

[1] 夏浩.重大项目征地过程中的耕地占补平衡问题研究——以杭黄铁路为例[J].安徽农学通报，2018，24(19)：7-8.

目确需占用耕地的，要按照“占优补优”“占水田补水田”的要求，补充耕地质量等级不得低于占用耕地质量等级，占用水田必须补充同等数量的水田。对交通、能源、水利等基础设施项目，教育、医疗、城市道路等城市基础设施项目，以及军事项目，因受客观条件限制，确实无法直接做到“占优补优”“占水田补水田”的，允许采取“补改结合”方式，以补充耕地项目新增的旱地和“旱地改水田”耕地质量提升项目增加的水田共同落实占水田补水田任务，实现耕地数量和质量占补平衡。

二、杭黄铁路占补平衡实践

（一）项目情况

杭黄铁路客专项目是国家重点工程，属路地合资项目，该项目东起浙江省杭州市，西至安徽省黄山市，途径浙江省杭州市萧山区、富阳区、桐庐县、建德市、淳安县，浙江省境内长184.728千米。沿线地形复杂多样，山地丘陵较多，居民点较集中。土地资源稀缺，地类以林地、园地、旱地、坑塘水面为主。杭黄铁路用地面积369.6277公顷，全线占用耕地率达43.91%[1]。

（二）主要问题

根据《中华人民共和国土地管理法》第31条规定，杭黄铁路有限公司是落实耕地占补平衡任务的责任主体，该项目共涉及占用耕地162.3253公顷（其中水田130.0950公顷）。另据《浙江省国土资源厅关于做好建设项目“占优补优”耕地占补平衡工作的通知》（浙土资函〔2015〕48号），该项目根据规定可以实行补改结合，但是一方面沿线政府新增耕地储备库中优质耕地数量严重短缺，省统筹和异地调剂指标当中也没有水田指标；另一方面，杭黄公司又对

[1] 夏浩.重大项目征地过程中的耕地占补平衡问题研究——以杭黄铁路为例[J].安徽农学通报，2018，24（19）：7-8.

水田补充调剂价格不认同，在项目总投资中没有充分考虑补充耕地所需费用，占补平衡难以落实。

（三）协调落实

根据浙江耕地缺乏特别是水田指标紧张的实际情况，浙江省明确耕地占补平衡指标调剂最高限价水田35万元/亩、旱地20万元/亩在实际交易中，普遍按最高限价执行。这一费用标准与国内其他省份相比偏高，给国铁集团和地方双方确认铁路项目征地拆迁费用造成影响：一方面用地无法及时报批，影响项目依法合规建设和其他国批项目先行用地报批；另一方面征地拆迁费用无法确定，对地方资本金拨付带来很大影响，阻碍项目建设顺利推进。

经浙江省与国铁集团、中国铁路上海局集团有限公司多次沟通，并会同自然资源部门赴江西、福建、安徽、湖南、广东等省份进行实地调研，了解其他省份耕地占补平衡特别是水田费用情况（根据调研情况来看，水田费用最高不超过20万元/亩，一般为5万～10万元/亩），考虑到浙江省耕地占补平衡特别是“占水补水”确实极为困难，只能主要依靠市场手段予以调剂，目前的价格体现了市场需求，并非专门针对铁路项目。

为积极支持铁路建设，根据“参考周边省份、适当考虑省情”的原则，浙江省考虑铁路项目耕地占补平衡费用按照水田20万元/亩、旱地10万元/亩的价格执行。

三、结论

结合浙江省已有实践，目前浙江省铁路项目耕地占补平衡费用问题按以下三种类型解决：

（1）路地双方有明确约定的（如衢宁铁路），按照约定的价格落实耕地占补平衡费用；

（2）国铁项目（如杭甬客专、杭长客专），与路方充分沟通，按照水田20

万元/亩、旱地10万元/亩缴纳耕地占补平衡费，优先保证完成用地报批；

（3）浙江省地方铁路项目或民营资本参与的PPP铁路项目（如金台铁路、杭绍台铁路、杭温铁路），为保障权益、避免纠纷，按最高限价水田35万/亩、旱地20万/亩的价格落实耕地占补平衡费用。

另外，三种类型的铁路项目都可以向省自然资源厅提出申请，通过省统筹指标及相应价格解决一部分旱地的占补平衡。

四、工作建议

（一）建议重大项目规划设计选址过程中由多部门进行监督管理

铁路项目因前期工作时间紧，设计院与地方政府未能进行充分有效的沟通与协调，设计单位对于取、弃土（渣）场在没有取得地方政府协议、没有确定地类、勘察不清的情况下，先行设计，并纳入水土保持方案和环境影响评价报告设计评审，存在较大瑕疵。建议重大项目规划选址设计等过程需要充分征求国土、水利、规划、建设、水保、环保部门的意见。

（二）积极研究优化铁路建设项目建设用地综合评价指标体系

建议铁路设计单位对目前的建设用地综合评价指标体系进行再优化，充分利用农用地分等定级成果，确定项目占用耕地的等级和规模，注重评价指标的现实性和可操作性[1]。

供稿：浙江省铁路建设推进攻坚专班

[1] 夏浩.重大项目征地过程中的耕地占补平衡问题研究——以杭黄铁路为例［J］.安徽农学通报.2018，24（19）：7-8.

53 铁路项目征地拆迁要重点防范哪些问题？

征地拆迁是项目推进实施的关键前置环节，特别是铁路项目，如何科学紧凑又精准平稳地推进征迁工作尤为重要，稍有脱节，极易造成延误工期、工作反复。本题从征地拆迁工作的前期推进、实施保障和后期收尾三阶段入手，针对设计考虑不足、主体责任不清等导致的工程受阻问题，提出强化统筹、加强预判、建制实施等方法，破解铁路项目征迁难题。

一、前期阶段：避免在缺项漏项上踩坑

铁路项目征迁多采用费用包干模式，需要项目公司与地方依据项目初步设计签订包干协议。协议中的拆迁工程量由沿线地方、项目业主共同确认，协议签订后由沿线地方具体推进落实，职责界定清晰。关键在于“协议涉及的征迁费用‘包不包得住’？”。考虑到可行性研究阶段和初步设计阶段的主要参与主体是沿线地方和设计单位，一旦由于工作深度不够导致缺漏或不足，就极易引发复杂的协调事项，从而影响工作推进。

（一）常见的缺漏问题

1．三电迁改缺项漏项

这类缺漏问题最为常见，漏项也最多，费用缺口较大，具体包括高低压

电力杆线、油气管线、通信光缆、给排水等管线迁改。特别是110千伏及以上电力线与油气管线，由于关联下游用户面广，停电停气窗口受制，同时本身迁改技术要求也较高，整体费用较多，一旦缺漏，对工程推进影响较大且不易协调。主要原因：一是排查遗漏，如前期踏勘排查不深造成的工程漏项；二是设计深度不够，如迁改未考虑周边影响、远期规划等，造成的方案不足或增加重复迁改；三是交叉重复工作，如区块项目统筹不够，建设相互干扰，甚至造成反复迁改等。

2．大小三改缺项漏项

主要包括改路、改河、改渠工程，目前浙江省铁路项目的常见处置办法，是地方负责征迁工作、项目业主负责工程施工。工程涉及面广，牵涉主体也较多，极易遗漏。主要原因：一是设计深度不够，如一些涉铁的大三改工程没有详核实施内容，工程量与工程费用不匹配；二是新增需求较多，铁路施工建设周期较长、施工环境变化较多，对周边群众的日常出行造成一定影响，可能出现新增的、未列概算的改路、改河需求，对政府方和项目业主的及时处置提出更高要求。

3．临时用地缺项漏项

这类问题主要是由于拌和站、制存梁场等大临设施工程用地无法如期落地，在用地管控政策趋严的背景下，临时用地选址与复垦极易成为难点。主要原因：一是选址无法顺利确定，由于初设方案深度不够，实施阶段往往受制于地类管控、道路通行、群众意愿、政策变化等因素，较难落地，特别是取弃土场的选址，是最难的难题，基本都靠属地政府担当，变通协调方能落实，不少沿线地方付出较大成本、承担不少风险；二是用地费用超出概算数，由于国铁概算体系与审查体系极为严谨，而复垦、补偿、租金等实际费用较高，特别是复垦标准上，浙江省一贯严格，如前期一旦考虑不足，则引起费用偏差，造成工作卡点。

（二）工作建议

1．建立前期复核工作机制

建立省市协同、县级主体、乡镇主力的严格复核工作机制，其中县级政府是复核的主体，更要全程参与、全面负责，既要组织属地单位排实征迁内容、做细征迁方案，还要积极对接项目审批单位支持，争取列足费用、考虑风险预备费。

2．健全设计咨询评价机制

建立重大项目设计咨询机构档案与评价体系，挂钩政府投资项目招投标评分，同时，健全地方铁路项目设计咨询机构奖惩机制，强化合同管束。

3．强化区域项目调度机制

地方政府要加强重大项目三电迁改、大小三改、施工交叉等区域统筹调度，科学安排时序，防止一些水、路、电等线路管网反复迁改。特别重大的迁改工程，更要形成大区域统筹意识，把握重大停电停气窗口，避免反复折腾。

二、实施阶段：注意在推进路径上择优

起好头，还要迈好步，推进征迁落地是关键阶段，特别要选好模式、科学组织、强化监管。但项目建设背景、政策条件、群众诉求也直接影响工作推进，需要树立系统眼光，科学制定工作方案，避免额外造成扯皮矛盾、工作反复。

（一）常见的推进问题

1．模式选择问题

以三电迁改为例，沿线地方作为实施主体，通常采取直接委托、招投标（EPC总承包）等模式，总体来看各有利弊，其中直接委托模式推进快、但责任大，优点是地方推进自主性较强，同时地方在统筹协调上有一定的话语权，因此这种模式推进较快，但地方作为主体直接面对产权单位，工作压力不小。

EPC模式省费用、但协调难，优点是能实现费用风险总包，投资相对可控，但缺点是对项目及合同管控上要求很高，如合同条款设置不合理，或者中标费用不足、承接方草率入场，加上产权单位相对强势、承接方的协调力度又相对有限，就会出现扯皮多、工作磨的情况。

2．工作抓手问题

目前浙江省已形成了一套自上而下的考核工作评价体系，能很好发挥沿线地方工作能动性，但也有工作薄弱环节，如执行进度上较难统筹同步，主要是各地工作经验与任务量有一定差别，影响着进度，而各地对征迁工作的重视程度，更直接影响推进时效；如舆论管控上引导不够，一些乡镇村干部对征迁工作理解还不够到位，对舆论重视不足，在引导群众工作上不够正面积极，反而造成群众抵触，增加工作难度。

3．疑难征迁问题

这类问题很难避免，比如征迁信访难题，一方面，不合理的诉求给地方增加了很大的工作量以及维稳风险；另一方面，地方也顾虑一旦政策上“开口子”，就面临政策执行风险。比如征迁落地难题，特别是军方战备、民爆仓库等特殊征迁，十分考验属地政府的决心与智慧，也需要省市协同，在方案选址、前期审批、关键对接等方面合力攻坚。

（二）工作建议

1．强化主体负责制

沿线地方作为实施主体，必须压实其主体责任。无论是委托还是EPC模式，不是责任甩锅，地方仍要加强过程管控，对迁改主体的推进实效负责，不能作为责任扯皮理由，在迁改方案、政策处理、费用拨付、进度把控等方面仍要积极作为。

2．建立全过程跟踪评价机制

特别是重大项目，要对沿线各地执行情况进行全程追踪，定期评价、复盘晾晒，强化考核激励。

3．健全干部培训机制

建议征迁政策主管部门牵头，有针对地为重大项目开设专项培训，并纳入乡镇干部教育培训体系，纳入工作考核。

三、收尾阶段：强化在合同监管上管控

征地拆迁进入最后扫尾阶段，总体上浙江省大部分沿线地方能够较好推进，但执行上，由于各地对一些征迁项目的合同履约理解不足、过于死板，或是对风险隐患不够敏感、监管不够，因此执行难免出现偏差。一些有争议的征迁项目，属地欠缺工作手段，没有管起来或者管到位，有些问题一直搁置，为项目整体竣工决算留下隐患。

（一）常见的争议问题

1．工期滞后问题

三电迁改最为常见，一类是合同难管控的，如国网天然气管线迁改，产权相对特殊，地方缺少制约手段，合同甚至不能约束工期，加上涉及下穿施工，受制安全、地质、天气等因素，迁改时间更加不可控，重要管线迁改从启动至改完，耗时1年很正常。还有一类是责任扯皮的，比如因疫情新冠等不可控因素停工、设计优化暂缓实施等，难免有个别项目超过合同期限，也有承接主体落实不力导致延后的，处置时需要认真辨别原因。

2．验收移交问题

一是验收移交不及时，比如完工的三改道路，属地产权单位未及时组织验收即视同移交使用，施工单位风险意识也不强，移交后一旦出现路损问题，则增加“谁来修”的矛盾；二是整改不到位，比如有些迁改，为确保工程进度，采取了临时过渡措施，但永久方案的整改工作一直搁置；三是执行标准不够严谨，比如有些低等级迁改，县级产权单位有一定的话语权，因此各地标准存在差别，但重大线性工程审计标准是一样的，同一中标迁改单位执行不同标

准体系也有风险。

3．实际工作量超出问题

以EPC模式为例，各地工作经验上有所差别，一些地方对风险总包的理解上存在一定偏差，因此很容易出现“一刀切”的简单化处置情况。比如合同约定地质条件变化、政策变化等非EPC方因素造成的增加项，沿线地方要对照合同分析辨别，有义务依规予以核实、确认，营造积极工作氛围；而确实不该“搭车”的增加项，也要积极沟通，处理好依规办事与工作动力引导的关系。

（二）工作建议

1．健全市县联动协调工作机制

地方行业主管部门要加强统筹，针对跨县域的重大线性工程专项迁改、三改，要规范技术标准与招标条款等处置原则，统筹加强市县联动检查、问题会商与跟踪协调。

2．建立重大征迁会商机制

建立区域重要管线管理机制，前期加强规划核查比对与现场核实。特别重大迁改，在线位稳定、征迁主体确定后，就应尽早开展工作，强化重大项目统筹会商机制，确保做到问题早发现、早介入、早协调、早解决。

3．强化过程审价与跟踪服务机制

特别是重大项目，沿线地方要注重第三方审价咨询机构作用，压实责任，强化过程跟踪审计与咨询，规范合同决策。还要注意第三方机构的专业水平，避免决策踩坑。

供稿：倪雅菲

54 铁路PPP项目征地拆迁包干范围如何确定？

一般而言，铁路项目征地拆迁包干范围的认定，均可以按照《中国铁路总公司关于进一步加强铁路建设项目征地拆迁工作和费用管理的指导意见》（铁总计统〔2017〕177号）和《浙江省铁路建设土地和房屋征收安置工作实施办法（试行）》（浙发改基综〔2021〕352号）执行，但铁路PPP项目还需要考虑《PPP项目合同》中的相关约定。本题以甬舟铁路PPP项目为例，探讨铁路PPP项目征地拆迁包干范围的确定路径。

一、政企合作项目合同约定

根据《甬舟铁路PPP项目合同》约定，涉及征地拆迁及临时用地的主要是谈合同的第35条和第36条。

（一）第35条“征地拆迁”

征地拆迁工作由项目公司委托沿线政府负责实施。初步设计概算中计列的征地拆迁费由项目公司筹集，沿线政府包干使用。政府方负责的征地拆迁根据工程进展需要，按先急后缓分批及时交地。

为加快推进项目建设，政府出资代表申请国开基础设施基金专项用于支付本项目征拆政策处理、用地报批等费用；项目公司成立后在其应支付的征迁包干费用中扣除，并计入项目总投资。

（二）36条“临时用地”

（1）本项目涉及的临时用地是指本项目建设项目施工需要，超出建设用地范围的土地。

（2）临时用地由项目公司负责并承担费用，沿线政府予以协助。

（3）项目公司为建设工程临时用地工作主体，应依法向规划主管部门、土地主管部门申请临时建设用地许可或批准，沿线政府可予以协助。

（4）项目公司应统筹管理临时用地，不得突破经批复初步设计文件中规定的规模与费用。

（5）临时用地使用期限应符合相关规定。使用期满，项目公司负责拆除一切临时建（构）筑物。项目公司在临时用地上修建的简易建（构）筑物应符合相关规定。

二、实施机构明确意见

（一）组织协调

针对甬舟铁路项目征地拆迁包干范围问题，实施机构多次征求省级行业主管部门指导意见，充分研究国铁集团相关文件、项目PPP合同内容，并委托甬舟铁路PPP项目的PPP咨询服务机构——中国国际工程咨询有限公司出具意见。省级行业主管部门牵头组织召开甬舟铁路项目征迁包干推进会，邀请甬舟铁路项目社会投资人共同商讨解决方案。在此基础上，实施机构与政府方代表协商一致，明确了征迁包干的具体范围。

（二）出具意见

实施机构根据《项目PPP合同》第35条、第36条约定，结合《招标结果确认谈判备忘录》意见，甬舟铁路征地拆迁地方政府负责包干范围包括：经批复的项目初步设计概算“第一章”中的“土地征用补偿费、拆迁补偿费、征地拆迁工作经费、土地预审费、压覆矿藏评估与补偿费、海域使用补偿费、河道补偿费用及青苗补偿费等”；不包括：“第一章”中的“建筑工程费［含改移道路、立交桥综合排水、砍伐与挖根、改河（沟渠）、既有建筑物拆除后的垃圾清运］、安装工程费（含立交综合排水）、设备购置费（含立交综合排水）、其他费中临时用地费（含站场与区间取弃土场用地补偿费、弃砟场用地补偿费、大临用地补偿费）及临时用地复垦方案报告编制费”。

其中“建筑工程费［含改移道路、立交桥综合排水、砍伐与挖根、改河（沟渠）、既有建筑物拆除后的垃圾清运］、安装工程费（含立交综合排水）、设备购置费（含立交综合排水）”，参照《中国铁路总公司关于进一步加强铁路建设项目征地拆迁工作和费用管理的指导意见》（铁总计统〔2017〕177号），浙江省发展改革委和浙江省自然资源厅印发《浙江省铁路建设土地和房屋征收安置工作实施办法（试行）》（浙发改基综〔2021〕352号）等相关文件规定，超出初步设计标准（提高建设标准）增加的费用由沿线地方政府承担。

供稿：靳丽芳

55 地方征迁包干模式下政府和项目公司工作界面如何划分?

2017年起，浙江省铁路项目推行政府地方征迁包干，浙江省发展改革委、自然资源厅等部门联合配套出台铁路项目征迁实施意见，划分了项目公司、沿线地方及相关部门职责边界。本题以目前在建铁路项目为例，探讨包干模式下政府和项目公司在征迁费用确认、征迁事项管理和专业技术支撑等方面的工作界面。

一、焦点问题

(一)征迁费用确认

根据《浙江省铁路建设土地和房屋征收安置工作实施办法(试行)》(浙发改基综〔2021〕352号)，征地拆迁由项目公司委托沿线地方实施，具体签订征迁包干协议。在工作初期，一般由项目公司委托第三方单位履行审价职责，同时根据协议约定及第三方审价情况拨付相关费用。为确保精准征迁，沿线地方在具体操作中，如遇特殊情况，大多提前向项目公司确认是否可行、再推进具体工作。

矛盾焦点在于：项目公司是否参与特殊征迁的确认?《浙江省铁路建设土地和房屋征收安置工作实施办法(试行)》(浙发改基综〔2021〕352号)明确，项目公司依法选择第三方审价机构全程跟踪审价，积极主动会同沿线地方政府开展土地和房屋征收范围及费用核对确认，原则上经各方确认的费用纳入项目征地拆迁总费用。

因此，征地拆迁包干协议签订后，如还有新增征迁工作，应由项目公司与沿线地方政府共同确定范围及费用。费用认定往往是征迁事项落实的关键，非国铁项目的大部分征迁增加费用一般由沿线地方政府承担，面对不少征迁难题、争议费用等地方实际困难，项目公司要事不避难，在关键难题上积极研究可行方案，在争议费用上及时引导、清晰处置，推进征迁工作高效落实。

（二）重大征迁事项管理

一些项目公司管理人员在影响关键工程的征迁事项上，还缺少工作经验，具体任务、进度跟踪等方面关注不够，需要与地方政府协同推进征迁工作；同时，地方政府一些工作任务并不擅长铁路专业，难以预判把握施组安排、方案调整、应对措施，因此不少铁路项目在征地拆迁工作初期出现不少分歧摩擦。

矛盾分歧的焦点在于：征迁包干协议签订后，是不是意味着项目涉地风险都转移给了地方政府？征地拆迁是项目建设保障的关键之一，直接关联项目整体。项目公司与铁路局签订代建协议后，作为最直接的征地拆迁主体，通过与地方政府签订征地拆迁包干协议及补充纪要等，把具体任务“分包”给了地方政府，项目公司应对征地拆迁工作总牵头负责，地方政府对征地拆迁工作执行负责。

因此，项目公司仍是推进征迁的关键主体，沿线地方政府是属地执行主体，落实征迁保障工作是双方共同职责。具体推进中，项目公司更要发挥建设主体牵头作用，强化对重点工程统筹保障，特别是在施工需求研判、设计优化空间、工作进度统筹等方面，做到事先研究分析、密切联系沿线政府、科学指导督促，避免出现工作反复。

（三）专业技术支撑

项目公司组建实力雄厚的人才队伍，配备了路方及地方政府经验丰富的管理人员推进项目建设，但由于铁路项目专业相对精细、管理细分多，具体组织上也存在不够顺畅的情况。

焦点分歧在于：一是对工程进度影响、施工真实需求、解决问题路径的研判上，缺少对等话语权；二是对地方保障事项的程序环节及处理难易等认识不足，同时一些地方对铁路项目保障工作经验上也有差别，特别是临时用地、大小三改、路外安全整治、地方维稳等事项上极易产生矛盾。

因此，要求项目公司充分发挥专业应对能力，切实保障工作推进实效。项目公司和地方政府部门都要进一步强化专业力量配备，双方强化沟通对接，协同推进项目实施。

二、项目公司涉地管理界面

（一）牵头抓总

根据代建协议，项目公司应按照路局代建单位工程建设需求，落实征地拆迁保障工作，起到总牵头作用；具体制定明确征地拆迁工作任务，按照征迁包干协议有关约定，委托沿线地方政府推进确定范围的征迁事项实施。

（二）争议处置

主要是包干范围外或协议边界模糊的征迁事项，大多铁路项目基本采取“一事一议”处置，应由项目公司牵头认定“要不要干、协调垫付先干、跟踪干得怎么样”，如过程中存在问题困难，应及时予以处置，必要时提报主管部门协调。

（三）专项协调

项目公司主要负责用地报批、资金统筹、征迁认定等常规工作，此外还根据具体项目模式及合同约定，可能负责的涉地事项还有三改工程、路外整治、临时用地复垦、环水保验收等。对照项目开通目标，应树立超前意识，周密做好方案谋划、牵头组织、任务分解、进度督促、问题协调等具体工作。

供稿：倪雅菲

56 铁路项目征地拆迁政府包干如何控制投资?

2017年，我国新建铁路项目正式实施征地拆迁地方政府包干制，为铁路项目投资控制打好基础。本题以国内首个实施地方政府征迁包干建设完成的杭绍台铁路项目实践为例，总结政府包干模式下的铁路项目投资控制解决方案，并提出建议。

一、杭绍台铁路征迁包干的实践

杭绍台铁路项目的实践中，对于地方包干总费用，采用了“基础预算+预备费（暂列金）”的方式，主要依据是《铁路基本建设工程设计概（预）算编制办法》TZJ 1001—2017，将项目基本预备费中的征迁预备费单列出来，与已合并税费的征迁概预算总费用汇总，作为“包干总费用”。需要说明的是，即使已在事前充分考虑，仍可能出现预算总费用与实际费用的缺口。杭绍台铁路项目的部分县（市、区）征迁费用差额情况见下表[1]。

杭绍台铁路项目的部分县（区、市）征迁费用明细表（单位：亿元）

序号	县(区、市)	包干协议金额	实际征迁费用	差额	备注
1	A区	20.82	41.89	21.07	实际费用为阶段性清理金额

[1] 马志国，徐斌．浅谈铁路项目征地拆迁政府包干模式下的投资控制［J］．铁路工程技术与经济，2022（7）：41-44.

续表

序号	县(区、市)	包干协议金额	实际征迁费用	差额	备注
2	B区	12.02	14.62	2.60	实际费用为阶段性清理金额
3	C市	10.18	12.09	1.91	实际费用为阶段性清理金额

对于上述缺口资金的解决，杭绍台铁路项目按照《中国铁路总公司关于进一步加强铁路建设项目征地拆迁工作和费用管理的指导意见》（铁总计统〔2017〕177号）的相关要求，在签订包干协议以后，由地方政府履行征地拆迁的主体责任，征迁费用纳入地方财政统一管理，包干不足部分由地方财政统一安排预算，有结余的作为财政收入一并纳入管理。

二、经验与建议

（一）事前：深入调查，做精做细征迁概预算编制工作

新建铁路建设项目征地拆迁地方政府包干模式下的投资控制核心是征迁概预算的深度，在初步设计阶段，一方面，要对征地拆迁的数量进行详细的核查，针对电力迁改、压覆矿补偿等需“一事一议”的要编制专项方案；另一方面，在编制概算时要充分考虑征迁过程中的影响因素，结合不可预见补偿事项及征迁补偿标准提高等，落实暂列金的计列，规范实施程序；同时，概算编制过程还需充分与沿线县（区、市）进行对接，针对属地征迁政策文件标准做到“一地一策略”。

（二）事中：落实责任，用好用足预备费（暂列金）

地方政府在征迁工作实施过程中落实投资控制主体责任，通过征迁过程跟踪审计等方式，监督相关主体严格按照法定程序进行征收补偿工作。同时，建设单位要根据国铁集团要求做好验工计价等相关工作，细化过程中资金管控。根据《铁路工程工程量清单规范》TZJ 1006—2020，“暂列金”用于“施工合同签订时尚未确定或不可预见的所需材料、设备、服务的采购，施工中可

能发生的工程变更、合同的调整因素出现时的工程价款调整以及发生的索赔、现场签证确认等费用”，在征地拆迁包干合同中的暂列金也应当参照执行，明确使用程序、平衡经费使用、严格支付条件，切实用好预备费（暂列金）。在使用程序上，建议由地方政府根据征迁实施情况提出申请，建设单位组织设计、监理等相关单位对申请事项进行核实明确后，由审价单位对补偿价格进行审核确认，按照征迁资金审批程序进行支付。在资金平衡上，按照县（区、市）行政区域征迁工作进度实施，暂列金除落实到地方政府实施主体外，建设单位也应当相应设立全线征迁的准备金。支付条件上，建设单位与地方政府需建立完善的暂列金支付程序，具体由地方征迁实施部门提出需求，建设单位组织设计单位、施工单位、监理单位对支付内容的真实性进行审核，补偿标准由第三方审价单位进行核准，由建设单位批准使用征迁暂列金。

（三）事后：及时总结，有力有效推动征迁政府包干模式

建议将征地拆迁概算清理纳入项目后评价工作，具体应针对政府包干模式下的项目投资管控效果进行评估，将征迁内容、数量的计划情况与实际执行情况进行逐项对比，尤其针对费用超出已审批的概算或节约的原因进行重点分析，提出工作改进的措施和建议。在做好项目自我总结的同时，也为其他新建项目征迁投资控制提供可借鉴经验。

供稿：马志国

57 铁路项目涉及房屋拆迁问题如何协调处理？

房屋拆迁是铁路项目征地拆迁工作的组成部分，在项目初步设计概（预）算设计管理办法中，房屋拆迁需要在梳理房屋数量的基础上，计列拆迁补偿费。本题以金甬铁路实践为例，探讨铁路项目房屋拆迁的特点和具体工作路径。

一、铁路项目房屋拆迁的特殊性

（1）铁路占用土地和涉及房屋拆迁的，由县级人民政府负责实施，并按省级人民政府土地征用补偿标准给予土地征收补偿和按地级人民政府、县级人民政府规定的房屋等地上物拆迁补偿标准给予补偿。

（2）土地被征用前3年平均年产值的确定：按当地统计部门审定的最基层单位统计年报和经物价部门认可的单价为准。

（3）按规定支付的土地补偿费、安置补助费尚不能使需要安置的农民保持原有生活水平的，可增加安置补助费。

（4）房屋拆迁补偿包括：房屋补偿与宅基地补偿。有营业执照的门面房，个体户，经营用房按照商业用房性质补偿，包括停产停业损失、装修费用、拆迁过渡费、安置等。

二、金甬铁路隧道浅埋段房屋拆迁实践

（一）基本情况

金甬铁路大庄隧道由站前3标部分工区属于隧道浅埋段，涉及房屋31户，建筑面积6083.45平方米，其中斜井上方2户埋深29.6米，正洞上方埋深最大21.8米，最小仅10.757米，隧道爆破施工对上方房屋影响较大，斜井上方某户民房经鉴定为D级，属于危房，建议房屋进行停止使用或整体拆除。

（二）分歧焦点

金甬铁路的房屋征拆难点主要集中在项目代建单位与地方铁路建设管理部门双方对相关房屋拆迁工作的责任认定和工作落实。项目代建单位要求地方铁路建设管理部门牵头，落实境内沿线地段房屋拆迁工作，并提出上述涉及的31户房屋拆迁费用，已经列入包干经费，应由地方负责；但地方铁路建设管理部门提出，根据浙江省自然资源征收中心提供的房籍平面图、清单等资料，上述某户房屋既未在金甬铁路地方境内红线范围内，也未在环境敏感区内，可以理解为该处房屋不在原先拆迁包干范围之内，地方没有充分依据确认该批房屋拆迁，也无义务开展相关征迁。

（三）协调过程

1．统一认识

浙江省发展改革委对金甬铁路大庄隧道浅埋段上方房屋拆迁进行协调，要求地方政府切实提高认识，加快房屋拆迁事宜，明确任务、时间、责任，细化目标、落实到人，顺利推进金甬铁路建设。

2．明确技术指标

对照初步设计批复文件，征地拆迁包干数量已含上述31户房屋拆迁，并已列入概算。费用计列不存在缺漏，可以依次落实。

3．明确地方责任

根据项目公司与地方政府签订的征地拆迁包干协议，明确：因建设造成农田，水利设施，水系损坏及房屋损坏的修复和补偿工作，由地方政府负责。因此，大庄隧道影响范围内房屋拆迁引起的费用均包含在代建单位与地方政府签订的包干经费中，应由地方负责拆迁工作。

（四）经验总结

隧道上方房屋若影响施工，应将影响施工需要拆除的房屋纳入浙江省浙江省自然资源征收中心的房籍平面图、清单中；初步设计中也应提供详细的房屋拆迁清单，从根源上避免矛盾的产生。

供稿：金甬铁路有限公司　魏高强

58 铁路项目涉及厂房拆迁问题如何协调处理?

厂房拆迁是铁路项目征地拆迁的组成部分，在项目初步设计概（预）算设计管理办法中，厂房拆迁需要在梳理厂房位置、面积等基础上，计列拆迁补偿费。本题以湖杭铁路实践为例，探讨铁路项目厂房征拆的有关规定和协调经验。

2011年1月21日，国务院印发《国有土地上房屋征收与补偿条例》，明确规定“为了公共利益的需要，征收国有土地上单位、个人的房屋，应当对被征收房屋所有权人给予公平补偿。”这里的“公平补偿”的基本要求是按市场价格进行补偿。《国有土地上房屋征收与补偿条例》同时规定，“对被征收房屋可以通过货币补偿和产权调换两种方式进行补偿和安置。因征收造成的停产停业损失，应该予以补偿。”

根据上述规定和实际情况，企业旧厂房改造中的征收补偿，一般包括被征收房屋和土地的补偿、被征收机械设备的补偿、对职工损失的补偿和停产停业损失补偿四种情况。

（一）被征收房屋和土地的补偿

企业的房屋土地性质一般为工业用地，通过出让或租赁的方式取得，房屋用途一般为厂房、仓库、办公用房、住宅，补偿时应当以相关房产证登记的用途和建筑面积为计算标准。因为历史原因没有或无法办理房产证明和土地证明的，可经实际丈量确定。根据《国有土地上房屋征收与补偿条例》，被征收房屋和土地的价值应当委托具有相应资质的评估公司，以征收公告公布之日为时点，根据相关评估技术标准，来确定房屋、土地的实际价值，以做到“公平补偿”。

（二）被征收机械设备的补偿

机器设备分为两类：一类是可搬迁设备；另一类是不可搬迁设备。对于可搬迁的设备，应当本着继续利用的原则，进行异地搬迁安装，继续投入使用。因此而产生的费用是征收引起的必然损失，应当予以补偿。可搬迁设备因征收而引起的损失又可分为实物损失费和功能损失费。实物损失费包括拆卸费用、运输费用、安装费用、调试费用等。功能损失费用包括搬迁引起的机器精度下降、不合格产品的增多而带来的损失。对于不可搬迁设备，征收会导致该设备的废弃，故应结合其成新和重置价，对设备所有人进行补偿。对于机械设备的补偿金额，可以由征收人与被征收人协商确定，协商不成的，也可委托专业的评估公司进行评估确定。但由于被征收企业很难提供详细的损失资料，因而经常会出现补偿金额与实际损失差距较大的情况。政府在补偿中应当综合分析，充分考虑被征收企业的实际损失，给予妥善补偿。

（三）对职工损失的补偿

征收会导致企业停产停业、员工停工，甚至出现企业解散、员工解聘的情况。因 企业被征收而给员工带来的损失应当进行补偿，但如何安置补偿，在法律法规中并没有详细规定，企业根据《中华人民共和国劳动合同法》规定，由企业和员工通过相互协商达成一致，或根据实际工资支付的有关情况测算补偿。如果导致员工解聘，应当根据企业与员工签订的劳动合同，结合劳动法有关规定给予补偿。

（四）停产停业损失补偿

《国有土地上房屋征收与补偿条例》第23条规定，对因征收房屋造成停产停业损失的补偿，根据房屋被征收前的效益、停产停业期限等因素确定。在法律实践中，补偿的标准、依据一般由地方政府以政策性文件规定，因此各地补偿标准不同，计算方法也不同。

二、湖杭铁路拆除红线内厂房的实践

（一）基本情况

湖杭铁路及其相关工程与老宣杭铁路交叉影响范围共计两处，其一工点为湖杭铁路正线某特大桥DK66+000-DK67+000段，沪乍杭铁路某特大桥HZHDK20+700-HZHDK21+000段。此段工点全为桥梁工程，本工程多线与老宣杭铁路形成多次交叉并行。

（二）分歧焦点

由于进场施工的时间滞后于原施组计划，要确保按计划完成上述工程建设，在人、机、物方面需加大投资，厂房拆除工作时点安排与项目建设节点进度不相匹配。

（三）协调过程

浙江省铁路推进攻坚专班牵头各方协调推进，杭州市政府积极对接上海路局，杭州市铁办就老宣杭铁路（杭州段）资产处置工作与上海路局展开多轮协商谈判。2019年10月—2020年3月，国铁集团和地方政府双方共同开展了老宣杭铁路资产处置的土地、房屋、线路、设备等资产调查摸底工作，完成了土地、房屋、路方资产数量的确认。2020年12月杭州市政府与上海路局就宣杭铁路（杭州段）资产处置工作签订的框架协议。

（四）主要经验

（1）加强与设计单位的沟通。督促设计单位在前期设计时要根据国铁集团、各级自然资源部门的要求，做实、做细相关设计工作，尽可能减少后期因设计变更引起的新增用地情况。

（2）积极与地方政府的对接。在设计的过程中，建设单位（筹备组）在选址过程中，要反复与地方规划部门对接，尽可能避免或最低限度与地方规划的冲突，从而确保项目落地的更可操作性。

（3）对于项目占用既有铁路施工问题。要积极依托属地政府及铁路代建单位的优势，从宏观规划和路地双方整体考虑，要提前协调对接，求同存异，实现双赢。

供稿：湖杭铁路有限公司

59 铁路项目涉河涉堤工程如何推进？

高速铁路建设过程中不可避免地需要占用既有河道、堤岸，但因为建设工期较紧，有时候忽视了涉河涉堤补偿工程的建设管理，导致高铁开始联调联试，甚至开通后涉河涉堤还未实施完成，需要增加对高铁的围护措施、监测的情况，造成工程费用剧增、实施风险加大的情况出现。本题结合有关文件规定要求，以湖杭铁路为例，探讨推进涉河涉堤工程的具体做法和经验。

一、政策规定

根据《中华人民共和国防洪法》《河道管理范围内建设项目管理的有关规定》《浙江省水域保护办法》，建设项目占用水域的，应当根据被占用水域的面积、容积和功能，采取功能补救措施或者建设等效替代水域工程。

涉河涉堤补偿工程属于铁路建设的配套工程，根据工程实施的情况，实施时间有三种情况：

（一）与铁路建设同步实施

铁路工程实施过程中，同步对涉河涉堤补偿工程同步实施，在铁路工程完工前，涉河涉堤补偿工程已实施完成。此时不需要额外增加铁路维护措施，不需要监测，也基本不需要铁路监管，实施成本最低、难度最小。存在的问题在于，涉河涉堤补偿工程往往是施工临时通道的位置，同步实施往往会因为影响施工便道而影响铁路工程的建设进度。

（二）高铁静态验收后（或联调联试后）实施

高铁静态验收后，基本铁路土建工作已完成，施工便道利用率低，涉河涉堤补偿工程实施对铁路的施工进度影响小。但铁路静态验收后，铁路的结构已基本锁定，虽然铁路未开通，但外部实施涉河涉堤工程会影响已完工铁路的安全，需要增设铁路维护措施、对铁路成品结构进行监测，但施工中的监管可以不必像营业线那样严格。

（三）运营后实施

铁路运营后实施，属于邻近营业线施工，考虑到铁路运营安全，需要增强铁路维护措施，对铁路结构物进行第三方监测，并实行严格的监管。

鉴于上述三种建设时机的优缺点，实际工程实施中，在保证铁路工程进度的前提下，尽量同步实施。对于影响铁路施工便道的内容，可以在铁路主体完善后尽快实施，尽量赶在铁路静态验收前实施完成。如果有些内容确实在铁路静态验收前，甚至联调联试后无法实施的，可以纳入遗留工程实施。但此时的工程量相对较小，对铁路的影响小，即使要增加措施，工程量也有限。

二、铁路涉河涉堤工程的建设模式选择

《国铁集团关于加强涉铁工程管理的指导意见》（铁工电〔2021〕85号）规定："涉铁工程建设原则上应采用代建模式，特殊情况确不具备代建条件的，经铁路局集团公司履行决策程序后可采用代管模式，铁路局集团公司要与业主单位平等协商签订相关合同。

代建模式即业主单位将涉铁工程委托铁路局集团公司建设实施的建设模式。代管模式即业主单位委托铁路局集团公司按铁路有关规定进行建设管理，协助

业主单位开展协议签订、方案审查、施工配合、施工要点、竣工验收等综合协调工作的建设模式。”涉河涉堤的建设可以考虑以下三种模式：

（一）地方政府直接实施

考虑到涉河涉堤补偿工程原则上行业归口管理在地方水利部门，而且实施中涉及的征地拆迁等政策处理等也需要地方政府配合，如果工程可以与铁路建设同步实施，可以由地方政府直接选择施工单位实施。

（二）委托铁路施工企业实施

考虑到本身铁路施工企业现场有施工机具与人员，而且涉河涉堤补偿工程与铁路建设紧密相关，考虑施工场地、机具、进度协调的方便，也可以委托铁路施工企业实施。

（三）由铁路建设管理机构实施

地方涉河涉堤补偿工程实施中，有时候难以做到铁路静态验收前完工。若已进入联调联试阶段，工程还未完工，也可以考虑由铁路建设管理机构实施，这样即使铁路开通后仍未完工，按照遗留工程实施，协调难度小，也可简化邻近营业线施工手续审批。

三、湖杭铁路德清段涉河工程协调实践

（一）基本情况

新建铁路湖州至杭州西铁路正线北起湖州市吴兴区，途经德清县、余杭区、西湖区、富阳区，南至杭州市桐庐县，线路全长137.74千米，湖杭铁路沿线地形复杂，穿越多条山区性河流及平原河道，主要跨越东苕溪、南苕溪、富春江等主干重要河流及其他支流，工程的建设给区域内河道的防洪排涝带来影

响。必须采取必要的补救措施，以尽量减少对周边地区防洪的影响。

湖杭铁路建设过程中，由铁路设计单位委托了水利咨询单位开展了防洪评价，经水利主管部门审批明确了涉河涉堤补偿措施。但实施中，此项工作由项目公司按照批复概算支付费用，交由地方政府实施。如果地方政府没有在铁路静态验收前实施，可能导致铁路进入静态验收、联调联试，甚至铁路开通运营后仍未完成涉河涉堤补偿工程，后续将会演变为邻近铁路营业线施工，导致工程费用大大增加，施工风险也同步增加。

（二）分歧焦点

湖杭某特大桥（70+125+125+70）m连续梁位于架梁通道上，先改移大堤，再进行桥梁施工或非汛期施工，将无法满足指导性施工架梁节点要求，影响后期轨道工程施工。

施工工期与防洪度汛安全同等重要，在保证防洪防汛安全的前提下，需在某特大桥（70+125+125+70）m连续梁小里程增加一处梁场，方可满足架梁及铺轨的工期要求。

（三）协调过程

浙江省铁路推进攻坚专班多次组织协调，充分听取各方诉求，针对某特大桥连续梁增加一处梁场的防洪度汛方案、防汛应急通道及现场施组安排提出工作要求，明确了先进行改堤施工再施工桥梁主体及涉河施工许可的审批时间。

（四）主要经验

（1）对于铁路建设中的涉河涉堤补偿工程，宜在铁路建设过程同步实施，对于因铁路建设影响而实在无法完成的，可以在铁路静态验收，甚至通车后实施，但遗留的工程量要尽量少。

（2）涉河涉堤补偿工程，尽量由地方政府直接实施，以提高工程管理效率。作为施工单位选择，尽量选择铁路的施工单位，这样便于协调铁路工程建设与涉河涉堤工程建设的相互配合。

（3）对于深厚软土地的涉河涉堤，采用水泥搅拌桩进行荷载置换，并配以隔离桩，对铁路的保护效果更好，而且工程建设成本低。

供稿：湖杭铁路有限公司

60 铁路项目涉军用地征迁工作怎么开展?

涉军用地调整工作周期长、事项关联广、协调难度大，很容易成为阻碍项目顺利推进的瓶颈。本题以某高铁项目涉军用地处置为例，探讨如何更好地协调好涉军用地征迁工作。

一、土地置换的政策规定

土地置换工作目前尚无统一的行政法律法规做出规定，现行的《中华人民共和国土地管理法》亦没有对土地置换做出规定。笔者查阅了2012年5月22日国土资源部第1次部务会议修订的《闲置土地处置办法》(国土资源部令第53号)，以及福建省、深圳市等地的相关规章文件，整理出土地置换的三种情况。

(一)因政府原因造成闲置土地的土地置换

《闲置土地处置办法》第八条提出，因军事管制、文物保护等无法动工开发的，属于政府、政府有关部门的行为造成动工开发延迟的情形。该情况需按照本办法第十二条规定处置，即“(五)置换土地。对已缴清土地价款、落实项目资金，且因规划依法修改造成闲置的，可以为国有建设用地使用权人置换其他价值相当、用途相同的国有建设用地进行开发建设。涉及出让土地的，应当重新签订土地出让合同，并在合同中注明为置换土地”。该文件明确的具体路径是：采取原价原用途异地置换。

（二）需占用的耕地与整理后形成的耕地互换

《福建省建设用地土地置换管理暂行规定》第二条规定：“本规定所称土地置换，是指依据土地利用总体规划和村庄、集镇建设规划，建制镇、村镇个人和集体建设所需占用的耕地与整理原依法取得的建设用地所形成的耕地进行互换的行为”。该文件明确的具体路径是：建设用地与耕地之间进行土地置换。

（三）因提前收回土地使用权采取的土地置换补偿方式

2015年9月1日施行的深圳市人民政府印发《关于征地安置补偿和土地置换的若干规定（试行）》（深府〔2015〕81号）第十四条规定：“因公共利益需要或规划实施等原因收回土地使用权，属以下情形之一的，经市规划国土部门审批并报市政府备案，可以采取土地置换的方式给予补偿”。

该文件明确的具体路径是：国有土地使用权置换土地。

二、某高铁项目涉军用地置换实践

（一）基本情况

某高铁项目穿越军方用土地，涉及2处共91.23亩，主要涉及工程为部分隧道、联络线桥梁、区间路基等工点。经当地政府与军队方多次沟通协商后，采取整体打包形式进行用地置换，涉及军用土地共18宗（256.1亩），对应地方土地共5宗（900亩）。

（二）分歧焦点

该项目涉军用地为项目铺架起始段，部分隧道和区间路基刚好在进轨通道上，原计划于2021年8月全面进场施工，于2022年11月下旬通过长轨运输车，以确保进轨通道贯通。通过前期协调，虽已断断续续进场开展部分工程施工，但总体进度已经滞后约4个月，且后续工作推进困难。

（三）协调过程

为加快推进涉军用地置换工作，保障高铁项目建设，浙江省铁路行业主管部门会同浙江省委军民融合发展委员会办公室以及当地政府多次赴现场协调并与军队方衔接，有关事项提交全省扩大有效投资重大项目协调例会，提请浙江省政府致函商请支持加快用地保障。

2020年10月，当地政府首次向土地权属方报送置换评估方案，此后经多次修改完善。同年12月底，用地置换工作终于完成。

（四）主要经验

（1）发挥浙江省委军民融合发展委员会办公室作用。浙江省委军民融合发展委员会办公室深度介入，谋划推动军队方自上而下推进相关用地保障，争取特事特办保障相关工程先行进场施工。

（2）当地政府履行主体责任，设区市政府加强指导，进一步加强工作力度，采取驻点跟踪盯促等举措，盯促各环节工作加快推进。

（3）项目公司、代建单位精心组织施组研究，通过优化施组方案、强化施组，减少相关工程对项目整体工期影响。

供稿：王畅

61 铁路项目三电和管线迁改如何实施?

铁路建设项目征地红线内既有“三电”——电力、通信、广电，还有油燃气管线、给排水管线的迁改和防护，特别是110千伏及以上高压电力线路的迁改，这对确保项目工作面完整、控制投资规模、保障项目建设工期具有重要作用。在高铁线路的施工中，电力和管线迁改是一项重要的组成部分，具有技术含量高、工程难度大、施工复杂、产权单位多以及部分迁改具有比较隐蔽的特点。本题以杭绍台铁路电力和管线迁改工作为例，总结迁改工作难点和经验，提出工作建议。

一、迁改工作要求

（一）工作内容与流程

工作内容上，铁路项目“三电”和管线迁改的工作重点各有侧重。其中，电力线迁改重点关注110千伏及以上高压电力线路，需确保其迁改工作实施计划与铁路施组相结合，保证铁路项目主体工程无障碍施工。通信线路迁改重点关注军用光缆、基站、长途传输光缆，需在前期阶段与地方政府、产权部门充分对接，确保迁改方案为地方政府和产权部门认可方案。给排水和油燃气管线迁改重点关注地下管网数量的准确性，需在前期阶段与产权部门对接，收集铁路沿线区域内管网布置图及市政规划图，确保迁改数量的准确性。

工作流程上，迁改严格按项目初步设计批复的方案实施，确因现场条件变化、线位调整、设计遗漏等原因引起变更，需经地方政府（实施单位）、建设单位、产权部门、设计单位、监理单位五方确认，导致投资增加的，按照“谁提出、谁负责，谁受益、谁承担”的原则确定增加部分费用分担方案。迁改完成后，由产权部门进行竣工验收，并向地方政府或建设单位出具竣工验收报告，设备设施移交产权单位；此外，迁改数量、迁改费用等还需经过第三方审价机构确认。

（二）工作阶段与职责分工

铁路项目“三电”和管线迁改工作在项目可行性研究阶段即已埋下伏笔，在初步设计阶段稳定方案，并在项目实施阶段正式执行，迁改的顺利实施需要地方政府、设计单位和施工单位等参与各方协同配合、共同推进。其中，地方政府是迁改工作的实施主体，要根据征地拆迁实施协议，组织实施“三电”及地面、地下管线迁改，筹集落实迁改资金及时到位。设计单位的职责主要是负责迁改数量、补偿标准调查收集，定测阶段形成完整的迁改数量影像资料，配合建设单位、地方政府和地方产权部门确认迁改方案和费用；对迁改实施数量提出确认意见，对迁改设计阶段数量的真实性、准确性，补偿标准和迁改方案的合理性、合规性负责。项目建设单位作为项目推进实施主体，与地方政府签订“三电”及管线迁改实施协议，具体推进迁改实施工作；会同地方政府对迁改实际数量和费用进行确认，组织第三方审价和验工计价，拨付资金等，对实施阶段迁改数量和迁改投资的合规性、真实性、准确性负责。

在铁路项目的可行性研究阶段、初步设计阶段和实施阶段，三方需要依据职责要求开展响应工作，以顺利推进迁改过程，保障项目整体进度，具体分工详见下表。

铁路项目“三电”和管线迁改工作职责分工

主体	可行性研究阶段	初步设计阶段	项目实施阶段
地方政府	与建设单位签订“三电”、管线等迁改框架协议	1. 与建设单位、设计单位、产权部门确认管线迁改方案和迁改投资； 2. 出具含方案和费用的迁改意见	1. 组织迁改施工招标； 2. 负责迁改工作涉及的政策处理
设计单位	1. 根据线位调查各类管线迁改工作任务； 2. 提出初步迁改方案； 3. 与建设单位、地方政府、产权部门核对初步迁改方案和投资； 4. 将迁改投资纳入项目投资估算	1. 进一步细化迁改方案； 2. 与地方政府、建设单位校核迁改方案； 3. 与地方政府、建设单位、产权部门三方确认，联合出具书面意见； 4. 将迁改投资纳入项目投资概算	—
项目建设单位	1. 与地方政府签订“三电”、管线等迁改框架协议； 2. 组织设计单位调查落实迁改数量	1. 组织设计单位进一步做好迁改数量调查工作； 2. 建立全线迁改影像资料	1. 与地方政府、产权部门明确迁改工作计划； 2. 全程盯控推进迁改实施

二、杭绍台铁路迁改实践

（一）杭绍台铁路迁改基本情况

根据杭绍台铁路项目初步设计说明书文件，迁改内容主要包括：①受电气化改造影响的既有的电力线路迁改工程2645处，其中351千伏及以上线路94处，10千伏以下的电力线路812处。②线路与既有线并线、跨越引起的既有光电缆迁改，以及线路建设范围内的中国电信、中国移动、中国联通、广播电视系统、军队系统、无线电台、地震电台相关电缆、基站等有线电信设施742处。③绍兴北站上行部分既有信号电缆1处。④线路与既有天然气管道交叉迁改点3处，线路建设范围内加油站、油库迁改点2处。⑤其他需迁改管线171处。

杭绍台铁路迁改工作主要困难集中在“高压电力线迁改”方面，因地方政府规划、电力部门迁改标准提升，项目可行性研究与初步设计阶段计列的迁改方案和投资估算，与项目建设实施过程中的实际迁改投资需求之间，存在较大差异，迁改投资超支且未明确资金承担主体，加上迁改施工条件要求高，对迁改工作推进造成影响。

（二）主要难点问题

杭绍台铁路“三电”和管线迁改难点集中在费用确定与分担、施工条件控制等方面。主要问题有[1]：

1．迁改费用不足

落实地方有关规划要求、现行电力线路标准提高等因素，导致电力线迁改费用大幅增加，实际迁改投资远大于批复投资。按照实际测算，台州段迁改费用增加约2.2亿元，绍兴段迁改费用增加约3.5亿元，地方政府、项目建设单位、电力部门三方对于增加部分的费用分担方案存在分歧。在电力部门开展具体工作中，又要求按照铁路项目以往迁改的做法，首先落实90%的迁改投资费用，资金缺口短期解决难度极大，迁改工作受阻。

2．超支费用分劈不明确

根据地方政府、项目建设单位、施工承包单位签订的相关合同、协议，三方对超支费用需按照“谁提出、谁负责，谁受益、谁承担”的原则进行分担，但分担比例及具体数额上三方难以平衡。

3．迁改施工协调难

电力部门要求高等级电力线迁改前，首先落实迎峰度夏、保供电等需求，并据此提前安排停电时间；特别是涉及超高压、特高压的迁改，如不能提前对接停电时间，或停电时间明确后由于迁改施工进度滞后，错过停电迁改窗口，将因无停电计划无法完成迁改，对项目建设造成严重影响，需要结合铁路项目施组时序进行统筹协调、尽早安排。

[1] 王畅，靳丽芳，徐斌．铁路项目“三电”和管线迁改推进的难点与对策——以杭绍台铁路为例［J］．当代电力文化，2022(6)：281.

（三）协调推进做法

1．刨根问底，问题溯源

找到问题症结所在并对症突破，杭绍台铁路项目迁改的最大难点在于迁改费用超支。迁改推进遇阻的初期，省级主管部门就全力协调推进，分析项目特殊性、听取各方诉求，研究迁改费用超支的具体情况和细节。杭绍台铁路项目是国内首个由政府包干进行用地征迁政策处理的铁路项目，政府方包干使用的范围原则上是以项目初步设计批复的概算“第一章征迁与政策处理费”费用为限，项目建设单位的资金筹集也同样按照这一费用金额控制。迁改施工主体方面，除电力部门作为专业施工与指导外，杭绍台铁路还应用了迁改EPC总承包模式，由于标准提升、费用增加，迁改EPC总承包单位无法按照原施工标准继续履行合同，对于迁改中难点问题的破解，既无意愿也无动力。

2．服务大局，高层协调

杭绍台铁路项目是国内首个民营控股高铁，写入党的十八大大事记，是向建党100周年献礼的重要标志性基础设施项目。省级主管部门在摸清情况的基础上，讲政治、讲大局、统一各方认识，先后采取约谈相关政府分管领导、约谈迁改责任单位负责人、提请省领导主持的重大项目建设推进协调例会商定、迁改工作周度定期报告等具体手段，全力推进解决杭绍台铁路迁改梗阻点。特别是对于迁改超支费用的分割，明确了具体的分担原则：为落实地方有关规划要求，增加的电力线迁改投资由地方政府承担；执行电力部门非强制性技术标准要求，提高电力线路标准增加的迁改投资由电力部门承担；其余电力线迁改增加的投资按地方政府与电力迁改总承包单位签订的合同约定的责任方承担。

3．多方合力，落实迁改

在浙江省委省政府、省级主管部门的全力协调督促下，地方各级政府、电力部门、项目建设单位凝聚力量，按照“谁提出、谁受益、谁出资”的原则解决了迁改资金缺口问题；地方政府与电力部门协商落实地方规划和电力线提标产生的迁改资金，并根据现场施工进度积极履行出资责任；项目建设单位认真分析施工工序安排并调整施组计划，与电力部门、铁路部门、站前施工单位建立顺畅沟通机制，明确停电窗口、天窗点，确保了迁改施工的整体进度。

（四）有关经验启示

电力线迁改工作牵涉面广、影响范围大，一直是线性工程的工作重点之一，也是铁路建设项目顺利推进的前置条件之一。

1．工作初期，做好论证

为保证迁改顺利开展，需要进行大量协调工作，对设计单位、地方政府、项目建设单位、电力部门而言，都需要把工作做在前面，为后续任务打好基础。首先，设计咨询服务机构需要在项目的前期初步设计时，充分征求电力部门的意见，对接好地方规划、线路标准等具体细节，特别是对资金的估算和概算编制，一方面积极应用行业标准定额，另一方面也要结合地方实际，对分项投资构成进行合理优化和组合，提供不可预见费用的相关预案，为地方政府与项目建设单位签署迁改协议提供科学的迁改实施技术方案。其次，地方政府和项目建设单位需要充分论证迁改实施技术方案的落地性和针对性，强调各方遵守契约精神、明确迁改协议刚性。

2．推进期间，做好衔接

迁改实施过程中建立良好的沟通机制是关键，地方政府、迁改总承包单位、电力部门、项目建设单位要进一步压实各方责任，通过有效的沟通、细致的分析，将可能遇到的问题提前进行预判，及时分析对策，确保迁改工作顺利推进。首先，地方政府履行迁改主体责任，加大督促协调力度，加快推进迁改工作；迁改总承包单位切实履行施工合同条款，加强施工现场管理，加快推进工程施工，及时足额支付应付工程款；电力部门结合迁改点进度要求，进一步优化施组计划，科学合理安排停电措施，做好电力迁改保障工作；项目建设单位配合各方做好有关衔接工作，同时采取切实有效措施加快主体工程施工，追赶计划进度。

3. 工作收尾，做好总结

总结杭绍台铁路项目迁改工作协调经验，彻底破解铁路项目电力线迁改前期深度不够、工程启动滞后、工作责任归属不清等问题，浙江省专门制定出台《浙江省铁路项目电力线迁改工作指导意见》（浙发改基综〔2020〕259号），从明确迁改责任分工、深化迁改前期工作、有序实施迁改工程、强化资产交接管理等四个方面，提出指导浙江省境内干线铁路、城际铁路项目，境内都市圈城际（市域、市郊）铁路、城市轨道交通项目的电力迁改的针对性意见，提升铁路项目建设管理水平。

供稿：徐斌

62 铁路项目“三电”迁改问题如何协调？

在我国高速铁路建设过程中，“三电”迁改是前期准备工作中的重要环节，与项目的经济效益和社会效益密切相关，研究迁改工作的规律十分必要。本题以湖杭铁路为例，总结“三电”迁改工作经验。

一、铁路“三电”迁改内容

（一）“三电”的内容

“三电”迁改是指铁路内、外通信，广播电视，电力线路的迁改。在高速铁路建设中，对影响铁路土建及电气化铁路工程实施及运行安全的交叉跨越或平行的“三电”设施均需进行迁改。

“三电”迁改（以下简称“迁改”）属于铁路建设征拆范畴，但又是不同于征地拆迁的一个特殊项目，其特点是具有特殊的运营“不可中断性”。这些行业涉及国家经济命脉和民生，甚至关乎国防安危，不能随意停止运行。因此，为确保运行安全，大部分迁改工作均需提前做好过渡，即先把新的电力通信线路建立起来，利用最短的时间与原有线路连接起来并运行后，才能对影响高速铁路建设及运行的设施进行拆除。因此，对影响高速铁路建设及运行的设施迁改，其含义应为迁移改造，而不是拆迁。

（二）迁改的前期工作

前期准备阶段，主要做好两方面工作：一是做好现场调查工作，确保迁改工程数量准确；二是制订经济可行的迁改方案，确保迁改工程概算费用。设计人员在现场调查过程中，基本上是由线路测量人员按照高速铁路线路走向，沿线记录管线设施交叉跨越数量，迁改方案因未取得相关产权单位的认可则略显粗糙，编制的费用也与实际存在较大差异，造成实际支出费用远远超过概算计列费用，加大了迁改工程协调的难度。

二、湖杭铁路500千伏电力线迁改协调实践

（一）基本情况

湖杭铁路全线涉及500千伏及以上电力线路6条需要迁改（以下简称“超高压电力”），根据工期要求需要在6个月内完成迁改，任务异常艰巨。

（二）分歧焦点

超高压电力线迁改，不仅关系到杭州西部地区百万人口的用电保障，还影响到全省迎峰度夏期间电力的可靠供应，是项目建设的关键卡控点。超高压电力迁改需要协调电力部门停电时间（迎峰度夏、保供电等），结合铁路施组时序进行统筹协调，增加了协调的难度。

（三）协调过程

浙江省发展改革委统筹部署组建“湖杭铁路管线迁改专班”，在沿线地方政府的全力帮助下，在省市电力公司、天然气公司和通信等十余个单位和部门的共同支持下，各部门切实担当作为，领导带队协调，坚持深入迁改现场，与相关部门共同协作。浙江省发展改革委指导湖杭铁路公司，根据国铁集团审查后的33个月指导性施组，详细梳理管线与铁路构筑物的平立面位置关系，特

别是针对影响铁路的桩基、墩台身、架梁、运营的部位，对施组时间倒排工期，确定最迟的迁改完成时间。对于影响关键线路施工的管线，以卡控点形式明确最迟迁改完成时间。逐一梳理完成后，以清单表格形式提交各方，按计划落实，逐一销号。

（四）主要经验

为做好迁改工程，在进行方案设计时，尽量做到迁改方案及费用与产权单位认可的方案大致相同，差别不要太大；或者针对大型的迁改线路提前与产权单位沟通联系，及时确定迁改方案。建设单位应组织设计部门加强现场调查力度，确保迁改数量与现场基本一致。还要注意标准、费用、时间、协调方面的具体要求。

1．迁改标准

所有迁改后的管线工程均应满足现行国家、铁路部门及各行业颁布的有关规程、规范要求和高速铁路技术要求。

2．迁改费用

由于部分产权单位制订的迁改方案标准较高，编制的施工预算以高估工程数量、提高材料单价和套用较高的取费标准来提高工程迁改费用。这就需要进行多次协商、沟通，尤其要发挥第三方审价单位的作用，最终才能以较合理的费用达成迁改协议。

3．迁改时间

每个产权单位都有一套完整的服务体系，迁改工作均存在报批报停计划，所用时间各不相同，各部门都有严格规定，不会因为高速铁路施工工期而改变其行业计划。故大多数迁改项目在工程施工开始就应计划报批报停手续，尤其是超高电力电路涉及面广、停电难，有些负荷较重的电力线路一年只有几天检修时间，更需提前计划提前报批。另外，军队光电缆如遇特殊情况，即使已报批的计划也有可能向后顺延。

4. 迁改协调

协调是迁改工作最突出的问题，具体分为以下三个方面的内容：一是与高速铁路土建单位的协调。根据以往经验，若使土建单位施工不受“三电”线路的影响，就必须与其保持不间断的联络，最好以周为单位进行碰头，明确土建单位的施工计划，并对现场有足够的了解，明确哪些线路是迫切需要迁改的，要分轻重缓急，根据土建单位的需求不断修改迁改计划。二是与产权单位的协调。积极协调与产权单位的关系和矛盾，为产权单位的迁改营造良好工作环境，协助产权单位保质保量顺利完成迁改工程任务。三是与地方的协调。包含各级政府、铁路建设办公室、地方村民等[1]。

供稿：湖杭铁路有限公司

[1] 王明慧，刘霁，张桥. 高速铁路“三电”与管线迁改［J］. 中国铁路，2013（7）：25-27.

63 铁路项目跨越高速公路既有线路问题怎么处理？

铁路项日和高速公路都具有流量大、车速高的特点，交叉穿越对于既有线路而言，存在较大的潜在风险，对于双方而言都是十分重大的决策事项。本题以沪苏湖铁路跨越G25杭宁高速为例，总结跨越工程的协调处理经验。

一、铁路跨越工程的含义

按照工程性质，跨越式涉路工程可分为构造物和管线两类。构造物包括铁路、公路等，管线包括通信、输油气、电力等管线，具体如下图所示[1]。

高速公路道路等级高、交通量大、车速高，一旦有外界的建筑物侵入高速公路红线，就意味着增加新的冲突点和危险源，尤其在上跨桥梁施工阶段，会在运营的高速公路内形成施工区域，对正常交通运营产生潜在的危险。此外，桥梁建成后，也可能对高速公路的行车视距、净空、路侧净区等产生较大的安全影响。因此，必须对上跨高速公路的桥梁进行安全性评估[2]。

[1] 徐欣，彭道月，李伟.跨越式涉路工程安全评价技术研究［J］.公路交通科技：应用技术版，2008（5）：32–35，50.

[2] 李正中，邵慧然，王伟广，等.跨越式涉路工程安全评价技术研究［J］.北方交通，2019（3）：49–52.

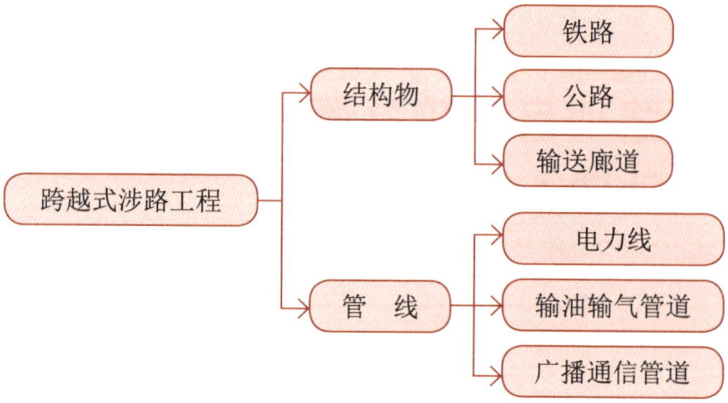

跨越式涉路工程分类

二、沪苏湖铁路跨越G25杭宁高速协调实践

（一）基本情况

沪苏湖铁路浙江段（站前I标）在湖州市吴兴区道场乡鹿山枢纽处，连续上跨G25杭宁、S12申嘉湖、杭长西延线，需要办理相关施工许可手续。其中G25杭宁、S12申嘉湖为浙江省交通集团沪杭甬公司运营管理，杭长西延线为湖州市交通集团运营管理。

（二）分歧焦点

各方就上跨G25杭宁段公路拓宽费用，不能形成统一意见，导致无法办理上跨施工手续，铁路方不能进场施工。同时，上跨高速公路需挂篮施工，本身技术施工难度大，相对工期较长，该路段建设进度已滞后，后期必将变成沪苏湖铁路全线贯通的关键制约点。具体矛盾如下：

（1）当前G25杭宁高速公路为双向六车道运营公路，有规划改扩建为双向八车道，沪杭甬公司提出沪苏湖铁路上跨G25高速段应先行扩宽施工，根据“谁引起、谁承担”的原则，相关扩宽施工费用和红线用地征迁费用，由铁路建设方承担。

（2）沪苏湖铁路项目初步设计概算为国家铁路及一市两省联合批复，国铁集团对概算批复有严格的固定额度，项目代建单位和标投施工单位均表示不能承担相关公路拓宽费用。

（3）湖州市铁路建设管理部门对湖州市承担道路拓宽费用也表示异议。

（三）协调过程

湖州市沪苏湖指挥部多次协调无果，遂请求协调浙江省交通集团沪杭甬公司，尽快办理沪苏湖铁路上跨G25杭宁高速等施工许可手续办理，以确保工程建设有序推进。铁路行业主管部门召集了相关协调会议，指出沪苏湖铁路是长三角地区一体化发展标志性项目，且工期紧、任务重，路地各方都应积极主动支持工程建设，进一步明确了沪苏湖铁路上跨G25杭宁段公路拓宽费用出资、施工方案和公路红线征迁主体等事项，3月19日在征求各方意见的基础上，印发了相关会议纪要，上跨施工得以实施。

（四）主要经验

为保证工程建设实施顺利开展，跨越地方道路应该在前期设计阶段尽早与地方管理部门和经营企业进行沟通对接，掌握公路方意见，在依法合规的前提下纳入概算；同时施工过程中建立沟通机制，在施工过程快速推进工程进度。

供稿：沪苏湖铁路有限公司

64 地方铁路项目接轨方案如何开展？

铁路项目接轨是铁路项目融入国家运输网络、发挥路网综合效益的重要一环。本题以杭绍台铁路接轨为例，总结地方铁路项目接轨工作的相关经验。

一、政策规定

（一）《地方审批铁路与国家铁路网接轨管理办法》（铁发改〔2021〕107号）

1．明确项目业主提交的申请材料内容

（1）接轨申请报告。

（2）项目可行性研究设计文件。

（3）项目接轨方案报告，包括接轨方案、路网能力适应性、运营管理模式、路网整体效益影响分析，对既有铁路运营安全影响和采取的安全措施等。

2．明确接轨审查的主要内容

（1）规划符合情况。项目是否纳入国家批准的铁路发展规划，规划期、功能定位与铁路发展规划是否一致。

（2）接轨方案情况。接入国家铁路网的接轨方案、接轨站改造方案等。

（3）路网能力适应情况。接入国家铁路网相关线路、枢纽及车站的能力适应情况，主要技术标准匹配情况，动车运用、机辆整备、工电检修等设施布局和能力适应情况等。

（4）运营管理模式。项目建成后的运输组织、运用维护方式，跨线列车的开行方案、调度区划分、调度台设置等。

（5）路网整体效益情况。根据客货运输收入清算办法等规定，对区域国家铁路网中关联线路客货运量、运输收支和效益影响分析等。

（6）工程和运营安全情况。项目建设对既有铁路的运营安全影响，包括与既有铁路交叉、侵入既有铁路安全保护区、邻近或进入既有铁路等影响或可能影响既有铁路行车安全情况和采取的安全措施等。

（7）其他需预审查的内容。需要注意的是，接轨管理办法特别强调了项目接轨方案审批与可行性研究批复的工作时序安排，要求地方审批的铁路项目在可行性研究阶段必须先完成“接轨方案专题”的批复后，方可获得项目的可行性研究批复。

在“接轨方案专题”论证中，除上述常规论证外，铁路项目建设对相邻路网的效益影响分析也是非常重要的内容。因此，接轨管理办法还特别明确了需提请国铁集团党组研究讨论的情形：

（1）邻近既有铁路或者占用既有干线能力和设施，对运营安全和路网整体效益影响较大的。

（2）涉及路网规划布局、大型枢纽规划方案重大调整的。

（3）涉及既有铁路土地等重大资产处置的。

（4）其他对既有国家铁路网影响较大情况。

3. 接轨方案专题审批流程

铁路项目建设单位应在可行性研究阶段委托设计院开展接轨方案专题报告的编制工作；设计院编制接轨方案专题报告并提交建设单位；建设单位发函至项目所在铁路局申请接轨并将编制的接轨方案专题报告作为附件；铁路局组织接轨方案专题初审，就具体接轨方案、路网效益影响补偿方案、安全评估等方面，与建设单位进行多轮磋商，双方就路网效益影响补偿额度及方式达成一致意见后，最终铁路局给出初审意见并上报国铁集团；国铁集团发展改革部牵头，客运、货运、调度中心、鉴定中心等其他部门参与，共同论证接轨方案并最终会签，出具同意接轨的复函，下发至铁路局；铁路局依据国铁集团的复函，与建设单位签订接轨合同。

4．存量铁路改扩建的审批

已建成运营地方审批铁路的改扩建，涉及以下情形之一的，比照新建地方审批铁路程序办理。

（1）接轨车站、接轨方案等发生变化的。

（2）地方审批铁路主要技术标准、设施设备发生变化引起运营、维护方式变化的。

（二）《中国铁路上海局集团有限公司地方铁路与国家铁路接轨管理实施细则》（上铁计〔2018〕370号）

1．明确接轨审查时间

在地方铁路项目可行性研究完成后，集团公司根据项目主体单位的书面接轨申请，组织技术审查，向国铁集团提出接轨请示；并根据国铁集团的接轨意见与地方铁路项目主体单位签订接轨合同，明确双方的责任、权利和义务，落实接轨意见相关要求。

2．明确接轨申请及材料要求

（1）书面接轨申请（包括地方铁路投资人和项目主体单位有关情况）。

（2）地方铁路项目可行性研究报告（包括接轨站方案、主要技术标准、运营管理模式等）。

（3）地方铁路所在省、市投资主管部门的意见。

（4）接轨点运输过渡方案。

（5）达到施工图深度接轨方案（适用于地方铁路与高铁接轨）。

（6）委托有资质单位出具的接轨方案施工图咨询报告（适用于地方铁路与高铁接轨）。

（7）委托有资质单位出具的接轨安全评估报告（适用于地方铁路与高铁

接轨）。

3．明确接轨合同内容

（1）地方铁路项目主体单位、集团公司名称，接轨线路、接轨车站名称。

（2）地方铁路主要技术标准、接轨方案、运输组织方式。

（3）地方铁路建设及运营对国家铁路运输安全影响、责任划分及采取的措施。

（4）接轨引起国家铁路改造的，相关改造工程投资、建设管理、施工安全等。

（5）合同的履行、变更、转让、解除条件以及违约责任、免责条款、争议解决方式等。

（6）合同有效期自国铁集团印发同意接轨意见之日起三年内有效。

（7）其他需协商约定的事项。

二、杭绍台铁路绍兴北站接轨协调实践

（一）基本情况

杭绍台铁路在既有绍兴北站、温岭站分别与杭甬铁路、甬台温铁路接轨。新建上、下行联络线疏解引入绍兴北站杭甬场与既有5、6道到发线贯通。根据《地方铁路与国家铁路接轨管理办法》（铁总发改〔2018〕14号）要求，地方铁路在可行性研究完成后向拟接入国家铁路所在路局集团提出接轨申请。

（二）分歧焦点

杭绍台铁路联络线从既有杭甬铁路绍兴北站5、6道直通引出，杭甬客专5、6道不再具备接发杭甬列车功能，影响绍兴北站旅客接发能力，但批复概算中并未包含因接轨方案引起的相关运输损失补偿额度及补偿责任。

（三）协调过程

项目公司、实施机构就接轨引起客运损失补偿问题与中国铁路上海局集团有限公司业务部门进行多次对接、商谈，提出了提高3、4道办客能力、增加绍兴东列车停站办客数量等降低损失措施。2020年11月，浙江省铁路行业主管部门与中国铁路上海局集团有限公司就损失补偿承担进行商谈，并专题报告省政府进行决策。根据《杭绍台铁路PPP项目合同》，建设期杭绍台铁路接轨绍兴北站引起的损失补偿费计入项目建设总投资，按项目总投资调整机制处理；运营期损失补偿费计入项目公司运营成本，按有关可行性缺口补助同标准处理。

2021年4月12日，国铁集团批复杭绍台铁路接轨手续。

（四）主要经验

（1）根据《地方铁路与国家铁路接轨管理办法》，应在可行性研究完成之后申请接轨，避免建设过程中补办周期长，影响建设工期。[1]

（2）接轨方案对既有国家铁路运输损失的影响，应在项目前期充分论证、比选，尽量保留既有铁路接发列车功能，减少客运损失补偿。

供稿：杭绍台铁路有限公司　甘国东

[1] 杭绍台铁路在该办法出台之前已完成初步设计批复。

65 铁路项目政策处理费调整工作如何开展？

新建铁路项目政策处理费，即征地拆迁费用的控制，是整个项目投资控制的关键因素之一。2010年以来，铁路项目概预算管理已形成“概算—调概—清概”的工作程序，其中，对于征迁费用采用“据实结算”方式管理。但实践中，由于“据实”的具体执行存在较大主观性，导致征迁费用的概预算工作流于形式，征迁费用的概算控制效果不明显。本题以甬舟铁路为例，探讨铁路项目政策处理费调整的具体方式。

一、铁路项目政策处理费规定

铁路征迁概预算编制是在项目初步设计阶段由设计单位根据征地拆迁的工作量及补偿指标测算总费用，形成基础性征迁投资控制预算。从浙江省部分已建成铁路项目的实践来看，对比批复概算金额，征地拆迁费用均出现了大幅增加，最少的增幅为26%，甚至有部分项目的投资增加额达到概算金额的2倍多（详见下表）。主要原因有两个方面：一是概预算阶段深度不足，无法覆盖征迁过程全部工作量，同时测算指标与实际征迁补偿标准存在较大差异；二是从概预算阶段到征迁实施周期较长，征迁及补偿标准随固定资产价格上升而变化（提高）。

浙江省部分铁路项目征地拆迁投资情况一览表（单位：亿元）

序号	项目名称	概算金额	调概金额	清概金额	结算金额	投资增加
1	A铁路	26.71	33.71	46.29	46.25	19.54
2	B铁路	9.35	13.14	12.45	11.79	2.44
3	C铁路	3.34	9.61	11.29	11	7.66
4	D铁路	20.03	33.98	33.98	33.04	13.01

数据来源：某造价咨询有限公司。

2014年，《中国铁路总公司关于加强铁路建设项目征地拆迁工作指导意见》（铁总计统〔2014〕97号）文件，要求新建铁路项目的征地拆迁总费用按照相关规范要求在可行性研究及初步设计阶段足额纳入项目概算，概算经原中国铁路总公司批复后，由项目公司与沿线地方政府签订包干协议，并明确原则上签订协议后，征迁总费用不再调整。但在实际操作中，由于征迁费用超批复概算导致征迁工作滞后，项目公司需要按照实际组织概算调整。有时，也会出现地方政府在征迁实施完成以后，才与项目公司签订包干协议，导致征迁包干协议并没有在实际工作中起到约束作用。如新建徐州至盐城高速铁路工程为保障项目顺利开工建设，征地拆迁工作由沿线地方政府根据初设线位即开展征地拆迁工作，在实际征迁投资基础上由建设单位与地方政府签订征迁包干协议后上报初设批复，征迁包干协议未能发挥投资控制的作用。

二、甬舟铁路政策处理费调整协调实践

（一）基本情况

甬舟铁路可行性研究报告经中国铁路经济规划研究院有限公司咨询评审，评审报告中按照铁路相关标准测算的征地拆迁费用与采用浙江省，宁波市、舟山市及相应县区的地方标准的征地拆迁费用存在较大差异，由于项目的征地拆迁费用是按可行性研究批复的费用享受权益，按初步设计批复的征地拆迁概算

作为地方政府实施征地拆迁的基础，若项目最终批复的征地拆迁费用不足，将增加地方政府征地拆迁工作开展的难度。

（二）分歧焦点

铁路相关征地拆迁费用标准与浙江省，宁波市、舟山市及相应县区的地方标准存在差异，导致项目实际征地拆迁费用不足，增加了项目相关各级地方政府推进征地拆迁工作的难度，甚至导致项目征地拆迁工作难以开展。因此，需要统筹协调各方利益，重点围绕项目征地拆迁费用按实足额编制，做好调查研究、政策解读、协调指导，找到最有利于项目推进的平衡点，扎实推进、确保项目落地。

（三）协调过程

甬舟铁路征地拆迁费用能够基本覆盖项目实际征地拆迁所需费用经历了多个阶段，从项目可研报告研究一直延续到项目初步设计阶段。

可行性研究报告研究阶段，设计单位按照铁路相应征地拆迁费用标准对本项目征地拆迁费用进行估算。但是，由于项目的征地拆迁费用是按可行性研究批复的费用享受权益，而征地拆迁工作又具有由地方政府包干的特殊性，征地拆迁费用不足、征地拆迁费用标准不统一等因素产生的矛盾逐渐显现。在充分对比铁路与浙江省，宁波市、舟山市及相应县区征地拆迁费用标准的不同的前提下，铁路行业主管部门提出另行聘请一家具有资质的第三方审价单位对项目征地拆迁费用进行测算，确保征地拆迁概算费用的准确性和真实性，并向国铁集团就征地拆迁费用积极沟通汇报，争取相应支持，为项目顺利推进指明了方向。

初步设计阶段，铁路行业主管部门多次召开项目征地拆迁工作实施意见专题研讨会，会同项目各相关方，解决项目征地拆迁工作推进存在的问题，促进项目落地实施。在批复项目初步设计前，广泛听取各方意见，重视项目合理需求，聚焦项目落地，初步设计核定的项目征地拆迁费用概算能够基本覆盖项目实际征地拆迁所需费用。

（四）主要经验

征地拆迁工作是铁路建设的前置条件，为保证实施顺利开展，需要进行大量协调工作，提前与各相关方沟通交流，建立常态沟通机制，准确分析征地拆迁工作中可能遇到的问题，做到提前防范、科学研判、顺利解决。因铁路征地拆迁费用标准与地方标准存在差异，设计阶段可以考虑聘请一家具有资质的第三方审价单位提前介入，对项目征地拆迁费用进行测算，保障概算资金充足，为项目征地拆迁工作开展夯实基础，给今后项目落地提供助力。

供稿：甬舟铁路指挥部　朱旭东

66 地方铁路项目大临用地和复垦保证金挤占资金如何解决？

铁路建设项目投资规模大，资金需求多，对于建设单位、施工单位而言，项目建设各方都致力于用足用好有限资金，尽可能发挥出资金效益。本题分析浙江省“四维一体”方案解决铁路项目大临用地和复垦保证金挤占资金问题的经验。

一、大临用地和复垦保证金的资金占用

（一）基本情况

铁路客运专线大临工程所需的占地面积比普通铁路相比大临工程的占地面积更大，主要是制梁场，拌和站，便道、钢筋加工场等，同时要考虑工程结束后尽量减少对土地生态环境的影响，确保大临用地在工程结束后得到合理的复垦。目前国内铁路大临用地复垦实施操作性不强，如何既能减轻施工单位的资金压力又能提供便利沿线大临用地及设施功能，快速推进工程进度及保障施工安全，同时也能确保工程竣工后土地得到有效复垦复绿。针对这一矛盾，浙江省发展改革委的“四维一体”方案大胆探索，有力尝试，为推动大临用地复垦及保证金工作实施开展了创新性的改革。

（二）主要问题

沿线地方政府为确保工程结束后的复垦复绿，要求施工单位最大程度减少对生态环境及土地的破坏，因此，往往要求施工单位缴纳高额保证金，强化办理借地的审批手续，尽量缩短借地年限。近年来，部分地方出现沿线地方村镇，以工程竣工后复垦复绿不验收不合格，对土地生态环境破坏较为严重为由，拒绝归还大临用地保证金，要求缴纳过高标准的保证金等问题，由此导致施工不能及时进场，影响工程进度。

二、破解资金占用的协调实践

（一）协调方案

大临设施用地借地费直接涉及群众利益，严格按照当地明文规定的标准执行，同时各区县也要给予施工单位大力支持。在杭州市“现金+保函”的协调意见基础上，浙江省提出大临设施用地复垦保证金按照“四维一体”方案执行：①现金额度，按照项目初步设计批复概算2～3倍视情确定。②保函额度，按照复垦方案扣除现金额度确定。③兜底承诺，项目公司要会同代建单位、施工中标单位完善内部约束机制，签订借地有关协议后出具书面承诺函，承诺督促施工单位按照规定标准落实用地复垦。④信用监管，对落实复垦不到位的单位，纳入全省失信机制监管。代建单位要加强组织管理，督促施工单位履行责任；施工单位要强化诚信意识，切实履行主体责任。

从该方案在湖杭铁路、杭衢铁路的应用来看，取得了良好的效果。

（二）主要经验

大临设施用地交付及时与否直接影响到项目能否顺利进场建设，施工单位作为驻地、拌合站、试验室、钢筋加工场等临时用地的主体责任单位，要积极主动与沿线地方政府对接协商，优化确定大临设施用地选址方案。沿线地方政府和相关部门要积极支持，主动提供选址意见，优化选址方案，加快相关手续办理；项目公司、代建单位要积极帮助沿线地方和施工单位沟通对接。

为确保施工单位加快进场，抢抓建设时间，要切实拿出非常举措：一是选址确定后，创造条件满足施工单位先进场，同步完善手续办理；二是施工单位进场后应在30个工作日内完成手续办理，由浙江省自然资源征收中心加强工作指导；三是项目公司、代建单位要督促施工单位倒排计划，督促工作落地。从具体实施看，“四维一体”方案，有利于快速推进大临用地及复垦保证金等工作的具体实施，具有较好示范效应，值得推广。

供稿：浙江省铁路建设推进攻坚专班

67 铁路项目建设中的火工品问题怎么处理？

随着铁路工程建设的需求不断增长，火工品在铁路工程建设中大量使用。但是，由于火工品的多而杂的特性和不安全性，一旦管理不当就会造成极大的安全隐患，严重威胁人民生命财产安全。因此，加强火工品的管理成为铁路工程建设过程中紧要、日常性的工作。本题以杭衢铁路项目实践为例，总结铁路项目火工品使用的问题协调和处理经验。

一、铁路项目造设中火工品的管理

一直以来，铁路项目火工品坚持“直供”原则，以“保安全、创效益”为火工品管理目标，在有效保证火工品运输和使用安全的同时，达到降本增效的目的。具体做法包括：

（一）统筹谋划、规范管理

为保障项目火工品供应，稳定采购价格，降低采购成本，施工单位结合工程建设实际，积极与爆破作业一级资质企业进行合作。爆破公司统筹规划炸药库房的建设和火工品的供应，采取统一标准、统一验收、统一管理，在沿线选址设立炸药库房。爆破公司同时负责各施工作业面的火工品配送，通过专业化配送流程降低火工品在运输过程中的风险，以标准化手段实现火工品的采购、运输、储存、使用等各个环节的统一、规范管理。

（二）制订方案、安全可控

铁路项目控制性工程多，作业环境复杂多变，对爆破作业提出了严峻的考验。在火工品直供推进过程中面对作业面多、人员不足，跨县市多，外部环境复杂等不利因素，项目业主邀请爆破公司专家团队到现场指导培训，集中专业力量主动开展爆破工作。在爆破策划阶段就对火工品储存、信息化器材配置、前期爆破作业、火工品采购及运输等方面进行筹划，制订详细的实施方案。同时定期对火工品管理情况和运输情况进行全面检查，确保火工品和爆破作业安全可控。

（三）节约成本、控制投资

铁路项目火工品需求量大，由爆破公司直供的火工品价格相较于市场价格明显降低很多。本着“直供降成本、规范保安全”的原则，能够有效节约资金成本，达到保安全增效益的目的[1]。

二、杭衢铁路火工品问题协调实践

（一）基本情况

杭衢铁路全长130.9公里，其中隧道29.5公里（建德段26.8公里/35.5座，龙游段2.7公里/2.5座），隧道工程产值高、工期长，对火工品需求量大，爆破进度直接关联隧道工程建设时序、年度投资任务完成。

[1] 中铁二十三局集团有限公司．火工品直供无障碍 安全效益双丰收[EB/OL].(2022-06-22)[2023-08-01].http://cr23g.crcc.cn/art/2022/6/22/art_1990_3793023.html.

（二）分歧焦点

铁路对隧道爆破施工有行业技术要求，铁路主导（代建）的施工单位普遍具备隧道爆破作业资质，但各地对铁路隧道爆破作业主体的要求不一，部分地区支持施工单位自建火工品库、实现直供，还有地方要求火工品由当地民爆公司供应、爆破公司作业。主要焦点有以下三个方面：

1．无法满足施工双循环施工需求

每天2个以上循环爆破开挖条件因火工品配送问题无法满足，民爆公司在夜间不供应火工品，白天仅爆破1次，供应服务难以衔接匹配全天施工需求，停工待爆现象时有发生。据了解，已建成的杭黄铁路，在建的金甬、杭衢铁路均出现火工品供应不足引起停工（半停工）问题。

2．难以达到铁路隧道施工技术质量要求

铁路隧道爆破施工要求达到光面爆破作业标准，爆破公司施工难以一步到位，如爆破不理想，还需再次协调补爆，影响隧道工程施工周期，隧道结构施工质量及安全均存在较大隐患。

3．非直供增加施工单位成本

沿线部分地区要求施工爆破至少满足50%比例使用数码雷管，单价32.35元/发、服务费3元/发；项目初步设计及施工图批复均为非电雷管，结算价2.24元/发，配套导爆索5.7元，匡算增加费用9000万元。

（三）协调过程

2020年11月，浙江省铁路建设推进攻坚专班召开协调会，要求地方全力支持施工单位依法依规取得火工品直供，选择符合资质的单位实施爆破作业，加快相关手续办理。2021年3月，浙江省铁路建设推进攻坚专班再次提出明确火工品供应保障、施工爆破等具体要求，讨论启用临时存放点过渡方案的可行性，并与相关行业部门协调明确爆破资质审批、数码雷管使用、民爆小型库设置、用量计划优化等关键制约事项解决路径，6月，该事项完成协调落实。

（四）主要经验

该项协调事项的经验在于破解施工自行爆破和超支费用处理两个关键问题。

1．要做细做深前期准备工作

鉴于施工的隧道等工程爆破作业较多，为满足施工现场需求，可采取施工单位自建炸药库，自行管理、配送爆破器材。火工品库属特殊建设工程，需要进行消防设计、雷电防护审查和消防、雷电防护验收，临时用地上建设的临时建筑物，建设前期需办理项目立项和图审等相关手续，并按照“四维一体”办理临时用地相关手续。相关部门要提前介入，确保选址合法、合理，不与土地利用规划冲突。

2．要健全部门协同工作机制

积极推动项目前期“一件事”改革，加强民爆储存库立项、用地、规划和建设、环评等建设衔接，强化存储库用地预审、选址、环境影响评价、安全评价、水土保持评价等方面的业务指导，进一步明确审批政策和服务指南，畅通和优化部门间、部门内部审批流转渠道和流程，提升行政效率。各相关部门主动跟进项目，提供专业指导，积极上门服务，强化安全教育，积极上门服务，强化安全教育。

供稿：倪雅菲

68 铁路项目建设期投资控制有哪些经验？

铁路项目建设期投资控制是各方的一致管理目标。建设期内，杭绍台铁路项目公司按照既定投资计划任务，制定完善的施工任务目标、投资计划、资金筹措计划，严格控制征地拆迁、建安工程费、其他费用等开支，阶段性实现了项目投资控制目标。本题结合杭绍台项目实践，总结出合理确定总投资规模、客观分析个别超支原因并厘清支出责任、地方政府征迁包干至关重要等三方面经验，为铁路项目投资控制提供借鉴参考[1]。

一、杭绍台铁路建设期任务

杭绍台铁路全长269公里，其中新建正线224公里，线路速度目标值为350km/h，全线包括椒江特大桥、台州中心站特大桥、嵊州特大桥、东茗隧道、白罗山隧道、狮子岩隧道、林盘山隧道等重要桥梁、隧道工程。项目可行性研究估算总投资448.9亿元，建设总工期48个月，包括施工工期42个月（含施工准备及征地拆迁），静态验收、联调联试及试运行6个月。2018年1月1日开工，2021年12月31日竣工。总体施工顺序为：控制性工程及重难点隧道、重点桥梁下部及特殊梁跨→路基、一般桥梁下部、一般隧道→架梁→无砟道床→铺轨→站后工程→联调联试及运行试验。施工中突出重点、兼顾一般、平行流水、

[1] 靳丽芳.铁路PPP项目的投融资管理实践与建议——以杭绍台铁路为例[J].建筑经济，2022，43(6): 48-55.

均衡生产，同时充分考虑路基、桥涵等结构的沉降变形稳定时间，综合考虑站前、站后工程间及各专业间的接口，统筹安排，紧密衔接。

二、杭绍台铁路施工任务安排与投资计划

（一）确定施工任务

根据项目工期要求，杭绍台铁路项目按照五个阶段安排施工任务，并分年度明确施工任务目标，同步统筹资源匹配情况，明确年度投资计划。

1．第一阶段

推进征迁等前期工作，为全面施工创造条件。项目公司配合地方政府完成征地拆迁任务，迅速开辟先行开工段、控制性工程地段、无建筑物地段的施工点，确保管线迁改、改河改路、大临工程、路基处理、桥梁下部、隧道、控制性工程顺利开工；落实营业线过渡施工方案；确定各连续梁和特殊孔跨桥梁的施工方案；确定特殊地质条件隧道的开挖掘进及支护方案；完成甲供物资招标和各项施工准备；与地方政府密切沟通，明确车站站房设计方案。

2．第二阶段

全面开展主体工程施工。在迁改满足施工的前提下，全面展开路基、桥涵、隧道施工以及隧道正洞、斜井工区施工；按期建成预制梁场并试生产取证验收；争取房建工程尽早开工建设；完成四电集成专业施工招标，四电施工进场配合土建接口施工。

3．第三阶段

集中力量开展架梁施工。根据工程特点，重点抓住大跨度连续梁施工，保证架梁通道上各连续梁和特殊孔跨按照架梁顺序的时间节点要求及时完成。推进控制工程和配套施工，全面完成桥梁下部工程、路基填筑、隧道工程的施工；架梁大型机械进场并检验合格；在满足精密测量和沉降观测要求后进行架梁作业；开展铺轨基地、外部电源、电气化施工、电力贯通线施工。

4．第四阶段

铺轨精调，组织站后施工。全面展开铺轨、房建、四电集成专业施工，完成牵引变电所、电力变电所、车站信号楼的房建施工，进行通信、电力、信号设备安装调试；完成外部电源引入、全线无砟道床轨道板铺设、全线铺轨施工和精调、桥面系、路基边坡防护、车站站场和站房、四电专业施工和调试、全线绿化施工。

5．第五阶段

静态验收，联调联试，运行试验。分专业进行检查和调试，纠缺整改，完成各项工程内业资料整理、归档和检查；整改合格后进行静态验收；静态验收合格后，进行联调联试和运行试验。

（二）安排年度资金[1]

按照各施工阶段推进需求，杭绍台铁路公司制订了2018—2021年项目年度施工任务目标，并在初步设计批复概算基础上，按照《杭绍台铁路PPP项目》总投资范围约定，剔除土地综合开发费用和动车组购置费，并经竞争性磋商报价建筑安装工程费用下浮8%后，总投资约为413.6亿元。项目公司按照此总投资规模制定年度投资计划，分别为86亿元、135亿元、130亿元和57.7亿元，并对资本金和项目融资匹配到位的节奏进行了安排，具体见下表。

杭绍台铁路2018—2021年年度投资计划表（单位：万元）

概算章节号	费用类别	2018年计划	2019年计划	2020年计划	2021年计划	合计
第一部分：静态投资		845251	1296627	1198564	523725	3912924
一	拆迁及征地费用	528211	400000	40000	21869	990080
二	建安工程费	253308	831068	1080312	346952	2511640
十一	其他费	71064	55054	60790	34411	221319

[1] 靳丽芳.杭绍台铁路工程建设投资控制的经验[J].铁路工程技术与经济.2022,37(3):6-9.

续表

概算章节号	费用类别	2018 年计划	2019 年计划	2020 年计划	2021 年计划	合计
十二	基本预备费	2978	20815	27773	138319	189885
第二部分：动态投资		14749	53373	101436	53156	222694
十四	建设期投资贷款利息	14749	53373	101436	50442	220000
十六	铺底流动资金	0	0	0	2694	2694
总投资		870310	1360310	1310311	594687	4135618

注：根据项目实施情况变化，上表仅为约数，并非实际计划数。

三、杭绍台铁路投资控制主要经验

（一）合理确定项目总投资规模控制线

杭绍台铁路PPP项目的投资控制的目标，有两种选择：一个是PPP项目合同投资范围数，另一个是项目初步设计概算批复数。从政府投资项目管理的角度来看，根据《政府投资条例》要求，项目投资控制的依据应是项目初步设计批复的投资规模。因此，为保证投资控制的基数一致，初步确定杭绍台项目投资控制的目标是项目静态投资总额线。

（二）客观分析个别分项超过PPP项目合同的原因并厘清支出责任

客观分析项目投资超支原因，有助于政府方和社会资本方划定投资承担责任，提前预期PPP项目回报调整机制的触发，落实对应的调整措施。比如政府方提出的投资增加部分应由政府方承担，而项目建设期利息等增加则应由项目公司承担。

（三）拆迁及征地费用由政府包干对项目投资控制极为重要

杭绍台铁路项目公司依据征迁包干协议，将征迁概算分期分批支付给沿线地方政府包干使用。在实际工作中，地方征迁发生的实际费用超支或结余，均由地方政府消化。地方政府征迁包干模式为项目公司执行投资计划提供了明确界面，减少了征迁费用变化对投资规模的影响，大幅降低了项目投资概算超支的概率。

供稿：杭绍台铁路有限公司　熊玮

69 “一次性招标”怎么实施？

2020年12月20日《国铁集团浙江省人民政府关于推进浙江铁路建设会谈纪要》（铁发改函〔2020〕584号），明确“在依法合规的前提下，协调推进甬舟铁路社会投资人与施工单位一次性招标”意见，浙江省发展改革委、中国铁路上海局集团有限公司、沪杭铁路客运专线股份有限公司共同开展甬舟铁路社会投资人与施工单位一次性招标依法合规性及可行性研究工作。本题以甬舟铁路PPP项目为例，探讨“一次性招标”的必要性。

一、“一次性招标”的背景

（一）甬舟铁路采用PPP模式实施，实施机构依规遴选社会投资人

根据浙江省政府批复的甬舟铁路PPP项目实施方案，明确项目采用BOT模式实施，项目实施机构——浙江省发展规划研究院按照PPP项目管理职责要求开展社会投资人采购，并在36年合作期内，代表政府方监督甬舟铁路PPP项目的投资、建设和运营。实施机构具有依法遴选社会投资人的职责，但不具备施工企业招标的发包和相应审查能力。

（二）甬舟铁路项目施工难度大，施工单位竞争性不足

根据甬舟铁路初步设计批复内容，甬舟铁路金塘海底隧道与西堠门公铁

合建桥梁“一桥一隧”控制性工程，具有施工难度大、项目技术复杂、施工工艺要求高的特点。按照传统招标方式，应由代建单位分标段招标相应的施工单位，但考虑到甬舟铁路施工难度特点，国内具有类似工程业绩的单位不多，且竞争性不足，存在潜在投标者不具备参与投标竞争能力的现象，因此在进行社会投资人与施工单位合作时，需要采取措施，使其达到参与投标竞争能力水平。

（三）“社会投资人”与“施工单位”身份叠加有助于项目建设顺利推进

甬舟铁路特殊的施工特点，对铁路领域的优势施工企业具有较大吸引力。“一次性招标”实现了“社会投资人”与“施工单位”的身份叠加，优势施工企业可按照专业所长、业绩特点，提出社会投资人联合体组建方案，在承担资本金出资责任的同时，承担对应工区的施工任务，能够充分发挥社会投资人资金运作优势，加速推进甬舟铁路项目建设进程。

二、“一次性招标”实施方案

（一）明确招标前置条件

主要考虑甬舟铁路项目的立项决策审批文件、PPP模式审批决策文件、建设管理模式审批文件、项目建设施工审批文件等完备程度，作为招标工作的前置要件。

（二）招标范围

实施机构和代建单位分别按照PPP项目招标要求和施工建设单位招标要求，明确各自的招标范围。同时考虑标段划分、投标标的设置等关键内容。

（三）资格审查及评标委员会组成方式

实施机构和代建单位分别按照PPP项目招标要求和施工建设单位招标中提出的资格审查和评标专家组成规定，依法合规选择专家组成评审委员会。

（四）评标办法

按照浙江省政府批复的实施方案确定招标评标办法，并根据社会投资人与施工单位一次性招标的实际情况，对PPP部分评分与施工部分分别设置评分标准、分值以及评分细则等。

（五）交易市场及招标监管机构

明确一次性招标的交易地以及招标监管主体和信息公开平台等信息。

供稿：靳丽芳

70 铁路PPP项目建设期绩效管理的重点是什么？

PPP项目绩效管理是政企合作方式的应有之义，也是确保财政资金发挥效益的重要手段之一。本题从杭绍台铁路PPP项目的绩效考核实践出发，分析PPP项目建设期绩效管理的重点并提出工作建议。

一、铁路PPP项目绩效管理特殊性

（一）关注考核对象的聚焦与广角

铁路PPP项目，兼有基础设施和PPP项目的特色，其涉及的相关方较多，既有传统意义上基础设施的提供者——政府，又有PPP模式下的社会资本方，还有使用设施的社会公众。本文的铁路PPP项目绩效管理要求从相关方关心的目标利益出发，对项目全生命周期的质量、安全、经济、社会、环境、技术及风险等进行全面的管理。在绩效管理主体的选择上，理论上既可以是政府部门也可以是项目实施机构或第三方咨询机构。我国的PPP管理机构一般基于政府角度开展绩效考核工作，引入相对独立的第三方参与或执行绩效考核，有助于提高公正性、可信性、专业性和说服力。在指标体系设计上，要求设计的指标体系能全面、客观反映项目各类相关人员的核心诉求与项目的实际情况。

（二）关注考核工作的时间点选取

铁路PPP项目建设周期一般较长，PPP项目各阶段建设的复杂性增加了项目管理的难度，较长的建设周期要求绩效管理指标体系要有延展性，不仅要考虑目前项目的建设情况，还要考虑未来建设内容的动态变化，以及其对绩效管理结果的影响。具体而言，由于铁路项目单体投资额巨大，若在年度核算完成后开展财政补助的支付，可能使实施机构无法及时掌握项目建设进展情况以及项目公司的经营管理情况，对于项目公司而言，由于绩效考核结果与实际获得补助之间存在较长周期，也可能导致公司出现现金流不足的风险。

（三）关注绩效考核指标测度难的实际

铁路项目运量大、效率高、乘坐方便，是解决城市交通拥堵问题的重要途径。作为典型的“强运营”行业，铁路项目实现高效优质的运营服务质量和运营安全等目标，主要依赖于项目公司精细化、专业化的运营管理和实施机构（行业主管部门）的良好监管共同合力。铁路PPP项目固有的初始投资规模巨大、运营服务内容繁杂且要求较高、运作模式多样化、财政补贴计价模式多样化等特点，对铁路PPP项目绩效管理考核指标的设计提出了更高要求，对实施机构履约监管带来挑战。

二、杭绍台铁路绩效考核的实践

按照PPP项目建设阶段的初始阶段、中间阶段和收尾阶段三个阶段划分，不同阶段的绩效考核侧重点也有差异。

（一）建设期初始：重点关注资金、征拆和履约机制建立情况

1．约束社会资本方及时缴纳项目资本金

在项目初期，部分联合体投资方对项目的投资回报缺乏信心，部分联合

体企业未如期缴纳资本金，根据合同条款，该行为属严重失信。建议及时采取失信联合惩戒措施，及时催缴资本金到位，否则将严重影响整体工期。

2．重视征地拆迁、三电迁改等关键事项

项目前期三电迁改滞后情况较为严重，由于沟通责任不明确导致沟通迟缓和不到位，同时电力部门配合不足，使项目总进度滞后3个月以上。按PPP合同该延期为政府方责任，初步测算本项目每延期一天，损失费用达近百万，需引起政府方高度重视，立即采取措施，加强沟通，尽快予以解决。

3．及时梳理PPP项目合同相关约定

根据《PPP项目合同》，很多事项乙方需要报请甲方书面批准或回复，如股东协议和公司章程、招标文件、进度计划、工程变更等。但由于项目推进时间紧、铁路项目管理流程等原因，部分事项未按约定完成书面审批。需实施机构会同项目公司全面梳理合同条款，及时补充完善，对一些实施时碰到的确有矛盾的条款，研究提出以补充协议等方式进行合理优化，确保项目整体推进。

（二）建设中期：重点关注重难点工程、投资控制和质量安全进展

1．破解工程堵点难点，确保项目工期进度

针对项目部分节点实际工期滞后问题，实施机构应联合项目公司积极协调堵点难点问题，及时与沿线政府及相关职能部门开展常态化的沟通协调；及时督促各参建单位采取管理、技术、经济等各项措施，进一步强化监督管理和统筹推进，确保项目质量、投资、进度可控，确保按时开通运营。

2．优化设计变更和概算调整，严控工程投资规模

为确保项目投资合理可控，项目公司要严格履行合同规定，厘清各类合同的范围和边界，认真梳理明确各合同主体相关风险。同时要严控设计变更，对确需变更部分实行严格的变更审核制度，尽快明确变更费用及其承担主体，做好与实施机构沟通确认，并及时上报。沿线政府及相关部门要针对相关政策处理费用，及时整合梳理，节省项目结算审计时间。

3．强化监管督促，确保工程质量安全底线

沿线政府及相关管理部门要及时做好站前广场等相关设计文件及施工方案衔接，为项目协作推进创造良好条件。实施机构继续通过绩效考核、现场检查等形式强化工程质量和安全管理。

（三）建设收尾期：重点关注质量监管、安全开通和结算准备等工作

1．强化工程质量监管

针对考核中发现的各类重复发生的质量问题，实施机构将持续跟踪整改落实情况，督促项目公司落实主体责任，强化制度执行和项目监管，针对多次发现的问题举一反三、全面排查，提升工程质量管理水平。

2．确保工程质量保开通

随着项目全面进入装饰装修及四电调试阶段，项目呈现作业面大，交叉作业多，参与工种及人员复杂，现场各类焊接及用电设备繁多，现场安全防范责任重大。在铁路建设收尾的关键时期，更需要项目公司积极主动协调工作，明确各参建单位的安全生产管理职责和应当采取的安全措施，并指定专职安全生产管理人员进行安全检查与协调，督促总包单位对各参建单位强化质量、安全检查，发现问题及时整改，杜绝质量安全隐患，为项目的正式落成并顺利运营打下坚实的基础。

3．加快协调促项目结算

建议各相关参与方尽早召开各方参与的专题协调会，明确项目变更范围及结算方式，为后续项目顺利结算打下良好基础。

供稿：浙江省工程咨询公司　卢璐

71 铁路站房特殊建设工程消防审查如何开展？

本题以湖杭铁路富阳西站特殊建设工程消防审查实践为例，分析站房特殊建设工程的审查依据和具体做法。

一、政策依据

消防审查的政策依据包括：《中华人民共和国消防法》（2019年版）；《铁路工程设计防火规范》TB 10063—2016；《建筑设计防火规范》（2018年版）GB 50016—2014；《建设工程消防设计审查验收管理暂行规定》（中华人民共和国住房和城乡建设部令第51号）；《住房和城乡建设部 应急管理部关于做好移交承接建设工程消防设计审查验收职责的通知》（建科函〔2019〕52号）。

二、特殊建设工程的内容

（一）内容界定的有关规定

根据《建设工程消防设计审查验收管理暂行规定》第十四条，具有下列情形之一的建设工程是特殊建设工程：

（1）总建筑面积大于20000平方米的体育场馆、会堂，公共展览馆、博物馆的展示厅；

（2）总建筑面积大于15000平方米的民用机场航站楼、客运车站候车室、客运码头候船厅；

（3）总建筑面积大于10000平方米的宾馆、饭店、商场、市场；

（4）总建筑面积大于2500平方米的影剧院，公共图书馆的阅览室，营业性室内健身、休闲场馆，医院的门诊楼，大学的教学楼、图书馆、食堂，劳动密集型企业的生产加工车间，寺庙、教堂；

（5）总建筑面积大于1000平方米的托儿所、幼儿园的儿童用房，儿童游乐厅等室内儿童活动场所，养老院、福利院，医院、疗养院的病房楼，中小学校的教学楼、图书馆、食堂，学校的集体宿舍，劳动密集型企业的员工集体宿舍；

（6）总建筑面积大于500平方米的歌舞厅、录像厅、放映厅、卡拉OK厅、夜总会、游艺厅、桑拿浴室、网吧、酒吧，具有娱乐功能的餐馆、茶馆、咖啡厅；

（7）国家工程建设消防技术标准规定的一类高层住宅建筑；

（8）城市轨道交通、隧道工程，大型发电、变配电工程；

（9）生产、储存、装卸易燃易爆危险物品的工厂、仓库和专用车站、码头，易燃易爆气体和液体的充装站、供应站、调压站；

（10）国家机关办公楼、电力调度楼、电信楼、邮政楼、防灾指挥调度楼、广播电视楼、档案楼；

（11）设有本条第一项至第六项所列情形的建设工程；

（12）本条第十项、第十一项规定以外的单体建筑面积大于40000平方米或者建筑高度超过50米的公共建筑。

（二）审查验收的有关规定

1.《中华人民共和国消防法》规定

国务院住房和城乡建设主管部门规定的特殊建设工程，建设单位应当将消防设计文件报送住房和城乡建设主管部门审查，住房和城乡建设主管部门依法对审查的结果负责。

特殊建设工程未经消防设计审查或者审查不合格的，建设单位、施工单位不得施工。

国务院住房和城乡建设主管部门规定应当申请消防验收的建设工程竣工，建设单位应当向住房和城乡建设主管部门申请消防验收。

依法应当进行消防验收的建设工程，未经消防验收或者消防验收不合格的，禁止投入使用。

2.《建设工程消防设计审查验收管理暂行规定》规定

特殊建设工程的建设单位应当向消防设计审查验收主管部门申请消防设计审查，消防设计审查验收主管部门依法对审查的结果负责。特殊建设工程未经消防设计审查或者审查不合格的，建设单位、施工单位不得施工。

对于申请消防设计审查需要提交的材料规定如下：

“第十六条　建设单位申请消防设计审查，应当提交下列材料：

（一）消防设计审查申请表；（二）消防设计文件；（三）依法需要办理建设工程规划许可的，应当提交建设工程规划许可文件；（四）依法需要批准的临时性建筑，应当提交批准文件。

第十七条　特殊建设工程具有下列情形之一的，建设单位除提交本规定第十六条所列材料外，还应当同时提交特殊消防设计技术资料：

（一）国家工程建设消防技术标准没有规定的；（二）消防设计文件拟采用的新技术、新工艺、新材料不符合国家工程建设消防技术标准规定的；（三）因保护利用历史建筑、历史文化街区需要，确实无法满足国家工程建设消防技术标准要求的。前款所称特殊消防设计技术资料，应当包括特殊消防设计文件，以及两个以上有关的应用实例、产品说明等资料。特殊消防设计涉及采用国际标准或者境外工程建设消防技术标准的，还应当提供相应的中文文本。”

三、湖杭铁路富阳西站消防审查实践

（一）基本情况

湖杭铁路富阳西站为新建旅客车站，站房为线侧下式站房，设计最高集聚人数为800人，总建筑面积38797.6平方米，其中地下一层为架空层，建筑面积18809.27平方米；架空层以上站房主体一层，两侧局部三层，建筑高度23.96m，建筑面积19988.33平方米。根据住房和城乡建设部颁布的《建设工程消防设计审查验收管理暂行规定》第十四条规定，富阳西站站房属于特殊建设工程，需进行消防设计审查。

根据消防设计方案，富阳西站站房的一层集散厅、候车厅与二层上下连通，防火分区面积为12628.97平方米，不满足《铁路工程设计防火规范》TB 10063—2016第6.1.2条规定；一层站房通廊部分区域疏散距离大于30.0m，不满足《建筑设计防火规范》（2018年版）GB 50016—2014要求，需运用消防安全工程学的方法和手段，对超规范部分开展特殊消防设计工作。因此，该项目设计文件中出现了“拟采用的新技术、新工艺、新材料不符合国家工程建设消防技术标准规定的”特殊情形，需要按照《建设工程消防设计审查验收管理暂行规定》第十七条规定，提交特殊消防设计文件，以及两个以上有关的应用实例、产品说明等资料。

（二）分歧焦点

2019年前，铁路站房消防设计审查工作由铁路公安消防管理部门负责。2019年4月23日，国家颁布《中华人民共和国消防法》（2019年修订），同年，《住房和城乡建设部 应急管理部关于做好移交承接建设工程消防设计审查验收职责的通知》（建科函〔2019〕52号），均明确建设工程消防设计审核验收职责由住房和城乡建设主管部门承担。2020年4月1日，住房和城乡建设部颁布了《建设工程消防设计审查验收管理暂行规定》，明确由县级以上地方人民政府住房和城乡建设主管部门依职责承担本行政区域内建设工程的消防设计审查、消防验收、备案和抽查工作。

湖杭铁路项目公司按照相关要求向杭州市住房和城乡建设部门提交富阳西站站房消防设计申请审查，并对照《建设工程消防设计审查验收管理暂行规定》的十四条、十七条规定，要求建设单位组织施工图设计和特殊消防设计单位，找出相关实践借鉴或国际标准规范的参考依据，并修改施工图设计以满足规范要求，否则不予受理消防设计审查。

湖杭铁路项目公司组织站房设计和特殊消防设计单位研讨方案，提出富阳西站消防设计中出现的新技术、新工艺、新材料等适用情形，在国内已非常成熟，无须提供国际标准或者境外工程建设消防技术标准作为依据。

（三）协调过程

2020年10月，湖杭铁路项目公司向杭州市属地建设管理部门汇报项目进展，明确由浙江某施工图审查中心进行施工图审查；委托上海某公司开展特殊消防设计。同年12月，湖杭公司咨询省内有关消防方面的专家以求解决方法，借鉴宁波会展中心项目的经验做法，先委托专业咨询机构开展特殊消防设计国际规范对标分析，后在设计中采用国际标准或者境外工程建设消防技术标准并通过特殊消防设计审查。湖杭铁路项目公司后通过市场委托方式，委托某工程咨询公司开展特殊消防设计国际规范对标分析。

2021年1月，杭州市属地建设管理部门明确了本项目召开特殊消防设计专家论证会的流程，提请省级建设管理部门组织召开特殊消防设计专家论证会。1月20日，特殊消防设计专家论证会顺利召开，方案通过论证。

（四）主要经验

铁路站房消防设计审查是站房工程施工图批复的前置条件，为保证消防设计审查顺利通过，需要进行大量协调工作。首先施工图设计时要符合《铁路工程设计防火规范》TB 10063—2016和《建筑设计防火规范》（2018年版）GB 50016—2014的规定要求；同时，需根据《建设工程消防设计审查验收管理暂行规定》的要求，做好相关技术措施的保障，并提前与杭州市住房和城乡建设部门沟通协调，争取其支持，稳妥推进特殊建筑工程的消防审查工作。

供稿：湖杭铁路有限公司

72 铁路项目取弃土场如何安排？

本题以杭温铁路项目取土场实践，总结铁路项目取弃土场安排的经验。

一、铁路项目取弃土场的要求

（一）取弃土场环境要求

在明确隧道岩性的基础上加大弃渣的自身消纳量，取土应尽量利用当地工程建设的弃方或河道取土（但应明确河道主管部门的意见）；取、弃土场不能占用基本农田，尽量少占耕地，不得设置在水源保护区、风景名胜区、自然保护区。路基工程、隧道工程等自身土石方不能平衡，需另建取弃土(渣）场。

这些场地施工要改变土地利用现状，改变局部生境的功能和过程，特别注意不要占用基本农田、占用生态敏感区域（如繁殖地、育幼地、主要觅食区域、野生动物饮水区和汇水区域、居民点上游、生态用水区域、易诱发荒漠化区域等等）。根据不同的渣、土类型和条件，采取土地整治工程，整平覆土、植树种草、恢复植被。

（二）取弃土场选址步骤

（1）估算出全线土方数量地形地貌，初步估算需要选择取弃土场的面积。

（2）初步划分可能的施工区段，对填料进行调配，尽量不要跨越区段进行调配。

（3）与相关专业结合，收集基本农田及城镇规划，当地环境敏感点。

（4）将收集到的基本农田分布范围、环境敏感点、城镇规划与1∶10000地形图叠加。在图上结合地质，选取可以作为取土场的高岗地，可以作为弃土场的沟谷地。初定取土场位置后，叠加最新卫星影像图，核查取土场区域房屋及构筑物分布情况，进一步筛选取弃土场。

（5）对于选定的取弃土场，交由地质进行核查，选定是否可以作为取土场及弃土场。

（6）在经过上述几轮筛选及确认后，可以初步确定取弃土场设置的合理性。此时同自然资源部门联系，根据其要求，向自然资源部门提供需要资料，请示自然资源部门复核土地用地性质及是否可作为临时征地使用。

（7）经自然资源部门认可的取弃土场，签订协议，并交由地质专业对其进行钻探。调查其土质并取样进行相关试验。

对于调查中发现存在石质或淤泥等不适宜取土的情况，及时调整补充新取土场，确保取土总量满足使用需求[1]。

二、杭温铁路项目取弃土场的实践

（一）基本情况

杭温铁路项目义乌段共涉及弃土120万立方米，因义乌市境内无处消纳弃土，只能设置弃土场进行弃土存放。在杭温铁路项目的概算批复中，弃土场的费用和用地按照临时用地归类处理。但实际情况中，弃土场不等同于弃渣场，堆存的土无法通过市场化手段拍卖，只能采取永久堆存方式。属地规划和自然资源部门在进行审批时，也对取弃土场的“永久使用”提出异议。

[1] 时兴隆.南玉铁路取弃土场选址探讨［J］.四川建材，2020,（46）12：177-178.

（二）分歧焦点

弃土场的实际投资与项目初步设计概算批复存在较大差异，事实上未留足相关处理费用。同时，设计文件将弃土场按照临时用地设计，增加了地方规划和自然资源部门的审批难度。

（三）协调过程

2020年8月，浙江省铁路建设推进攻坚专班召开杭温铁路全线迁改协调会，要求属地政府加大投入解决弃土场问题；明确弃土场政策处理增加费用由地方政府解决，列入纪要执行。12月，地方完成征收并交地使用。

（四）经验总结

在弃土场的设计上，应考虑当地的实际情况，有地方规划的，与规划相结合统筹使用，相对节约土地以及转运费用；没有地方规划的，前期设计中应直接将所属弃土场列入永久用地中，避免审批临时用地过程中难以操作落地。

供稿：王畅

73 存量铁路资产盘活的国铁实践案例有哪些？

中国铁路上海局集团有限公司（以下简称“国铁上海局集团”）的企业资产总量约为8770亿元，负责管理的铁路资产约1.62万亿元，即约8000亿元的铁路资产涉及受托管理，主要为路方和地方政府设立的合资公司的资产。随着资产规模和路网扩大，铁路面临的还本付息和经营压力增大，全国铁路资产负债率约为66%。这种形势下，探索铁路资产盘活变现是铁路的一个重要课题。本题梳理了中国铁路上海局集团有限公司的存量铁路盘活项目案例。[1]

一、南京安德门铁路货场改造

（一）资产情况

南京安德门铁路货场占地336亩，性质为划拨土地，用途为铁路自有货场；位置紧邻主干道，配套资源丰富；该货场功能性萎缩后，通过与地方企业合作的方式，在货场内建设了多个建材市场，但建材市场现已陆续关停。

（二）项目模式

政府整体规划后，该地块由政府整理收储。国铁上海局集团下属子企业，

[1] 本内容摘自中国铁路上海局集团有限公司总法律顾问何广山的发言材料《铁路资产的盘活实务》。

上海铁路房地产开发经营有限公司通过招商方式从政府手里获得该地块，自行开发中高端社区；配套公共基础设施（小学、道路等）与楼盘同步建设实施，建成后无偿移交给政府。

（三）项目情况

安德门货场铁路土地综合开发项目由上海铁路房地产开发经营有限公司（中铁地产南京安德门货场地块铁路土地综合开发项目部）投资，整体项目分三期建设，2019年3月摘牌获取土地，最晚一期预计2024年10月交付。

二、艮山门动车所上盖综合开发

艮山门动车所上盖综合开发项目是全国首例既有动车所上盖开发项目。

（一）资产情况

国铁上海局集团既有动车所位于杭州传统市区核心板块地块，两侧城市交通路网割裂，周围工业遗存，界面老旧。

（二）项目模式

通过路地合作，招商引入大股东合资，即引入开发经验和市场化运作程度较高的企业作为大股东与铁路方成立合资公司；摘牌拿地开发上盖物业，并操盘项目二级开发，最终目标为打造交通便利、配套齐全、场景丰富（如涵盖教育、智慧服务、轨道交通等）的快线引领超级TOD集群，以改善城市中心界面和周边交通环境，提升城市品质。

（三）项目情况

杭州艮山门动车运用所上盖空间开发项目由中国铁路上海局集团有限公司（动车所改扩建由杭州铁路枢纽指挥部负责，上盖板部分由艮山门上盖指挥部负责）。上盖综合开发工程总体划分新建存车场、拆建存车场，盖板工程，二级开发等盖下、盖板、盖上三层共4个项目，总投资约80亿元，总建设周期6～7年。周边住宅用地楼面地价3万以上，上盖开发完成后，总土地价值超160亿元。该项目是全国首个将动车所上盖并采取综合立体开发的项目，具有创新、示范和引领作用，跨出了铁路与城市融合的第一步，对探索铁路站场地区改造更新具有重要的研究价值 。该项目探索实践用地分层设权，用地规划根据0米层、9.8米层和16.3米层分层设权，比原控规增加了13公顷绿地。正线控制区上方规划开放空间和预留消防道路。公共交通导向，规划通过近期增设过境干路、提倡公交社区，远期预留地铁站点，以及交通模型前后对比分析，满足区域通过型交通和基地到发型交通需求。

三、杭州西站站房屋顶光伏发电

杭州西站站房屋顶光伏发电项目是全国首例铁路站房雨棚上盖开发项目。

（一）资产情况

杭州西站是杭州市第二大综合交通枢纽，站场总规模11台20线，面积10万平方米。屋顶单晶硅光伏组件铺设面积达1.5万平方米，年发电量231万千瓦时，减少碳排放2300余吨 。

（二）项目模式

由国铁上海局集团下属的浙江铁道发展集团自主建设运营；与杭州西站同步设计、同步施工、同步并网发电；发电供车站运营。

（三）项目情况

杭州西站光伏发电项目由浙江铁道发展集团有限公司（国铁上海局集团下属企业）投资，主要用于杭州西站站内空调、照明、电梯、广告和商业等设施设备用电。该项目是国铁上海局集团管内首个由铁路所属企业实施全生命周期开发，并与高铁车站同步设计、同步施工、同步并网发电的新能源开发项目，自2021年9月2日国铁上海局集团召开专题会议进行研究，到9月22日正式并网发电，克服了新冠疫情、工期紧张等因素，采用了目前光电转换效率最佳的单晶硅光伏组件和变压设备提升光伏电能质量，“自发自用、余电上网”的模式能够为车站提供绿色、清洁能源的同时，大幅降低车站运营成本。

供稿：何雨佳

74 全国民营控股高铁有哪些创新做法？

杭台高铁是国家发展改革委首批8个社会资本投资铁路示范项目之一，是“两个毫不动摇”背景下民营资本投资建设铁路标志性项目，在中国铁路改革发展史上具有重要里程碑意义。杭台高铁载入《党的十八大以来大事记》，亮相“奋进新时代”主题成就展和国家版本馆，入选央视政论片《将改革进行到底》等多个示范案例，得到国家部委及社会各界高度关注。本题主要总结杭台高铁项目的五个方面创新亮点[1]。

一、铁路投融资体制机制改革创新

杭台高铁是民营资本以PPP模式进入铁路领域的示范案例，构建民营资本控股，政府方、国铁集团参股的创新型股权架构，建立“使用者付费+可行性缺口补助”的动态回报机制及边界清晰的风险共担机制，大幅减轻政府方一次性资金投入压力，在股权合作、收益回报、风险共担等方面创新机制设计，取得预期成效。

[1] 汪东，靳丽芳，徐斌.杭绍台铁路PPP项目投融资体制与建设管理模式改革创新实践[J].中国工程咨询，2022(5)：25-28.

二、铁路“PPP+EPC”建设管理模式创新

作为首批 EPC 模式建设的高铁项目，杭台高铁在管理架构、投资控制、资金保障、接轨国铁、竣工验收等方面持续创新，破解了民营资本投资建设铁路面临的首个取消还贷电价之后外部电源建设问题、首个取土场按矿产处理问题、首个接轨国铁补偿处理问题、首个中国铁路上海局集团有限公司“非控股非代建”项目竣工验收问题，相关经验做法具有“先行先试”的重要示范和借鉴意义。

三、民营资本铁路运营管理机制创新

发挥民营资本优势，通过新媒体渠道和线上线下宣传、“高铁+景区”联票、工会疗休养互动等多种方式，联动沿线政府组织客流。组建专业运营团队，主动对接中国铁路上海局集团有限公司，实现开行对数稳步提升，同步开展多元经济开发。实施机构创新可行性缺口补助管理和绩效考核模式，持续推动运营期改革创新。

四、铁路全过程工程咨询管理创新

选定咨询服务类事业单位承担PPP项目实施机构，从PPP项目识别、准备、采购、执行和移交全生命周期，提供跨投资决策执行、工程建设、项目运营三个阶段智力技术支撑和服务保障，探索出PPP项目全生命周期咨询管理经验做法，出版首本铁路PPP领域著作。

五、推进机制和组织模式创新实践

杭台高铁从2015年开始谋划，至2021年具备通车条件，历时6年，浙江

省委、省政府领导亲自部署、亲自推动，浙江省发展改革委牵头成立铁路专班，财政、自然资源、生态环境等省级部门、实施机构、项目公司及EPC工程总承包单位、设计单位，及沿线地方政府齐心协力，克难攻坚、高效协同，确保项目如期建成。

首条民营控股高铁已建成运营并持续发挥效益，但在现行的铁路体制机制下，“民营资本+政府补贴”模式无法解决项目本身的可持续发展问题，但铁路投融资体制机制改革仍然在路上，接续创新仍然任重道远，行业壁垒仍然需要破解。

供稿：祝诗蓓

75 全国首个双层高集装箱运输线路有哪些创新做法？

铁路双层高集装箱运输是未来铁路集装箱运输的发展方向，能够提高运输能力、方便运输管理。金甬铁路是全国首个双层高集装箱运输线路试点，将进一步提升宁波舟山港后方集疏运能力。本题从地方推进项目实施、落实关键运输条件变更重大协调工作角度，总结创新经验做法。

一、我国双层集装箱运输通道情况

随着箱量的快速增长，线路运输能力日趋饱和，正在成为制约我国海铁联运进一步发展的瓶颈。双层集装箱运输模式，相较普通的单层货运列车，运量可提高30%以上，可有效降低物流成本，对于破解海铁联运发展难题，推进运输结构转型，具有十分重要的意义[1]。为推进我国铁路双层集装箱运输的发展，原中国铁路总公司制定了《铁路双层集装箱运输管理办法》（铁总货〔2018〕188号），明确了双层集装箱运输的有关标准。经多年建设，我国已形成长度约1.3万公里的路网规模，覆盖了华北、华东、西北等地区主要线路，但双层集装箱运输至今未全面展开，主要原因是我国区域经济特点差异大，集

[1] 中国航务周刊.叠叠乐来了[EB/OL].（2020-12-04）[2023-07-21]. https://www.sohu.com/a/436346853_265147.

装箱箱型不均衡，往返货物、内外货物运输匹配困难[1]。

2020年11月，交通运输部发布《关于宁波市开展双层集装箱海铁联运创新等交通强国建设试点工作的意见》，明确指出探索推动金甬铁路按双层高箱标准完成设计和变更。金甬铁路需对原批复设计进行变更，以满足双层集装箱运输设计要求。

二、金甬铁路项目情况

金甬铁路东起甬台温铁路云龙站，途经宁波市、绍兴市，向西终至沪昆铁路金华市义乌站，新建正线全长约188.3公里，全线设云龙、奉化、溪口、新昌、嵊州、南山湖、虎鹿、东阳、苏溪9个车站，设计时速160公里，预留200公里时速条件，为双线客货共线的Ⅰ级电气化铁路。全线于2019年10月开工建设，计划建设工期为4年。

金甬铁路是贯彻实施长三角一体化发展国家战略和“一带一路”建设的重要节点工程，也是国内首个双层高箱集装箱运输试点线路、宁波舟山港便捷的战略疏港通道。建成运营后，将实现世界小商品之都义乌与宁波舟山港的互联互通，有效满足沿线地区客货运需求，对促进浙江省更快融入“一带一路”，助推沿线经济社会发展等具有重要意义[2]。

三、金角双层集装箱设计变更协调

（一）金甬铁路原设计情况

在建金华至宁波铁路衔接金华、义乌地区与宁波地区，该项目可行性研

[1] 施攀．铁路双层高集装箱运输通道规划方案［J］．中国铁路，2023（5）：52-57.

[2] 新民晚报．国内首条可通行双层高箱集装箱铁路——金甬铁路全线隧道全部贯通 [EB/OL].（2023-03-20）[2023-07-21].https://baijiahao.baidu.com/s?id=1760844423312464117&wfr=spider&for=pc.

究批复建设标准为设计时速160公里，预留提速条件，满足双层集装箱运输要求。按原双层集装箱限界，开行双箱需搭配低箱（高度2591毫米）。目前，金华、义乌地区至宁波港区集装箱中高箱（高度2896毫米）占比90%以上，受配箱的限制，原批复设计的双层集装箱限界与市场需求不匹配，无法组织双层集装箱运输。宁波舟山港作为世界第一大港，义乌作为知名的国际陆港，两地之间集装箱运输需求巨大，据初步预测，2025年、2030年、2040年义乌地区通过宁波舟山港集装箱出口量将达到188万TEU、227万TEU、263万TEU。义乌地区货源以小商品为主，目前货物装载所用集装箱超过95%为40英尺高箱，大部分通过公路方式运输，对于双层集装箱运输需求十分旺盛。

（二）设计变更的难点问题

目前，我国主要干线铁路已基本实现电气化，根据金甬铁路可行性研究批复（铁总计统函〔2016〕981号），项目建设标准为Ⅰ级、双线、电气化，满足双层集装箱运输条件。若要实现双层高集装箱运输，从建设和运输组织角度看，还需解决以下五方面问题：

1．限界问题

双层高集装箱运输限界与普通双层集装箱运输限界相比，差异主要体现在高度上，根据中国铁道科学研究院集团有限公司铁道建筑研究所出具的《甬金线开行双高箱集装箱建筑限界适应性分析报告》，双层高集装箱运输限界高度需在《铁路技术管理规程（普速铁路部分）》TG/01A—2017中规定的普通双层集装箱运输限界基础上增加305毫米，既有线改造难度大。

2．受电弓接触网导线高度适应性问题

普通线路接触网最低导线高度不低于6330毫米，一般导线高度为6450毫米。如采用双层高集装箱运输，最低导线高度不低于6635mm，一般导线高度为6755mm。因此需要进一步研究机车、动车组受电弓工作高度与双层高集装箱运输接触网导线高度的适应性。

3．载重问题

现有双层集装箱专用平车（X2H、X2K）最大载重78吨，目前我国20英尺箱货源多为原材料性质的重质货物，下层2个20英尺箱一般能够满载，总重基本上可达60吨左右，上层40英尺仅可装15吨以下的轻浮货物。在考虑箱型、重量搭配时，2个20英尺箱的重量差不得超过10吨，重车重心高度不能超过2400毫米。为解决配载要求高的问题，适应双层高集装箱运输要求，需要研究新型双高运输专用平车。

4．限速问题

根据《铁路双层集装箱运输管理办法》（铁总货〔2018〕188号）规定，双层集装箱车的重车重心高度应限制在2400毫米以内，最大运行速度不超过120公里/小时。根据《铁路货物装载加固规则》（铁总运〔2015〕296号）要求，重车重心高度超过2000毫米时应限速运行，运行限速30～50公里/小时。初步研究，双层高集装箱装载重心高度为2525毫米，需限速运行，运行限速40公里/小时，对线路通过能力和运输组织影响较大。

5．运输问题

一是暂时无法实现义乌西至宁波港全线双层高集装箱贯通。目前宁波港口支线限界条件已完成改造，可以满足双高运输条件，但沪昆铁路义乌至义乌西由于存在4座隧道、2处跨线桥，限界暂时无法满足双层高集装箱运输要求。二是跨线运行车辆运输问题有待研究。按照金甬铁路可行性研究批复的行车组织方案，金甬线上大部分客货列车、动车为跨线车，能否在现行标准及双高标准两种线路条件下运行，有待进一步研究论证。

（三）设计变更协调过程

金甬铁路设计变更主要涉及国铁集团、中国铁路上海局集团有限公司等单位。铁路项目初步设计审批单位委托设计单位开展金甬铁路双层高集装箱变更设计研究并报国铁集团审查。经国铁集团审批同意，金甬铁路作为双层高集装箱运输试点推进技术方案和相关工程I类变更设计审批工作。2020年10月，国铁集团正式批复金甬铁路项目按照双高集装箱运输条件加快建设推进。

四、有关经验

（一）顺应趋势，满足区域经济发展的现实需求

双层高集装箱运输是未来铁路运输发展的趋势，若要实现双层高集装箱运输，需从建设和运输组织角度看综合来考虑，为类似的变更提供样板。

（二）尽早谋划，提前布局，提高铁路项目投资效益

减少不确定因素，防止出现不合理的重复建设，减少废弃工程，减少不必要的损失，要突出规划的宏观性、战略性、政策性，注重规划的连续性、动态性。

供稿：金甬铁路有限公司魏高强

76 铁路项目公司如何积极争取路局运营排图支持？

列车运行图是开展铁路运输、保障行车安全、合理组织车流的综合性计划，是铁路运输组织工作的基础，在运输生产中发挥着重要作用。科学合理的编制列车运行图能快速适应市场需求，提高运输能力、效率和效益。本题以杭绍台铁路为例，总结公司争取路局排图支持的经验。

一、做好沿线调查，摸清旅客出行规律

杭台高铁地处浙江东部，是杭州都市圈和温台都市圈的快速通道，构筑了浙江“1小时交通圈”。杭台高铁的开通为沿线地方人民群众带来了新的出行选择。鉴于高铁开通初期，旅客和开行的列车数量均较低，为了更好地掌握旅客出行规律，也为开行更多列车提供数据支撑，杭绍台铁路有限公司团队通过添乘、调研等多种方式对沿线客流构成、客流流向和客流流时进行摸底，从而发现相关规律，适时向路方提出列车开行优化方案。

二、协调地方政府，加强车站交通配套

高铁车站作为最便捷的交通枢纽，是带动经济发展的“高速带”，高铁车站周边的公共配套设施完善将有助于旅客优先选择铁路出行。通过与地方政府

对接，一是加快推进车站周边路网完善，有效缓解车站周边区域交通压力，缩短通行时间；二是完善公交地铁等城市公共交通的覆盖面，尽量全城通达；三是合理规划网约车、出租车等上下客路段，在保证交通畅通的前提下最大程度方便旅客出行；四是做好社会停车场的管理和引导等工作。

三、加大宣传力度，引导旅客铁路出行

浙江省作为发达省份，高速公路网高度发达，虽然高铁出行是公认的绿色低碳环保高效的交通方式，但是在短途出行方面仍与高速公路存在强竞争关系。在开通初期，通过加大宣传力度来培育客流，可以使沿线地方人民群众优先选择高铁出行，潜移默化把高铁出行变成一种惯性选择。为了强化宣传效果提高旅客黏性，一是通过与地方文旅部门联动，举办凭高铁票打折游景区等系列活动；二是通过抖音、微信等官方平台定期发布铁路相关动态及沿线地方景点信息；三是通过免费停车或者打折停车的方式节约人民群众铁路出行成本；四是通过提高车站服务质量满足旅客多元化需求；五是通过丰富车站商业业态打造站城一体化深度融合。

四、积极协调路方，力争取得排图支持

高铁列车基本运行图调整一般一年四次，即每个季度一次。在每次基本运行图调图前，及时跟进调图计划，通过前期统计的相关客流数据及沿线地方政府及人民群众的诉求，实时与路局相关部门对接反馈，并提出建议的跨线列车开行方案以供决策，必要时向国铁集团相关部门汇报列车开行需求，争取国铁集团相关部门支持。在基本运行图调整完成后，视客流增长趋势主动联系铁路局相关部门，积极联动争取临时调整运行图开行临客列车。

供稿：杭绍台铁路有限公司　谢辉

创新篇

CHUANGXIN PIAN

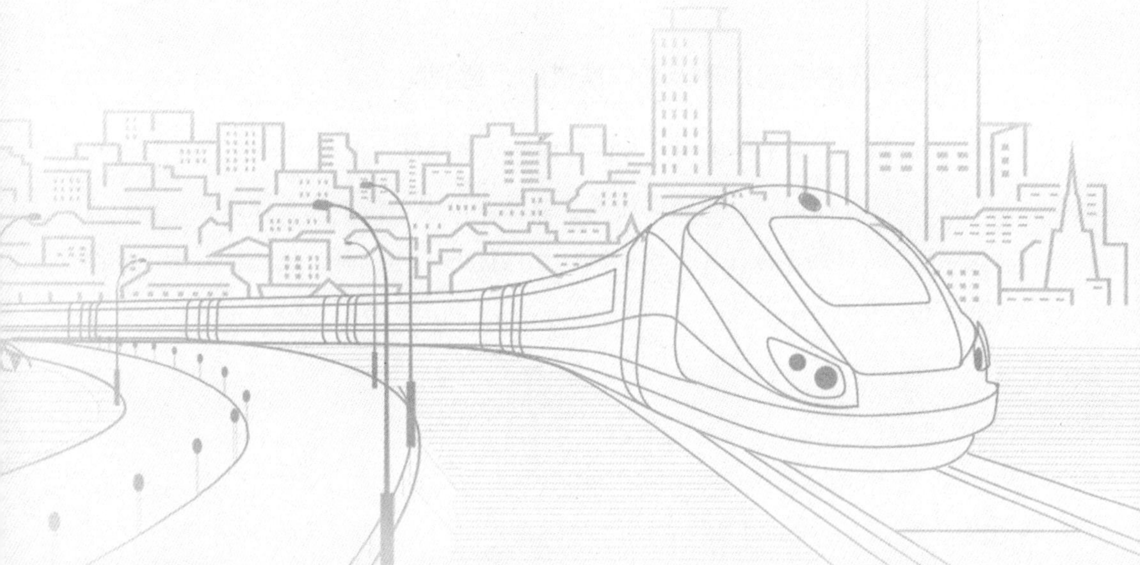

77 铁路建设推进攻坚专班如何运转？

浙江省铁路建设推进攻坚专班（以下简称“专班”）于2019年11月组建，至今已轮转至第四轮。本题主要介绍专班工作宗旨及运转机制。

一、专班工作情况

2019年11月，经时任浙江省省长袁家军省长、常务副省长冯飞同意，在浙江省委领导关心支持下，浙江省发展改革委牵头组建了浙江省铁路专班。成立以来，铁路专班按照“一线一专人跟踪协调，一周一例会对标推进，一月一汇总建账销账，挂图作战统一指挥，突出问题集中攻关”总体思路，突出建章打基础，破难促建设，创新增动能，育人强队伍，各项工作取得积极成效。

（一）强化机制，升级工作推进的“驾驶舱”

先后制订专班工作机制、专班管理办法等制度，形成“一图三表”（工作统筹图、任务计划表、问题责任表、结果评价表）清单化工作方法，推行日“晾晒”、周对标、月评比、季交流、年评优的工作机制，进一步凝聚了铁路建设合力。

（二）盯重点，担当消解问题的“催化剂”

依托专班力量，铁路建设协调推进工作进一步下沉、延伸，对促进信息对称，排除一般矛盾，发现关键问题起到积极作用。

（三）谋变革，争创铁路建设的“新局面”

推动《浙江省铁路建设土地和房屋征收安置工作实施办法（试行）》《关于规范和保障民用爆炸物品储存库设置护航重大项目建设的通知》等文件印发，取得国家发展改革委关于铁路外部电源建设事宜支持意见，征地拆迁、火工品保障、外部电源建设等普遍性问题得到有效解决。印发《浙江省铁路建设数字化征迁指导意见》，完成铁路建设数字征迁管理平台1.0版开发、应用培训和全面试用，衢丽铁路二期全国首创铁路项目全过程工程咨询探索实践。

（四）育人才，打造上下齐心的“主力军”

累计组织铁路建设专家授课44节，组织内部研讨、经验交流、答疑解惑等80余次，派遣专班成员开展实地调研学习、参与项目建设单位协调工作等60余次，为统一省市县思想、建强全省铁路系统队伍起到积极作用。浙江省发展规划研究院在办公、后勤等方面给予大力支持，确保了专班日常运作高效、规范。

二、专班工作机制

根据《专班管理办法》，专班的主要职责是：配合做好委基综办、委基础处和院铁路PPP实施机构涉及铁路建设推进工作。攻坚专班由浙江省发展改革委、省发展规划研究院铁路建设相关负责人和省级有关单位、各设区市选派业务骨干组成，选派人员实施轮换制，期限1年、到期轮换。

专班工作机制分为日常工作、学习交流两个部分：

（一）日常工作

按照工作项目化、项目清单化、清单责任化，形成“一线一专人跟踪协调，一线一钉群跟踪到底，一周一例会对标推进，支部会议汇报工作总结及思路。一月一汇总建账销账，挂图作战统一指挥，突出问题集中攻关”日常工作机制。

1．统分结合科学分工

攻坚专班建立“一线一专人”负责制和专项小组负责制，其中，专线负责人应建立专线“钉钉群”，实时掌握联系项目全面情况，及时做好沿线地方和参建各方的沟通衔接，推动解决项目建设问题；专项小组结合工作需要由专班会议讨论组建，组长对本组工作负责，组员应积极配合组长工作，落实组长交办事项。

2．推行例会强化统筹

攻坚专班每周一下午召开专班周例会，总结上周工作，研究矛盾问题，制定本周计划，明确责任目标。每月第一周例会总结上月工作进展，通报全省铁路建设动态，研究确定月度工作计划，制订重点、难点问题解决办法和进度目标。

3．清单推进节点管控

专线负责人于年初结合全省铁路建设年度工作计划，编制联系项目建设推进的作战图，区分维度明细工作、时间节点，落实问题责任到人，按期督促推进，及时请示预警，为铁路建设管理清单化、精细化、实时化提供支撑。

4．加强“晾晒”营造氛围

推行铁路建设“钉群动态晾晒”、月度指数评价排序、攻坚协调单跟踪通报等机制，浙江省发展改革委内部刊物上每季至少刊发一期铁路建设动态，各项目重大进展情况及时向委办报送信息，积极争取省领导批示。各项目动态信息由专线负责人及时报送，由院铁路PPP研究所做好信息筛选和统编、报送工作。

5．重大问题逐级协调

攻坚专班对项目建设重大攻坚问题协调负协调推进责任，严肃逐级协调上报机制，协调原则上由项目建设单位牵头，事项协调严格按照县（市、区）、设区市、省逐级协调推进解决。重大问题协调事项由专线负责人跟踪记录汇总协调情况，动态进展及时做好请示报告。

（二）学习交流

攻坚专班坚持用人与育人相统一，按照“边干边学、学以致用”的原则，科学谋划专班成员能力培养，不断夯实全省铁路建设基础队伍支撑。

1．落实基础理论培训

专班成员轮换初期，借助驻省铁路设计研究院、铁路工程建设管理机构专业优势，开展涵盖铁路项目规划、项目审批、土地报批、PPP模式、投融资、征地拆迁、工程建设、跟踪审计等内容的高密度专家授课辅导，夯实专班成员理论基础。

2．建立交流互学机制

每年分阶段开展常态交流。上半年，每月第二周组织专班内部座谈交流，开展铁路建设答疑解惑；下半年，每月2次组织专班成员工作经验互学互鉴，交流质量打分评比，引导专班成员加强思考、加强总结；全年开展协调台账梳理，为推进解决铁路建设问题提供优质案例。

3．开展一线学习服务

结合项目建设实际，适时组织专班成员赴项目建设一线驻点办公或调研学习，加强进度盯控、加强一线服务、加强实操学习，巩固专班成员与项目建设各方协调网络，全面提升专班成员综合能力。

供稿：祝诗蓓

78 地方铁路如何构建全生命周期投融资格局？

近年来，浙江省铁路建设取得显著成效，目前铁路运营里程已达3800公里，53个县（市）中已有42个通达铁路或有铁路项目在建，基本构建形成杭州至长三角和省内主要城市1～2小时高铁交通圈。“十四五”期间，是浙江省铁路建设高潮期，存在铁路建设资金需求大、运营补亏压力大、融资渠道较为单一等挑战。本题聚焦铁路投融资的“投”“融”“建”“管”“退”，提出针对性对策建议，助力地方铁路投融资效益提升[1]。

一、“投”：精准施策，提升投资决策科学性

项目投资决策阶段，需要综合考虑项目经济和社会效益，深化项目可行性研究和投资决策，同步统筹做好资金平衡方案。

（1）针对预期经营效益较好、现金流较为充沛的项目，可考虑引入有实力的社会资本参与。如杭台高铁引入复星联合体，充分发挥民营企业优势，成为国内首条民营控股高铁；珠三角广花城际铁路通过“股权投资+施工总承包”模式引入中国平安建设集团、中国铁建、广州建筑等社会资本，并取得良好成效。

［1］范高龄，祝诗蓓，汪东.提升浙江地方铁路投融资效益的若干建议［J］浙江经济，2023(06)：39-42.

（2）针对预期效益一般、但有战略意义的项目，可探索采用“项目+资源”模式推进。通过捆绑沿线土地、矿产、旅游等资源与铁路项目进行打包，提升项目财务可行性和运营效益，做好全生命周期资金平衡顶层设计。如衢丽铁路二期项目利用沿线矿产资源反哺铁路投资建设，通过签署框架协议落实责任；广东针对地方铁路、城际铁路、铁路站场及毗邻区域土地综合开发，提供土地要素保障等支持政策。

（3）针对难以资金平衡，战略性意义不突出的项目，需谨慎实施，待有可行的投资建设模式后再行考虑。

二、“融”：借鉴经验，拓宽多元化融资渠道

项目融资阶段，应进一步畅通融资渠道，用足用好政策，结合粤、皖、苏、鲁等地实践经验，建议做好三方面工作。

（1）整合优化现有基金，研究设立省级铁路投资基金。粤、皖、鲁等地均已设立省级铁路发展基金，其中广东注册资本400亿元、安徽300亿元，山东206亿元，重点用于省本级铁路建设资本金出资。目前，浙江省已成立浙江省交通基础设施（太平）投资基金，基金规模1000亿元，但由于基金收益水平偏低，筹资吸引力不足，总体运行不理想。建议在现有基金基础上，利用低利率融资窗口期，制订整合提升方案，研究设立省级铁路发展基金，重点用于地方铁路投资运营，同步带动高端装备等涉铁产业发展。

（2）提前谋划、做好储备，用足用好地方专项债、政策性开发性金融工具。专项债方面，截至2022年底，全国铁路项目累计使用专项债作为资本金5646亿元，其中广东累计使用达854亿元，浙江省446亿元，与江苏、山东相当。2022年，浙江省共争取专项债3128亿元，其中铁路项目139亿元、占比约4.4%，相比广东5.5%仍有差距。政策性开发性金融工具方面，2022年浙江省获批655亿元额度，占全国8.8%，居全国第2位，其中铁路项目获批261亿元。鉴于政策性开发性金融工具有存续期限长、利率低等特点，跟铁路项目需

求较为契合，建议加强项目前期谋划和储备，争取更多资金支持，进一步加强资金使用全过程监控，同步做好用地、环评等开工要素保障，尽快形成实物工作量。

（3）规范引入社会资本，加强PPP、“股权投资+施工总承包”等模式推广。浙江省铁路PPP项目实施已有先行实践，首条民营控股高铁杭台高铁于2022年1月正式开通运营，杭温铁路一期、甬舟铁路等铁路PPP项目也在稳步推进。从兄弟省份看，山东济青高铁项目采用“股权投资+施工总承包”模式，中国建筑集团投资10%股权，同时获取总承包工程约150亿元；广东计划推出广花城际、芳白城际等3条线路开展该模式试点。鉴于社会资本参与投资建设运营铁路仍有诸多壁垒，建议完善省方与路方高层级沟通协调机制，加强代建、接轨、运营排图等关键问题协调，充分争取地方、社会资本合理利益诉求。同时，加强实施机构力量建设和机制保障，更好监管服务铁路PPP项目全生命周期实施。

三、“建”：严控投资，优化造价管控机制

建设环节，投资造价控制尤为重要，需稳定重大技术方案，建立行之有效的奖惩机制，并加强过程管控，做好建设期全过程造价控制，建议重点从两个方面入手。

（1）稳定重大技术方案，严格落实规划设计建设标准。前期工作需做深、做细，做好重大方案设计，加强规划引领及其刚性约束。特别是站房规模，需结合当地特色、人口、客流情况，把握好“适度超前”原则，但不能随意提高建设标准，给建设投资及后期运维带来较大压力。按照路方惯例，省内铁路除200公里/小时以下少数铁路项目（如金台铁路）可采用省方自建模式外，其余以委托国铁集团代建为主。建设过程中要充分发挥代建单位在项目管理、工程技术、投资控制等优势，通过稳定重大方案、持续优化设计、严格变更管理等多渠道控制超概风险。

（2）建立工程造价控制奖惩机制。针对投资节省项目，建议在节省费用中提取一定比例奖励给优化方案提出单位，提高各参与方积极性；针对超概严重项目，要认真分析原因，有失职行为的，应给予通报和追责处理。如甬舟铁路在代建协议中明确“乙方按时完成代建任务，且工程质量优良、项目投资控制在批准概算总投资范围内（不包含征地拆迁、物价上涨、政策性因素等非受托人责任增加的费用）时，甲方按照代建管理费的10%另行向乙方一次性支付奖励资金”。

四、“管”：多元经营，提升综合运营效益

运营环节，如何加强运营管理创新，多渠道提升运营效益是浙江省地方铁路可持续发展的重要命题，建议重点关注三个方面。

（1）整合资源全省地方铁路自主运营，促进运营降本增效。充分发挥省轨道交通集团平台作用，加强省对地方的统筹协调，在资源整合，标准统一、资产管理、自主运营、自主定价、清算机制、接轨补偿等方面加强研究，制订制度标准，争取更多自主权。同时，积极实施降本增效措施，如省内部分铁路实施照明系统智慧化改造，降低全线运营能耗，取得较好成效，建议借鉴推广。

（2）多维度实施引流增源举措。利用各类平台、渠道加强品牌宣传，结合沿线特色（文旅、特产等），开展“客票+”活动，同时地方要做好车站周边交通衔接、市政配套，并积极与路局协商，争取多开利于市民出行的时间段车次，为吸引客流创造条件。如省内杭台高铁发挥民营控股优势，大胆开展运营期创新实践，依托抖音、视频号等新媒体平台，推动高铁与旅游融合，串联沿线景区资源，开展“客票+旅游”等系列活动，打造“诗路高铁”品牌。

（3）推进多元化经营开发。充分利用车站内部空间、屋顶、沿线边坡、桥下空间、闲置房屋等，在满足铁路安全运营的前提下，提升空间综合利用率。如省内杭台高铁与浙江电力公司合作打造源网荷储一体化项目，利用沿线

车站屋顶，建设分布式光储，集成光伏发电、电能储存等多种能源供应方案，构建“铁路+新能源”融合发展模式。广东则通过土地综合开发反哺铁路建设，土地开发净收益超200亿元，其中120亿元用于铁路项目资本金出资，一定程度减轻财政压力。

五、“退”：试点突破，探索多元退出机制

退出环节，需要依托国内多层次资本市场，借助多种金融工具实现资产证券化，在确保项目稳定运营前提下，进一步畅通多元退出路径，让社会资本“进得来、出得去”。

（1）公开市场挂牌进行股权转让。如2019年山东省济青高铁通过公开挂牌方式股权转让，引入战略投资23.86亿元。建议浙江省可选择合适项目积极开展市场调查，吸引有实力的投资方，进行股权转让合作，推动存量资产盘活用于其他项目投资。

（2）探索开展铁路项目REITs试点。从国内看，2020年9月，国铁集团宣布以沪汉蓉铁路湖北段、粤海铁路轮渡和广珠城际铁路开展铁路基础设施REITs试点。建议借鉴省内已发行公募REITs的沪杭甬杭徽高速公路项目做法，结合铁路行业特点，开展前期研究，适时开展试点，形成存量资产与新增投资良性循环。

（3）做好优质铁路资产IPO前期储备。目前，铁路运输行业有大秦铁路、广深铁路、京沪高铁等上市企业，省内优质铁路资产可提前做好谋划准备。

供稿：范高龄

79 铁路多元经济开发的类型和路径是什么？

铁路企业多元经济开发是以市场需求为导向，充分发挥铁路优势，做优做强客货运输这一核心业务，统筹使用各类生产要素，延伸铁路客货运输服务链条，开发具有比较优势的经营项目，全方位拓展铁路市场，在确保社会效益和得到人民群众认可的前提下，最大限度地增加铁路自身经济效益。本题主要探讨铁路企业多元经济开发的类型和开发路径[1]。

一、铁路企业多元经济开发的类型

（一）商业和零售开发

在铁路沿线或车站周边开发商业中心、购物中心、超市、餐饮场所等，满足乘客和当地居民的购物和娱乐需求。这可以吸引更多人流和商业投资，促进就业和经济增长。

（二）物流和仓储开发

建设铁路货运枢纽和物流园区，提供高效的物流和仓储服务。通过铁路的便捷连接，吸引物流企业和仓储业者进驻，推动物流业的发展，提高物流效率和供应链的可持续性。

[1] 陈光.铁路企业多元化经营战略问题研究[J].中小企业管理与科技，2016(04)12-13.

（三）城市更新和综合开发

利用铁路改造和站点周边的土地，进行城市更新和综合开发项目。包括住宅、商业办公、公共设施等的建设，提升城市形象和功能，改善居住和工作环境。

（四）旅游和文化开发

利用铁路沿线的自然风景和历史文化资源，开发旅游景点、主题公园、文化村落等。提供旅游服务和体验，吸引游客，促进旅游产业的发展，同时增强当地文化底蕴和传统产业。

二、开展多元经济开发的实施路径

（一）进一步提高核心客运业务能力

强大的客运能力是铁路的核心业务，是实施铁路多元经济开发的基础。①要以人为本，增加符合消费者需求的客运服务种类，创新塑造铁路多种经营业务生态。如杭绍台铁路积极拓展站房商业开发、高铁串联旅游目的地服务、公铁联运一体化出行服务、沿线资源嫁接合作等方面，塑造铁路多种经营业务生态，提升业务协同、创造新增长点、提升旅客服务体验，彰显铁路运输的现代化服务的新形象。②要加强铁路品牌宣传。如杭绍台铁路从改革示范项目和“诗路高铁”两个方面着力，紧抓重要节点和线路特色，策划实现央视、《人民日报》等中央级媒体10次报道，持续巩固和提升“杭绍台”的品牌关注度；用足短视频、微信公众号等新媒体平台，打造直接触达广大客流和消费者的重要展示窗口。

（二）创新提升多元投资和运营管理能力

对于铁路企业来说，国际的普遍经验基本上都是依托自身资源优势，通过努力经营存量资产盘活、土地综合开发、到达层经营、停车场运营等业务，创新项目遴选方式，选择适宜项目探索“投资+运营”模式，探索参与物业开发投资或产业投资。①推动综合开发。铁路客站一般处于人流密集的主城区或者经济发达的开发区，可与有开发经验的房地产商合作，对城市核心区客站进行整体改造，通过上盖开发引入新品牌、新业态，使铁路站点升级成为综合客运枢纽。②发展现代物流。考虑利用铁路自身的优势，与其他企业共建物流中心，同时在适当的时机推动有条件的货运站或仓储业务逐步转型。

（三）利用铁路基础设施创新交通和能源融合发展

交通和能源融合发展，是建设绿色交通强国，践行碳达峰碳中和行动的有效结合点与重要应用场景。铁路沿线设施齐备，可利用资源多，应大力推广交通和能源融合创新模式，如杭绍台铁路践行“绿色高铁”发展理念，基于高铁沿线资源的大数据分析，在全线开展“源网荷储一体化”开发试点。该项目于2022年开工，建设周期30个月，计划在杭绍台铁路沿线站房、物资中心、培训中心等屋顶建设光伏70MW、储能22.5MW/45MW/h、充电桩200个（快充100个、慢充100个）。目前，已建成分布式光伏项目4个，总装机5MW。另外，杭州火车东站10MW屋顶分布式光伏电站项目2013年并网发电，为当时亚洲最大单体建筑光伏发电项目。项目总装机容量10MW，其中1.8MW属于光电建筑应用示范项目，8.2MW属于国家金太阳示范工程，年平均发电量1000万度。2014年项目荣获“中国光伏电站优质工程大奖”。

供稿：徐弘

80 铁路项目沿线土地综合开发的政策依据有哪些？

铁路项目沿线土地综合开发是指在铁路线路沿线或铁路站点周边进行土地开发和利用，以实现综合开发的目标。国家高度重视铁路发展的可持续性，并将铁路车站及其周边土地综合开发作为铁路投融资体制改革的重要内容。本题梳理了国务院、国家部委、省级政府先后出台的支持铁路土地综合开发政策文件核心要点。

一、国家层面

国务院发布《关于改革铁路投融资体制加快推进铁路建设的意见》（国发〔2013〕33号）和《关于支持铁路建设实施土地综合开发的意见》（国办发〔2014〕37号），明确支持铁路车站及线路用地综合开发，从铁路土地综合开发的原则、既有和新建铁路用地综合开发、相关政策配套和监管协调等方面提出要求（见下表）。

国家发展改革委、住房和城乡建设部也分别从交通层面、城市规划层面相继出台了具体执行意见，包括国家发展改革委等《关于进一步鼓励和扩大社会资本投资建设铁路的实施意见》（发改基础〔2015〕1610号），住房和城乡建设部《关于加强铁路场站地区综合开发有关规划工作的通知》（建规〔2015〕227号），国家发展改革委等《关于推进高铁站周边区域合理开发建设的指导意见》（发改基础〔2018〕514号）。2021年，国办转发国家发展改革委等《关于进一步做好铁路规划建设工作的意见》（国办函〔2021〕27号），对土地利用方式、规划融合等方面进一步提出要求。

国铁集团相继出台了《铁路土地综合开发实施办法》（铁总办〔2014〕257号）、《关于进一步明确土地综合开发有关事项的通知》（铁总办〔2016〕74号）、《中国铁路总公司关于铁路土地合资合作开发的指导意见》（铁总开发〔2016〕285号）、《关于铁路授权经营土地资产配置的通知》（铁总开发函〔2016〕987号）等制度办法，为铁路土地综合开发行为提供指导（详见下表）。

国家层面铁路土地综合开发相关政策汇总表

发文单位	政策文件	主要内容
国务院	《关于改革铁路投融资体制加快推进铁路建设的意见》（国发〔2013〕33号）	“加大力度盘活铁路用地资源，鼓励土地综合开发利用”，试图“以地养路”破解融资瓶颈，以土地综合开发的收益来促进铁路建设的可持续性
国务院办公厅	《关于支持铁路建设实施土地综合开发的意见》（国办发〔2014〕37号）	从“铁路土地综合开发的原则、既有和新建铁路用地综合开发、相关政策配套和监管协调”四个方面提出了18条意见，尤其明确了“综合开发所需新增建设用地指标，经省级人民政府严格审核后，暂由国土资源部予以计划单列”。为推进铁路土地综合开发提供了良好的政策依据
住房和城乡建设部	《关于加强铁路站场地区综合开发有关规划工作的通知》（建规〔2015〕227号）	积极稳妥推进铁路站场地区土地综合开发，合理组织站场及周边地区道路交通，科学安排相关基础设施、公共服务设施建设，全力支持铁路建设，促进城市健康有序发展
国家发展改革委、自然资源部、住房和城乡建设部、中国铁路总公司	《关于推进高铁站周边区域合理开发建设的指导意见》（发改基础〔2018〕514号）	高铁车站周边开发建设要突出产城融合、站城一体，与城市建成区合理分工，在城市功能布局、综合交通运输体系建设、基础设施共建共享等方面同步规划、协调推进
国家发展改革委	《长江三角洲地区多层次轨道交通规划》（发改基础〔2021〕811号）	到2025年，基本建成轨道上的长三角，形成干线铁路、城际铁路、市域（郊）铁路、城市轨道交通多层次、优衔接、高品质的轨道交通系统，长三角地区成为多层次轨道交通深度融合发展示范引领区，有效支撑基础设施互联互通和区域一体化发展。建立“轨道＋物业”机制，通过综合开发收益反哺轨道交通建设和运营

续表

发文单位	政策文件	主要内容
国铁集团	《铁路土地综合开发实施办法》（铁总办〔2014〕257号）	明确了铁路土地综合开发流程，强调新建线路土地综合开发工作与新建铁路项目同步开展，规定了国铁集团管理职责、工作机制等问题，加强开发项目管理
	《关于切实做好铁路建设项目土地综合开发有关工作的通知》（铁总办计统〔2014〕197号）	明确了铁路建设项目和土地综合开发的关系，提出了同步开展土地综合开发研究工作的要求，细化了土地综合开发研究工作流程，强化了开发主体职责
	《中国铁路总公司关于进一步明确土地综合开发有关事项的通知》（铁总办〔2016〕74号）	深化了现场勘察、机会研究、方案研究、项目策划与实施等各阶段任务
	《中国铁路总公司关于铁路土地合资合作开发的指导意见》（铁总开发〔2016〕285号）	支持合资合作开展土地综合开发。加大与地方政府协调沟通，推动综合开发用地的规划和预留

二、地方层面

为贯彻落实国家层面政策，支持铁路土地综合开发及铁路建设，全国各省市相继出台铁路土地综合开发相关政策举措和实施意见，根据对铁路综合开发实际操作落地的创新性和指导性可大体分成以下三类：

（一）基本遵循国务院文件精神

河北省、辽宁省、黑龙江省、云南省、青海省等地方省市政策内容基本延续及遵循《关于支持铁路建设实施土地综合开发的意见》（国办发〔2014〕37号）的相关规定，重点传达文件精神，对铁路土地综合开发偏向原则性描述，并未针对具体实操内容环节进行约定。

（二）部分细化合理突破

江苏省、山东省、广西壮族自治区、重庆市等部分地方省市在《关于支持铁路建设实施土地综合开发的意见》（国办发〔2014〕37号）基础上，结合地方实际，对政策进行细化，重点在规划统筹、土地供应、收益分配等方面进行细化及小幅突破，为地方铁路土地综合开发开展提供支撑。

（三）定制化试点政策

广东省、浙江省、福建省等地方政府针对某一线路或某一类项目设置的试点政策，政策内容细化，偏向指导实施，在规划统筹、开发边界、土地供应、收益分配、投资主体等层面做出明确规定。

本文主要对第二类和第三类省份政策文件的相关创新点及重要内容做出梳理（详见下表）。

部分省市铁路土地综合开发政策创新要点汇总

省市	政策文件	创新要点	具体内容
江苏	《江苏省政府办公厅关于支持铁路建设推进土地综合开发的实施意见》（苏政办发〔2016〕162号）	开发主体	由铁路项目主要投资主体会同其他投资主体与沿线政府组建开发主体
		收益分配	土地出让收入扣除刚性计提后，剩余资金弥补铁路建设投资
		用地指标	指标可以由国土资源部（原）安排用地计划，也可以由市、县（市、区）先行安排
重庆	《重庆市人民政府办公厅关于支持铁路建设实施土地综合开发的实施意见》（渝府办发〔2018〕75号）	统筹规划	开展铁路站场综合开发规划设计，完善站场周边城市功能，统筹地上地下空间开发利用
		收益分配	土地出让收入扣除成本及刚性计提后，剩余资金优先弥补铁路建设投资
广东	《广东省人民政府办公厅印发关于支持铁路建设推进土地综合开发若干政策措施的通知》（粤府办〔2018〕36号）	统筹规划	项目可行性研究阶段统筹组织项目建设投资主体或项目公司，同步编制站场土地综合开发规划
		用地指标	铁路项目配套安排的土地综合开发所需新增建设用地指标，由省国土资源厅向自然资源部申请计划单列或使用省预留指标
		收益分配	建立“铁路项目＋土地开发”综合开发模式。土地出让收入扣除成本及刚性计提后，根据开发协议拨付资金至项目公司

续表

省市	政策文件	创新要点	具体内容
	《关于推进铁路项目站场及毗邻区域土地综合开发的实施细则（征求意见稿）》	用地指标	地级以上市人民政府需使用用地规模时，按省政府确定的价格购买，并向省财政厅支付相应资金。省政府将当年售卖铁路项目综合开发用地规模获取的资金全部拨付给相关铁路项目建设投资主体
贵州	《贵州省人民政府关于加快铁路建设的意见》（黔府发〔2016〕18号）	用地指标	省国土资源厅每年优先安排不少于200公顷土地综合开发利用计划指标
贵州	《贵州省自然资源厅关于印发贵州省支持铁路建设土地综合开发实施办法的通知》（黔自然资规〔2018〕1号）	统筹规划	铁路沿线县级人民政府负责统筹铁路站场毗邻区域土地综合开发规划编制，应邀请省人民政府铁路出资人代表参与编制工作
山东	《山东省人民政府办公厅关于支持铁路发展实施土地综合开发的意见》（鲁政办字〔2020〕9号）	土地供应	土地开发可以采取一次供地或分期供应方式，分期供地最长不超过5年
山东	《山东省人民政府办公厅关于支持铁路发展实施土地综合开发的意见》（鲁政办字〔2020〕9号）	收益分配	出让收益分市核算。土地出让后3个月内以安排专项补助资金的形式拨付至合资开发公司
广西	《广西壮族自治区人民政府办公厅关于印发广西支持铁路建设促进土地综合开发若干措施的通知》（桂政办发〔2018〕165号）	土地供应	明确合理确定出让底价，底价不得低于土地整理成本，针对不同性质用地可以给予不超过30%的地价优惠
湖北	《湖北省人民政府关于进一步加快铁路建设发展的若干意见》（鄂政发〔2018〕8号）	开发主体	由省市联合开发，或者由沿线市负责开发，具体由省市协商确定
湖北	《湖北省人民政府关于进一步加快铁路建设发展的若干意见》（鄂政发〔2018〕8号）	用地指标	省人民政府每年根据实际情况优先安排用地指标，满足新建铁路项目沿线综合开发用地需求
福建	《福建省人民政府关于支持福厦高铁土地综合开发九条措施的通知》（闽政〔2017〕44号）	开发主体	福厦高铁沿线设区市政府应根据开发时序，分别与福建高铁综合开发有限公司联合组建合资子公司，负责实施所在设区市的铁路土地综合开发项目
福建	《福建省人民政府关于支持福厦高铁土地综合开发九条措施的通知》（闽政〔2017〕44号）	收益分配	土地出让金后扣除成本及计提税费后的收益全额，在1个月内安排专项补助资金至合资公司
福建	《福建省人民政府关于支持福厦高铁土地综合开发九条措施的通知》（闽政〔2017〕44号）	用地指标	用地指标不足时，可在设区市域范围内统筹解决；占用耕地不需使用城乡建设用地增减挂钩指标；开辟用地报批“绿色通道”，不受供地率限制

三、对当前铁路土地综合开发政策的思考

（一）政策演进阶段

通过对国家层面、铁路层面及各地方省市层面的铁路土地综合开发政策综合分析，结合各政策的出台背景、政策内容、落地指导性等因素，按照时间顺序大致可将政策演进分为三个阶段。

第一阶段：铁路土地综合开发初始阶段（2013—2015年）。由《关于支持铁路建设实施土地综合开发的意见》（国办发〔2014〕37号）提出综合开发的指导性意见，内容偏向原则化统筹，无具体落地路径。

第二阶段：铁路土地综合开发探索阶段（2016—2019年）。在《关于支持铁路建设实施土地综合开发的意见》（国办发〔2014〕37号）指引下，针对规划统筹、用地指标、供地方式、收益分配等方面进行试点探索，推进及开展地方铁路土地综合开发。

第三阶段：铁路土地综合开发大力推进阶段（2020年—至今）。总结前面阶段的经验，地方政府出台新的配套政策，针对综合开发关键点进行落地性细化，但真正能落地形成模式的仍然较少。

（二）政策突破方向

铁路土地综合开发作为支持铁路投融资体制改革的有效途径之一，“十四五”时期无论是铁路存量土地资产盘活还是新建线路增量土地开发，都有着大量需求，针对当前铁路土地综合开发谋划多、落地难现状，政策层面亟须向逐步细化、指导实施的方面迈进，可考虑从以下方面进行突破：

1．用地指标

国家层面，自然资源部将铁路土地综合开发新增建设用地指标单列；省级层面，帮助铁路沿线地方政府解决耕地占补平衡指标。

2．土地增值收益

省级层面可细化收益分配机制，进一步提高地方政府、铁路项目公司积极性，地方政府可考虑引入社会资本参与前期土地开发，减轻资金压力。

3．一二级联动开发

市级层面要明确铁路上盖开发分层确权细则，提高铁路既有站场利用率，针对新建铁路联建地块出台指导办法，鼓励引导多主体参与。

供稿：徐弘

81 铁路项目沿线土地综合开发的难点和路径是什么？

铁路项目沿线土地综合开发是指在铁路线路沿线或铁路站点周边进行土地开发和利用，以实现综合开发的目标。这种开发模式可以最大限度地利用铁路资源，提高土地利用效率，促进经济和社会发展。本题探讨铁路项目沿线土地综合开发的难点和路径。

一、当前铁路土地综合开发存在的问题和难点

（一）铁路综合开发用地落实难

铁路土地综合开发需要充分利用铁路沿线的土地资源，但土地获取可能涉及土地所有权、土地使用权和土地规划等复杂问题。铁路土地通常归铁路公司或政府所有，因此，土地的权属划分和管理是一个重要的难点。需要协调各方利益，确保土地的合法权益得到保护，同时保证综合开发项目的顺利进行。与土地所有者的谈判、土地征收和补偿安置等方面需要进行协商和解决，涉及的程序烦琐，时间和成本较高。长期以来地方从铁路建设带动周围土地升值中获益，而铁路综合开发使得地方需要让渡一部分收益给铁路，虽然中央层面有支持政策，但很多地方缺乏具体的供地政策和相关的配套文件，未能在全路范围内保障综合开发用地的获取[1]。

[1] 郭莹.铁路土地综合开发研究［D］.北京：中国铁道科学研究院，2017。

（二）规划衔接与土地转性难

一方面铁路土地综合开发需要考虑与现有的基础设施和交通网络规划相衔接，确保项目的可持续性和便捷性。这些基础设施的建设需要投入大量的资金和资源，并需要与铁路建设、运营和维护相协调，增加了项目的复杂性和难度。另一方面综合开发可能需要对土地规划进行转换，例如建设商业、住宅或办公等不同用途的开发项目。这涉及土地规划调整、用地性质变更，以及城市规划和建设等问题，需要协调各方的利益和满足不同的发展需求。

（三）土地开发成本高

铁路土地综合开发需要进行充分的市场调研和经济评估，确保项目的经济可行性。需要考虑开发成本、土地价值、市场需求等因素，以保证项目的收益和回报。一方面铁路沿线土地开发成本包括征地费用、报批费用、拆迁安置、财务成本以及土地管理费等，保守估计县级市站点周边开发成本每亩都要超过一百万元，还不包括相关的基础设施配套等间接投入。另一方面开发范围过大，核心区面积动辄数千亩，前期各类投入需要几十亿甚至上百亿，高企的开发成本造成地方财政压力巨大难以持续投入，导致区块建设缓慢无法快速产出效益。

（四）发展模式单一

由于功能等级、区位条件、周边地区发展水平及人口密度等不同，高铁站对周边地区经济的拉动作用呈现很大差异，而地方政府在规划设计高铁站综合开发时往往追求"大而全"，甚至盲目攀比，导致站点周边区域在功能定位、产业选择、开发规模以及建设模式等方面高度雷同，绝大部分都是建立在房地产化基础上的滚动开发，使得高铁站综合开发没有自身特色，综合效益无法达到预期[1]。

---

［1］ 刘武君，孙永梅，孙令斌，等.《关于推进高铁站周边区域合理开发建设的指导意见》解读［J］.城市交通，2018，16(04)：10-14＋42.

二、推进铁路综合开发的路径

（一）强化用地保障

从省级层面看，省级自然资源部门要对铁路土地综合开发用地进行专项管理，明确年度专项用地规模、使用计划安排、申报使用流程，由地方政府按需申请，付费使用。沿线地方政府要编制铁路土地综合开发规划和年度土地指标使用计划，报省级发改、自然资源部门备案后组织实施。

根据各行政区域内国土空间规划，土地综合开发建设时序由沿线地方政府自行明确，一方面是积极争取自然资源部综合开发土地指标。根据自然资源部优化后的铁路场站土地综合开发用地指标保障方式，开发方案经自然资源部备案审查后，可预支使用国家新增建设用地计划指标，地方单独将铁路场站土地综合开发项目地块按批次组件报批，报有审批权限的人民政府批准后，提交自然资源部备案核销用地计划指标；另一方面是使用年度跨省统筹调剂指标，将铁路沿线开发列为省级试点项目，从而推动地方铁路综合开发项目落地。

（二）鼓励多方参与

由省政府（或省级出资代表）、地方政府（或地方出资代表）、铁路项目公司按比例组建项目开发公司，省市股比合计可以占主导地位。在此基础上，签订铁路沿线土地综合开发协议，明确开发范围、时序及任务。省级出资代表主要负责协调省级相关部门，以及向上争取政策、土地指标、资金等资源支持。地方出资代表主要负责土地开发具体事项，以及托底解决综合开发用地指标，为充分调动其积极性，项目开发合资公司以地方人员为主，将土地综合开发项目按最优投资进行规划建设。铁路项目公司主要负责利用概算中的土地综合开发费最大限度地筹集资金，并沟通国铁集团和中国铁路上海局集团有限公司相关部门，协调衔接涉及铁路方的规划、审批等方面支持。

（三）创新开发模式

利用铁路站场红线内进行土地综合开发，可参考铁路上盖物业成功做法（如杭州西站），土地分层确权做复合开发，从根本上规避土地指标难解决的问题。关键是要从项目前期就开始谋划采用上盖开发模式，可行性研究及初步设计阶段就考虑上盖开发需求及技术条件，与其他专项规划做好衔接。该路径需要铁路项目公司与地方政府深度合作，公司可以通过带条件出让的“招拍挂”方式取得铁路联建地块，再与有开发经验的房地产开发商合作，实现一二级联动开发（如重庆沙坪坝站），提高综合开发整体效益。

供稿：徐弘

82 山东铁投创新投融资体制机制有哪些经验做法？

山东铁投是山东省高铁等重大基础设施建设和产业融合、协作发展的投融资主体。本题结合相关调研，总结山东省铁路投融资体制机制、建设管理模式、项目运营管理和数字化管理等方面的创新做法与经验。

一、山东铁投创新做法与实践经验

（一）形成多元化投融资体制机制

山东铁投投资建设的铁路项目资本金比例一般为50%，新建跨省铁路国铁出资20%，新建省内城际铁路全部由山东省出资，省市5 ∶ 5分摊。主要模式有：

1.“财政+基金”模式

山东省铁路发展基金引导资金300亿元（已到位290亿元），预计撬动社会资本700亿元（目前已完成外部筹资557亿元），70%用于铁路建设，30%用于多元化投资弥补铁路出资资金成本，基金已完成铁路出资370亿元。

2.“债券+贷款”模式

利用专项债、基础设施保险债权计划、资本市场中期票据、公司债、企业债等方式融资，并通过银团贷款降低融资成本，其中济青高铁在基准利率基础上下浮15%。

3．“资本+市场”模式

积极引入社会资本参与高铁建设，济青、鲁南、郑济等省控股高铁项目合计引入社会资本约300亿元，济青高铁股权转让引入科威特投资局投资13.86亿元。

4．“资产+证券”模式

利用融资租赁、证券出借以及资产证券化等措施盘活存量资产，并根据铁路项目运营情况，适时启动优质铁路资产（如济青高铁）上市工作。

5．“产业+开发”模式

围绕高铁建设运营，布局铁路资源上下游产业，推动沿线土地综合开发，形成运营补亏机制。

（二）形成独特的高铁自主建设管理模式

山东铁投通过国铁集团委派子公司高级管理人员、率先成立区域铁路运营公司等方式，实现高铁自主建设管理创新，融入国铁集团建设运营管理体系，实现全生命周期管理。

1．“上下联动、齐抓共管、分工负责”的工作推进机制

山东铁投集筹资、投资、建设、运营于一体，搭建省市县三级上下对口、边界清晰、齐抓共管的铁路管理体制框架，建立由山东铁投主要负责同志挂帅、各职能部室负责人及各权属单位相关负责人共同参与的铁路建设协调推进机制。

2．实施分类投资、分类建设的高铁建设模式

国家干线（如雄商高铁）由国铁为主、山东配合；区域干线（如济青、鲁南高铁）由山东主导、国铁参与；省内城际（如潍莱、潍烟、莱荣铁路）由山东完全主导、国铁支持，最大程度发挥省路合作优势。

3．创新实施地方土地征迁“1234”模式

“1”是省政府与沿线各市签订1份征拆责任书，层层压实工作责任；“2”是项目公司作为责任主体，地方政府作为实施主体，建立2个主体联合工作

机制；“3”是市级统筹、县级分担和多元化融资相结合的3种资金筹集模式；“4”是“省→市→县区→乡镇”四级推进落实机制。如济青高铁、鲁南高铁大幅节约征拆时间。

4．落地高铁自主建设管理模式

山东铁投整合建设管理资源、提升施工管控能力，与国铁集团济南局建立良好关系，完全自主建设我国第一条由地方为主投资建设的高速铁路——济青高铁，以及鲁南高铁其中两段。创新提出了“以施组为主线，以征拆、三电迁改、油气管线为龙头，以标准化、信息化建设为抓手，以骨干人员到位、健全的组织体系、充足的物资供应为基础，以质量、安全、进度为核心，以调度管理为日历表、晴雨表”的“六个以”模块化管理体系，实现了全过程、全方位、全员严格管控。

5．真正实现高铁全生命周期管理

山东铁投作为高铁自主建设主体，在项目可行性研究阶段即提前介入，参与项目设计变更及施组优化调整；作为省级铁路项目推进主导者，与国家电网、地方路网和沿线居民等积极协调关系；强化现场施工管理并积极协助解决施工一线遇到问题；同时及时沟通国铁集团咨询意见，加快工程批复；对各部门协同配合提供帮助和支持；充分发挥自身优势，开展自主建设的高铁项目均实现工期大幅提前。

（三）以铁路产业链多元化开发反哺铁路建设运营

积极配合国铁集团完成“一省一公司”改革，配合路方运营单位济南局集团做好运营管理，争取“多开车、开好车”。

1．推进铁路沿线土地综合开发

山东铁投与铁路项目沿线地方政府签订综合开发合作协议，明确补亏土地四至边界和土地出让收益返还等事宜。目前，已基本完成潍烟、莱荣、济滨、济枣、津潍、鲁南、青诸7线协议签订，累计签约土地面积3.7万亩，其中2.1万亩土地确定纳入城镇开发边界。但铁路土地开发补亏用地指标计划单列实现困难，地方政府缺乏积极性，补亏用地尚需国土空间规划确认。

2. 市场化方式开展协议用地开发

对协议用地原则上以一级开发模式为主，同时选取区域核心度较高、开发价值较大的地块，通过与头部房地产企业合作，以多种形式介入二级开发。积极探索“土地+矿产”“土地+资本”等“土地+”模式，逐步涉猎增减挂钩、占补平衡、全域土地整治、矿山整治复垦、生态修复等泛土地类业态领域。

3. 大力拓展轨道交通产业链

2022年，山东铁投收购控股博深股份有限公司，开展涵盖金刚石工具、涂附磨具、轨道交通装备零部件等装备制造业务。成立山东铁投供应链管理有限公司，业务涵盖物资采购、仓储、加工、销售、现代物流及相关延伸金融服务等。

（四）铁路建设数字化管理走在全国前列

山东铁投自主开发数字化建设管理平台，其BIM和GIS技术能力甚至达到超越国铁现有管理平台的水平，平台已在津潍高铁济南联络线（济滨高铁）全面推广使用，使用方涵盖项目公司、设计、站前各标段施工和监理单位等，得到交通部、国家铁路局和国铁集团领导高度认可。

1. 建成山东铁路数字化建设管理平台

平台打通了铁路建设进度、安全、质量、物资、投资及诚信等管理环节信息和数据传递链条，历时4年开发平台（36个板块、370多个功能模块），打造省域铁路智能化建造体系，实现工程建设全过程数据实时收集、自动分析，实现高铁项目建设、设计、施工、监理等参建各方数据共享、协同管理。

2. 同步建设私有云和数字指挥中心

平台包含设计、征迁、大临、施组、进度、劳务、质量、安全、物资、投资、变更设计、工程算量、环水保、调度管理、智能建造等功能模块，实现从前期工作到工程竣工验收全过程数字化管理。平台私有云确保数据自主性和安全性。数字指挥中心实现政府方及参建各方协同管理和应急指挥功能。

三、对浙江省铁路行业高质量发展的经验启示

（一）优化浙江省铁路工作推进机制

目前浙江省省级层面没有专门的铁路行业管理厅局，浙江省发展改革委除了承担铁路项目审批和综合协调外，还承担地方铁路行业管理职能，铁路管理力量与工作量相比明显不足，且“一项目一省级筹建办”的铁路前期工作推进模式，临时组建机构、临时抽调地方人员，不利于整合资源、培养专业团队。可借鉴山东做法，在浙江省发展改革委指导下，由浙江省交通集团牵头，具体承担全省铁路项目前期工作推进，统筹铁路投资、建设、运营力量。

（二）深化浙江省铁路投融资模式创新

浙江省可借鉴山东经验，整合提升现有浙江省交通基础设施（太平）投资基金，研究设立省级铁路发展基金，服务浙江省铁路投资需要，同步带动铁路装备等涉铁产业发展。深化投融资改革试点，争取政府专项债和国家金融工具支持，研究“股权投资+EPC”、“项目+资源”、特许经营等新模式、新路径。

（三）积极探索浙江省地方铁路开展自主建设管理

浙江省借鉴山东经验，积极争取路局支持，以较为成熟的地方铁路项目为试点，由浙江省交通集团牵头，开展地方铁路自主建设管理，培育省方主导的专业力量，在高铁建管养运一体化、征地拆迁、运营管理、工程质量监督等方面探索创新。

（四）提升浙江省地方铁路建设的数字化管理水平

依托铁路PPP项目数字化管理平台，研究开发“全省铁路一张图”，全方

位展现“规划一张图、建设一张图、运营一张图”，赋能铁路前期工作推进、建设管理、运营管理全过程。

供稿：祝诗蓓、靳丽芳、何雨佳

83 广东铁投土地综合开发反哺铁路有哪些经验做法？

广东铁投是广东省高铁等重大基础设施建设的投融资主体。本题结合相关调研，总结广东省土地综合开发反哺铁路建设运营、铁路投融资及自主运营等方面的创新做法与经验。

一、广东铁投创新做法与实践经验

（一）综合开发收益反哺铁路建设运营的经验

1．出台专项支持政策

广东省出台《关于支持铁路建设推进土地综合开发若干政策措施的通知》（粤府办〔2018〕36号，以下简称“36号文件”），在《关于支持铁路建设实施土地综合开发的意见》（国办发〔2014〕37号）基础上，结合广东省探索经验，明确建立“铁路项目+土地开发”综合回报模式，以纳入土地综合开发收益后，铁路项目财务内部收益率原则上不应低于3%为原则，确定项目可持续经营责任。土地出让收入扣除土地收储等必要的成本和国家、省规定的刚性计提后，其余可用于铁路项目建设和运营。

2．明确具体操作路径

在铁路项目可行性研究阶段，广东铁投与地方政府按照铁路项目内部收益率不小于3%的要求，测算确定各沿线市承担的可持续经营责任，同时通过站点周边土地摸查确定土地综合开发用地，省市双方签署土地综合开发协议予以明确。土地出让收入地方政府按照收支两条线的要求纳入地方政府基金预算管理。若沿线市境内综合开发用地土地出让净收益超过其承担的可持续经营责任，则超出部分归地方政府所有；若土地出让收入无法满足可持续经营责任，则由地方政府另行安排现金或物业予以补足。

3．争取国家特殊政策支持

广东省争取到了自然资源部6万亩新增建设用地指标，专项用于铁路沿线土地综合开发，并配套出台保障金管理、规划指引等支持性政策，一方面为土地综合开发提供坚实保障，另一方面也调动了地方积极性。目前，34个TOD开发项目累计获得省级运营保障金约220亿元。其主要做法如下：

一是因地制宜、分类实施。专项下达的6万亩规模涉及珠三角9市和清远市。按照“一地一策”原则，广州、深圳两市采用“独立开发、自担补亏”模式，省里追加给予共计1.9万亩的新增建设用地指标。其余8个沿线市采取“省市合作开发、共担补亏”模式，共涉及红线外34个TOD项目，综合开发用地规模约4.1万亩。自2012年7月起，广东铁投集团陆续与8个沿线市签署了红线外合作开发协议和工作方案，并分别成立8个省方主导的TOD合资公司（珠海TOD合资公司省市股比为50.1∶49.9，其余省市股比为51∶49），负责各市TOD开发。

二是探索实践两类开发模式。省市合资公司主导一级开发、共享收益模式。即，省市合资公司与地方政府合作实施一级开发，省市合资公司负责筹集开发资金，开发用地直接向市场公开出让，省市共享开发收益，如珠海北、惠州客运北项目；地方政府主导一级开发、固定收益模式。即，地方政府投入相应资金主导土地综合开发扣除成本及相关费用取得的收益，按协议上缴省级固定收益，除珠海北、惠州客运北TOD项目，其余32个TOD项目均采用该模式。

（二）广东省地方铁路投资建设运营经验

1．明确铁路项目省市县责任划分

根据《广东省“十四五”铁路高质量建设实施方案》（粤办函〔2021〕284

号），明确不同类型项目分担比例。其中路、省共建的国家干线铁路项目和省方出资建设的区域干线铁路项目，省级与广州市按3 ∶ 7分担，深圳境内项目由深圳市全额出资，省级与珠三角各市（不含广州、深圳、惠州、江门、肇庆）按5 ∶ 5分担，省级与粤东西北各市及惠州、江门、肇庆市按7 ∶ 3分担。广州、深圳都市圈城际铁路项目由广州、深圳市会同沿线市共同出资。疏港铁路项目以沿线所在市为主出资，省级与市级按49 ∶ 51分担（珠三角港口疏港铁路由沿线所在市负责出资）。铁路专用线、专用铁路项目原则上以企业和市县投资为主。

2．用足用好基金和政策性资金

一是铁路发展基金。截至2022年底，基金累计完成广深港、厦深、赣深、梅汕、广汕等16个国铁项目，广珠、新白广、广佛环、佛莞等8个城际项目出资，金额合计238亿元，占基金实缴出资的83%。二是政策性资金。截至2023年4月底，已累计获批省级专项债超600亿元，国家政策性开发性金融工具39.28亿元，全部用作项目资本金，有力保障项目建设资金需求。

3．落实地方铁路运营补亏政策

广东省出台的36号文件明确建立“铁路项目+土地开发”综合回报模式，“十三五”以来的新建铁路项目均按照36号文件要求，在可行性研究批复前与各沿线市签署综合开发协议，落实可持续经营责任。

4．扎实推进城际铁路自主运营

广东铁投积极开展珠三角城际铁路自主运营研究后，根据省里决策部署，省方自主运营已开通项目由广州地铁负责运营，集团所持珠三角城际公司股权也已无偿划转给广州地铁。目前，集团正全力谋划以粤东城际为试点有序落实自主运营发展战略，推动设置相关生产力布局，争取具备自主运营条件。同时，成立自主运营筹备组，择机剥离设立运输管理专业部门、运营公司。

二、对浙江省土地综合开发工作的经验启示

借鉴广东省和各地的经验做法，对于浙江省铁路沿线土地综合开发工作，可从以下三个方面着手推进。

（一）制定出台专项政策意见

建议借鉴广东省经验，制定《支持铁路建设推进沿线土地综合开发的实施细则》，围绕用地保障、复合开发利用、供地方式、用地成本、规划衔接等重点内容，出台实在管用的干货政策，明确实施路径。

（二）创新用地保障与管理

建议自然资源管理部门对铁路土地综合开发用地进行专项管理，明确年度专项用地规模、使用计划安排、申报使用流程，由地方政府按需申请，付费使用，可行性研究争取在省预留用地规模中单独设置铁路综合开发用地规模。沿线地方政府要编制铁路土地综合开发规划和年度土地指标使用计划，报浙江省发展改革委、省自然资源厅备案后组织实施。

（三）多方主体共同参与开发

为调动各方积极性实现合作共赢，建议由省级平台公司、地方平台公司、铁路项目公司联合组建合资公司，省级与地方平台公司可控股65%～70%，负责实施铁路沿线土地综合开发项目。支持杭温铁路、杭绍台铁路PPP项目开展试点，支持成立合资公司并优先获得土地开发权，各方共享收益，提高社会投资人投资吸引力。

三、对浙江省铁路投资运营的借鉴和启示

借鉴广东省铁投经验做法和其他省相关经验，可聚焦三个方面，推动浙江省地方铁路投资建设运营创新发展。

（一）创新地方铁路投融资模式

探索以“项目+资源”方式，研究省方独资铁路项目资金平衡测算方案、框架协议核心内容，提升铁路项目全生命周期综合效益和投资建设可行性。

（二）培育壮大地方铁路运营力量

在区域铁路公司整合重组基础上，持续推进金温公司经营机制改革，制定改革专项方案。优化铁路板块各公司经营管理能力，逐步实现由被动向主动转变、由运营向经营转变、由功能向市场转变。

（三）优化地方铁路自主运营网络布局

鼓励省级地方铁路运营平台构建“多线运营”新格局，提前谋划布局自主运营生产力。推动金义东城际合作运行项目落地并试运营，跟进温州市域铁路S2线、杭州下沙至长安市域铁路、杭海城铁西延线、江南水乡旅游线、诸暨至杭州市域铁路等项目，加强与地方政府沟通，提前谋划安排，持续扩大品牌辐射效应。

（四）开展多元化开发经营

借鉴江苏经验，深化内部挖潜、提高多经开发收入，积极拓展铁路代建及涉铁施工项目，加强对权属资源（如红线范围内的房屋、土地资源，以及自主运营线路列车冠名、车站商铺等）开发利用。

供稿：祝诗蓓、靳丽芳、范高龄、徐弘

84 铁路项目“站城一体”如何规划和实施？

铁路沿线土地综合开发是国家有关政策重点支持引导的方向，是进一步放大铁路综合效益的有效路径。杭绍台铁路项目的社会资本方牵头人复星集团，在片区开发、产业投资、资本运作方面实力雄厚，在参与杭绍台铁路PPP合作的过程中，社会资本方充分发挥自身专业优势，落地“站城一体”TOD模式实践，本题以台州站为重点，评估站点及周边资源禀赋，探索推进铁路沿线周边土地及商业综合开发的路径[1]。

一、“站城一体”理念阐述

随着轨道交通网络的不断加密、出行交通日趋便捷，都市消费人群更倾向于选择轨道交通站点附近的商业圈、住宅区作为工作、消费和居住的场所，轨道交通的角色实际已超出了运输工具的范畴，成为集办公、消费、娱乐、居住等一站式、多样化场景于一身的综合服务供应商。在城市区域发展层面，“站城一体”作为TOD模式的主流，逐步走向台前。杭绍台铁路台州站充分融入“站城一体”TOD模式设计，达到站、城、产、人的高度融合。在项目开发运营过程中，项目公司作为直接参与主体，逐步实现从建设运营轨道向经营城

[1] 熊玮，靳丽芳，肖文华，等.杭绍台铁路站点及周边土地综合开发潜力与对策——以台州站为例［J］.中国铁路，2022（10）：27-31.

市及产业转变、从传统生产方式向数字化生产方式转变，并努力成长为经营能力强、兼具社会效益与经济效益的现代化轨道交通企业。

二、台州站“站城一体”开发的具体做法

（一）规划先行，做好系统谋划

台州站位于市府大道南侧，在建内环东路和妇女儿童医院东侧，紧邻内环线，距离椒江城区约6.5公里，距离黄岩城区和路桥城区分别约为12公里、12.5公里。这一位置地处台州中心城市核心，紧邻绿心，是椒江、黄岩、路桥各城市组团联动发展的重要节点。杭绍台铁路建成通车后，台州站将进行站城一体化开发，将现有高速铁路客运、城际铁路客运、公路客运等加以整合优化，形成以台州站为中心枢纽的全新发展结构。在台州市域轨道交通与道路交通的集疏运体系中，台州站枢纽通过内环路、市府大道、现代大道、台州大道与椒江、黄岩、路桥三区之间建立联系，大大缩短出行时间成本，成为衔接与联系台州市区客流的重要枢纽。随着台州站建成投用，站点片区规划形成集商贸办公、商业金融、休闲娱乐为一体的高铁新区充分展现了未来台州全新的城市生活空间。

杭绍台铁路台州站“站城一体”城市设计与建筑概念方案效果图（上海星艾&AECOM）

新区的城市居住板块正在按照浙江省未来社区建设理念，全力打造“人本化、生态化、数字化”的美好生活场景，造福台州人民。

（二）突出特色，彰显商业价值

台州站是杭绍台铁路沿线新设车站中规模最大，建筑面积8.5万平方米，包括站房面积5万平方米、站内配套商业3万平方米。台州站是杭绍台铁路的重点控制性工程，也是杭绍台铁路、甬台温高铁、金台城际、市域铁路S1和S2线的交汇点，是集高铁、轻轨、公交等于一体的大型综合性交通枢纽。台州站所处的高铁新区，紧邻台州城市核心区，在高铁新区的定位愿景引领下，台州站突出“站城一体”开发设计理念[1]，围绕数字经济、生命健康、现代科教三大核心功能，明确车站周边产业发展方向，并能有效确保产业引入的可靠性。突出台州站城市功能的同时，台州站的站房设计突出构建高效便捷的步行交通体系，出行人群可以利用地下、空中的步行体系，通过站房，实现便利换乘，通达站点广场及周边的各个城市用地区块[2]。“站城一体”的城市设计，叠加人车分流的立体步行体系（见下图），使得台州站具有更为舒适便捷的城市漫游环境与换乘体验，进一步带动与增加土地的商业价值。

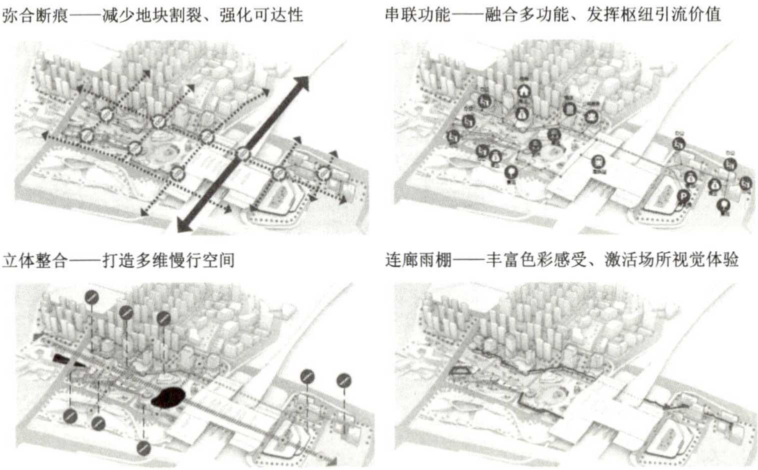

杭绍台铁路台州站“站城一体”流线组织设计示意图（上海星艾&AECOM）

---

［1］ 孙行，曹永刚，张婷.高铁车站“一站一景”设计创新与实践［J］.中国铁路，2021(7): 27–32.

［2］ 周浪雅.高速铁路综合枢纽站城融合模式及交通组织方法研究［D］.北京：中国铁道科学研究院，2021.

（三）精心设计，落地方案研究

台州站及周边综合开发方案经过反复协调修改，得到各方面高度认可，项目公司配合股东方，与台州市开展了具体的项目开发区域、投资平衡等问题的洽谈，积极推动土地熟化。与此同时，项目公司作为杭绍台铁路项目的建设主体单位，逐一落实台州站站房商业综合体、涉铁一期、二期、桥下空间利用等涉铁项目建设。站点及周边土地开发指标最终得到浙江省自然资源厅和台州市自规局大力支持，落实开发用地400亩，为“站城融合活力中心”项目建设打下坚实基础。经项目公司与台州市政府反复沟通讨论，综合开发方案最终确定，项目公司随后开展了用地综合开发模式选择等研究，并明确了具体商务条件等。

（四）经营先行，启动成熟区块开发

根据地块开发条件，项目公司配合股东方因地制宜对红线用地的开发深度和开发边界进行了深入研究，组织了大量潜在消费市场调研。同时，项目公司结合铁路建设推进需要，组织实地踏勘红线范围征迁剩余房产情况，深入挖掘红线内资源开发价值，形成工作推进策略，经与台州市政府反复沟通，协商资源处置的具体方式，为后期开发经营做好充分准备。项目公司还积极与中国铁路上海局集团有限公司就委托运营管理中的运输业务创新管理进行协商沟通，重点聚焦在双方合作创新经营车站商业和广告业务。项目公司依托股东产业资源，完成沿线商铺广告开发布局及商业开发招商等工作。根据台州地方政策，项目公司还充分利用全线桥下空间，寻找商业开发合作方，实现存量资源的最大化利用。在此基础上，项目公司配合股东方综合考虑全线站点周边地块开发条件，统筹推进具备条件的生产生活集约用地开发工作，为本线高铁旅客提供更优质的服务，创造高铁项目最佳效益。

三、"站城一体"开发的对策建议

目前，台州站点及周边土地综合开发项目还在持续推进中，总体上，为了实现综合开发效益的最大化，在项目业态定位、投融资模式和运营管理方式上可以进一步深化研究、优化策略。

（一）科学论证业态开发定位

1．优化论证目标产业类型规划定位

总体上，应遵循以下定位原则：与城市定位和片区的未来发展规划相符；与周边现有产业处理好互补协调发展的关系；能够形成完整的生态产业链条，使各产业之间互相促进；能够为区域配套完善且高质量的第三产业服务，而且中高档房地产项目也可作为备选内容之一。

2．优化论证行业业态开发方向定位

总体上，综合开发商业的功能性、业态比例、种类、业态布局等关键要素，必须以大量的实地调研数据为基础，项目开发建设团队应在以下方面开展详尽工作：①综合开发项目所在城市的宏观背景分析，主要了解城市本底对项目的潜在影响。②站点及周边的自身禀赋要素分析，主要为了确定项目的功能定位，了解站点内部与外部、平面与立体、基础与外观、流线与通道等的相互关系，掌握商业业态元素布局的重点。③项目目标群体画像分析，主要是对潜在消费群体的系统分析，通过消费习惯、消费能力的划分，明确合理的项目消费定位。④商业业态比选及比例的确定分析，主要是基于上述的深入分析结论，对业态进行比选和控制，并通过科学性及实施性相结合的对比方式，进一步对业态比例进行验证。

（二）合理选择投融资模式

鉴于目前综合开发类项目面临的资金短缺现状，为落实长远社会效益最大化及资源集约利用等目标，可在PPP、BOT、财政投入、组合投资等模式中，选择合理的投融资模式。①PPP模式，能够有效降低项目的资金投入，获取项目建设、运营管理经验，可以开展适当的资本运作，提高项目的盈利水平。②BOT模式，能够满足服务功能提供的需要，协议合作期满，政府获得项目的所有权。③财政投入方式，投入的时间和规模有保障，项目的资金成本最小。④组合投资方式，融合上述几种投融资模式，可以达到降低项目资金成本的目标，也可以根据项目的进展阶段采取不同融资手段，尽可能与项目进展保持一致。

（三）推进运营管理方式创新

以整体效益最大化为目标，推进运营管理方式的创新。①引入具有丰富商业运营经验的管理团队。相比较而言，铁路项目的建设管理主体缺乏商业经验，而综合开发类项目的商业运营又是实现商业回报和多元化经营格局的主要路径。因此，杭绍台铁路项目站点综合开发的运营管理中，需要引入或者培养专业的商业人才队伍，对商业开发项目进行专业化的运作管理。②科学论证商业经营的收益平衡点。一般而言，铁路项目站点综合开发运营项目的收益平衡过程中，主要依靠合理的租售比实现。因此，自持还是出租、分租还是整体出租，以及各自对应的比例，决定了项目收益回报的合理性。总体上，若招商的情况和租金价格比较理想，可以选择整体出租模式；若采取分租模式，则需要选择商业地产顾问公司提供全面的管理顾问服务，让专业的人干专业的事。

供稿：熊玮、靳丽芳、肖文华、焦煦

85 铁路领域存量资产盘活的特点和难点是什么？

2022年以来，中央财经委员会会议、国务院常务会议等多次提及基础设施高质量发展，出台具体指导意见，指明盘活存量资产扩大有效投资的实施路径。特别是国务院办公厅发布的《关于进一步盘活存量资产扩大有效投资的意见》（国办发〔2022〕19号）文件中，将综合交通枢纽改造等存量规模较大、当前收益较好或增长潜力较大的基础设施项目资产，作为资产盘活的重点领域，要求“积极盘活存量资产，筹集建设资金，支持新项目建设”，并提出了REITs、PPP、产权交易、兼并重组等资产盘活方式。本题分析铁路领域存量资产的特点并提出盘活建议[1]。

一、铁路领域存量资产现状特点

（一）存量资产总量规模大

浙江省铁路存量资产总量占省级国资资产规模近一成。根据2022年各铁路项目公司的年度审计报告，截至2021年底，浙江省全省范围内，由省级出资主体——浙江省交通集团控股、且已建成运营的线路账面资产合计约1832亿元，占全省省属企业资产总额的9.8%，占省级出资主体资产总额的30.8%。

［1］靳丽芳.浙江铁路存量资产现状与盘活路径建议［J］.交通世界，2024（3）：6-9.

铁路资产规模大，如能在现有基础上有效盘活运营一定比例的存量资产，或将减轻财政压力、化解地区债务风险、助力后续项目建设。

（二）存量资产责任主体集中

浙江省铁路存量资产的股权主要集中在国铁集团、浙江省交通集团，杭州市、金华市、丽水市境内线路多，股比也相对集中。在传统铁路建设阶段，国铁集团和地方按照出资确定股比份额；项目建成运营后，由地方承担委托运输管理单位（如中国铁路上海局集团有限公司）的管理费用，不参与项目经营亏损的弥补工作。2021年，区域合资铁路公司重组整合后，最大的变化在于地方需要承担起存量铁路线路的经营管理责任，最直接的表现是在国铁集团不承担补亏责任的情况下，省、市和沿线地方要协商解决这些存量铁路线路的运营现金流缺口。存量铁路线路沿线地方的股权占比多少，也成为确定该项目需弥补运营缺口金额的主要依据。可以预见，在区域客流相对稳定的情况下，拥有较多线路、承担较大股比的省方出资人以及沿线地方，如杭州、温州、金华、衢州等，均面临持续的补亏责任。

（三）存量资产结构单一

浙江省存量铁路资产账面体现为铁路及构筑物、房屋及建筑物。根据铁路项目公司年度审计报告，铁路公司的铁路及构筑物、房屋及建筑物固定资产账面价值的占比达到91.8%。值得一提的是，区域合资铁路公司重组整合后，公司的资产结构中，曾以“土地综合开发框架协议”方式，明确各存量铁路线路的沿线土地综合开发存量用地，但因土地指标问题无法落地，铁路项目运营的显著外部效益未能真正发挥，土地开发反哺铁路项目建设运营的机制设想未能成型。

二、铁路领域存量资产盘活的难点

（一）存量资产权属界定难

从盘活存量的需求来看，关键前提之一是要合理界定可进行证券化出售（盘活）的铁路资产产权边界，涉及铁路项目资产的所有权、运营权、收益权归属。地方铁路项目一般采用委托运营管理方式，且运营管理费等均按照国铁集团定额确定，地方话语权较弱。在国铁集团、地方政府、项目投资人等多重主体参与下，界定铁路存量资产的边界范围及权属成为一项难度极大的工作。

（二）项目效益平衡难

从浙江省区域铁路公司的8个存量铁路项目来看，国铁集团、浙江省政府出资人以及路线经过的市、区县级出资人均有持股。实践中，地方政府获益主要体现为线路开通运营产生的正外部效应，地方政府补亏体现为真金白银的财政现金流缺口补助，国铁集团负责按照行业定额标准持续稳定收取“委托运输管理费”。因此，铁路项目资产运营管理过程中，各主体的地位不平等，难以实现各方效益的平衡。

（三）实施盘活协调层级复杂

从浙江省存量铁路资产的类型来看，沿线存量用地是一项不可忽视的重要资产，但要真正实现盘活，则面临极其复杂的国土空间用途管制规则流程和部、省、市（区县）、乡镇四级沟通协调。这也是国务院自2013年即发文鼓励铁路沿线土地综合开发，但时至今日，在铁路领域尚未真正破题的原因之一。

三、对策建议

（一）聚焦盘活存量资产重点方向，建立联动工作机制

明确铁路存量资产盘活的重点项目、重点内容等。①对产权不明晰的项目，要求依法依规理顺产权关系，加快办理相关产权登记，确保基础设施项目权属清晰、资产范围明确，土地使用依法合规。②对项目前期手续不齐全的项目，协调发展改革、自然资源、住房和城乡建设、工商等部门补办投资管理手续，确保审批、规划、用地、环评、施工许可、竣工验收等手续证照齐备。③针对制约存量资产盘活的重点问题，需要完善配套政策，建立统筹协调机制，制定合理解决方案并积极推动落实。

（二）优化完善存量资产盘活方式，探索创新盘活路径

从推动基础设施REITs发展、促进产权规范交易、探索盘活存量和改扩建有机结合等角度全方位发力盘活存量资产。①创新土地综合开发模式。重点是突出强化路地政策的协调一致，重视双方的合作共享。路局和存量资源所在地政府，要理清家底，按照“集零归整、分类施策”的思路，针对不同性质的资源进行“一事一议”。要强化“项目谋划”思维，从有利于推进项目的角度，对于用地的规划、出让，合作方式的选择，业态组合的方式等进行充分的论证。②创新PPP模式在内的股权置换方式。在充分评估资产属性和价值的基础上，主动对接资本市场，选择有条件的非运输企业或相关资产，开展股权化证券化置换。③推进混合所有制改革。选择有条件的资产所属主体，探索推动其与金融、旅游、文化等领域的龙头企业或优势企业合资合作，形成业务互补和错位合作格局，打造混合所有制企业的全产业链竞争优势。

（三）加大盘活存量资产政策支持，加快补齐政策缺口

积极落实项目盘活条件，完善规划与财税金融政策，有效提高项目收益

水平。①积极创造条件盘活铁路存量资产。积极落实相关资产产权界定、手续办理等项目盘活条件，完善规划、产权登记和用地用海、财税金融等政策，完善市场化运营机制，提高项目收益水平，形成政策合力。②充分挖掘闲置低效资产价值，支持以兼并重组等其他盘活方式盘活收益水平较低的存量资产。③加快研究完善配套政策，按照现行REITs工作指引，积极落实存量铁路资产的产权界定、手续办理等项目盘活条件中存在的突出问题，研究破解存量用地权属复杂等涉及用地规划、市场化运营等方面的障碍。

（四）用好盘活资金增加有效投资，形成互动效应

引导做好盘活资金使用，加强配套资金支持，精准有效支持新项目建设。①明确盘活资金用于新增铁路基础设施项目建设，以存量带增量、以融资促投资，形成资产—资本—资金—投资—项目的良性循环，有效弥补新建项目资本金缺口，为债务融资提供良好信用基础。②建立并完善可持续发展机制，加强合资铁路公司的经营现金流筹划。有条件的合资公司，可探索采用资产证券化、售后回租、资产重组等盘活手段，将既有铁路股权转变为流动性更强的金融资产或者现金，提高资金运作水平，尽可能减少需地方政府承担的经营性现金流缺口。

供稿：靳丽芳

86 铁路项目运营亏损的成因和解决路径有哪些？

随着铁路领域投融资体制改革不断深化，国铁集团按照“分类投资建设与分层管理”原则，加快全国铁路网通道上合资铁路线路的改革步伐。相较于高速公路、城市轨道等区域路网交通基础设施项目的“建-管-运”成熟模式，分层管理后的合资铁路线路，普遍面临经营亏损问题。鉴于铁路基础设施的特殊属性，逐步扩大的运营亏损导致合资铁路公司经营现金流缺口呈现逐年扩大趋势，甚至直接影响到合资铁路公司的运转。本题探讨铁路项目经营亏损的成因并提出初步解决路径[1]。

一、铁路经营亏损成因分析

不论是从铁路项目本身，还是从铁路行业管理体制以及交通运输行业客观情况来看，铁路具有较强的公益性，线路自身经营属性很弱，这是造成持续亏损的根本原因。

（一）铁路项目可行性预测存在偏差

1．线路内部收益率低于行业基准

对照部分铁路项目的可行性研究报告数据，基于一定客流基础预测得出

[1] 靳丽芳，祝诗蓓，徐斌.浙江省铁路运营现状、问题与对策［J］.智慧中国，2023（11）：25-27.

的财务内部收益率，通常无法达到行业基准3%的要求，为使项目可行，需要采用土地综合开发、财政补贴等方式进行弥补。

2．线路客货流实际值低于预测

在铁路项目研究立项阶段，部分项目在可行性研究报告中，已作为流量预测在内的工业货源、人流货源，由于种种原因未能全部实现，使得线路的客货流预测值远高于实际值。比如衢宁铁路的货流预测中考虑了宁德漳湾港铁路专用线的运输量，但衢宁铁路开通近3年，铁路专用线却还未开工。

3．线路通行能力发挥不充分

在国铁集团统一规划、集中调度“全国一盘棋”格局下，一方面浙江省部分存量铁路线路的关键配套项目未能与主线项目“同步立项、同步实施、同步投产”，也影响了主线通行能力的充分发挥。如金台铁路头门港铁路二期工程、金温货线（金华南至武义东段）电气化工程等工程实施缓慢，铁路通行能力未得到充分发挥。另一方面，浙江省部分存量铁路线路与新开通项目之间存在“同通道客流竞争”现象，导致通道线路都“吃不饱”。如在2015年已通车的金丽温铁路通道上，还有金温货线、杭台高铁以及后续杭温铁路等3个同向线路，势必会对南北向通道的相对固定客流造成分流。

（二）铁路行业管理经营属性不足

1．铁路运输收入来源固定且单一

由于存量铁路项目绝大多数采用委托运输管理的方式，铁路收入清算机制为国铁集团和受托国铁地方局统一把控，地方缺少议价的话语权。而从铁路客货运输收费标准来看，出于铁路的公共品属性定义，铁路客票单价已十余年未上涨；委托运输管理模式下，线路项目公司与被委托运营路方结算的线路使用费、接触网使用费收费标准执行了近十年未变。总体上，在地方人口规模和经济发展程度等相对平稳，收费标准不调整的情况下，铁路运输的客货运收入水平，短期内不会有太大波动。

2．铁路运营成本持续攀升

从铁路运营成本构成看，铁路线路的委托运输管理费、还本付息以及折旧等刚性成本占比达到85%～90%。铁路运营成本的持续攀升，主要体现在委托运输管理费的“人工成本”，这部分成本占了委托运输管理费的65%～80%。

3．非干线普遍“收入不能覆盖支出”

从现有国家路网线路运营情况来看，承担国家路网主骨架、客货流密度高的线路，比如京沪高铁、沪杭高铁，能够实现盈利；其他区域连接线、城际铁路等属于非干线通道铁路，线路自身的客货流密度相对较低，运输收入均不足以覆盖成本。

（三）铁路建造成本大幅攀升

以功能和技术标准相近的金丽温铁路（2010—2015年）、杭黄铁路（2014—2018年）、金建铁路（2020—2024年）为例，由于10年间征地拆迁等政策处理费用、综合工费、材料价格等大幅上涨，三条铁路的技术经济指标分别为0.92亿元/公里、1.30亿元/公里、1.85亿元/公里，近10年间，浙江省铁路的单公里平均工程造价涨幅近100%。在资本金比例保持在40%～50%的前提下，铁路建设工程造价越来越高，项目融资规模也越来越大。建设期结束，项目进入正式运营期后，将面临巨大的还本付息压力。

据测算，“十四五”期间，运营中的铁路项目经营成本中，财务费用支出占运营现金流缺口50%以上，无形中抬高铁路项目经营的压力。

二、减少亏损的建议

铁路项目的运营亏损，既有项目自身的“先天不足”因素，也要受到国家铁路行业固有体制的深刻影响。铁路作为战略性、关键性基础设施，需要在继续深耕、为公众提供优质公共产品的同时，考虑提高铁路运营效益、尽量缩小亏损面。建议从提高线路运营效率、加快资源配套支撑、发挥铁路产业链综合效益三方面入手。

（一）提高线路运营效率

一是提高铁路运输收入。客运线路上，做好客流分析，提高列车上座率；加强与路方沟通对接，积极争取“多开车、开好车”，努力保障列车按图开行，加大线路使用费和接触网使用费等收入清算核算力度，做到“颗粒归仓”；货运线路上，精准投放金温货线运能，减少付费等成本支出；加大金温货线以货补客力度，保持港铁联运增长；推进金台铁路钢材、石制品货运上量。二是挖潜压降经营成本。针对人工工资涨幅，协调路局按照实际工资增长水平核减涨幅低于计划的部分；逐步推行存量铁路客（货）运、安检人员劳务外包。

（二）加快配套体系支撑

一是加强铁路配套项目建设支撑。针对制约路网运力发挥的瓶颈，加快实施头门港支线二期、金温货线（金华南至武义东）电气化、金华铁路枢纽扩能改造提升工程、沪乍杭铁路等项目，优化完善浙江省区域路网布局，提升省方控股铁路的运输能力。二是创造存量资源盘活条件支持。通过资产证券化、重组、转让等方式盘活存量资产，利用铁路运输优势，加大矿产资源、物流园区等开发力度，积极创造条件通过铁路运输，提高项目线路收益水平。

（三）发挥铁路产业链综合效益

一是提高多种经营开发收入。加强对红线范围内的房屋、土地资源以及自主运营线路列车冠名、车站商铺等权属资源开发利用。二是提升主业产业协同效益。加强与省内设计、施工、能源、物贸等关联企业之间的协同，提高产业协同收益。继续推动研究解决土地指标问题，通过土地、矿产等资源合作开发增加收入，弥补部分亏损。

供稿：靳丽芳

87 铁路项目发行REITs的机遇和挑战是什么?

铁路行业发行REITs具有显著的政策利好条件，也受铁路行业管理体制以及具体项目的个性条件影响。本题主要分析铁路项目发行REITs的机遇和挑战。[1]

一、主要机遇

(一)良好的政策支持环境

近几年来铁路领域深化投融资改革，鼓励铁路资产股权化、证券化、资本化，以盘活存量资产，形成存量资产和新增投资的良性循环。同时2016年以来，财政部、国家发展改革委、中国证监会等部门密集发布了推动基础设施REITs的相关政策。

(二)铁路项目营业现金流稳定

铁路项目经过一定的培育期、运营期后(一般2～3年)，能形成较为稳定的客流，从而产生比较持续、稳定、可预测的现金流，这与REITs对基础资产现金流的要求完全一致。

---

[1] 周华富.铁路PPP项目实施机构管理实务——以杭绍台铁路PPP项目管理实践为例[M].北京：中国市场出版社，2023.

（三）铁路项目资产估值较高

相比于一般交通基础设施项目，铁路项目投资规模庞大，资产估值起点较高。公募 REITs产品一般按未来可分配现金流折现估值，即在净利润基础上将折旧摊销、财务费用及所得税加回，相较IPO 按未来归属母公司净利润折现估值，相同的铁路资产发行公募 REITs产品募集的资金规模将更大。

二、主要挑战

（一）铁路项目涉及面广，权属复杂，100%股权转让协同难度大

要求发起人（原始权益人）、项目公司相关股东协商一致同意转让。相关职能部门或协议签署机构应对项目以100%股权转让方式发行基础设施REITs无异议。对 PPP（含特许经营）类项目，PPP（含特许经营）协议签署机构、行业主管部门应对项目以100%股权转让方式发行基础设施 REITs 无异议。

（二）铁路项目普遍收益一般，难以满足收益率要求

要求现金流持续稳定且来源合理分散，投资回报良好，近3年内总体保持盈利或经营性现金流为正。特许经营权、经营收益权类项目，基金存续期内部收益率（IRR）原则上不低于5%；非特许经营权、经营收益权类项目，预计未来3年每年净现金流分派率原则上不低于3.8%。

（三）铁路项目普遍高负债，需去杠杆满足杠杆率要求

对于公募REITs项目，其直接或间接对外借入款项，应当遵循基金份额持有人利益优先原则，不得依赖外部增信，借款用途限于基础设施项目日常运营、维修改造、项目收购等，且基金总资产不得超过基金净资产的140%。其中，用于基础设施项目收购的借款金额不得超过基金净资产的20%。铁路项目往往存在大额的银团贷款，因此也超过了上述指引对借款比例的要求，需要提

前偿还大部分借款。

三、对策建议

目前，铁路领域、PPP项目均无成功发行的案例，铁路PPP项目发行基础设施REITs的可行性仍有待研究。针对铁路行业开展REITs试点，提出以下四个方面的研究建议：

（一）做好项目遴选分析，建立项目储备库

目前，国内积累了庞大的存量铁路资产，新建项目仍在如火如荼进行中。根据中金公司初步测算，铁路REITs潜在市场规模有望达到7000亿元。从项目控股方看，可分为国铁控股铁路、合资铁路（地方控股）、铁路PPP项目等；从基础资产收益来源上看，可分为产权类、特许经营权或经营收益权类。针对不同项目类型特点，开展前瞻性、针对性研究、分类施策，选择权属清晰、现金流良好、具有潜力的铁路资产形成项目储备库，重点培育、滚动推进。

（二）成立高级别领导组织，统筹推进项目试点

借鉴公路项目REITs试点经验，铁路项目具有规模大，涉及面广，协调沟通事项繁杂等特点，高级别领导组织有利于重大事项决策、协调，加快项目推进。比如中金安徽交控REITs，安徽交控一开始就成立了以集团一把手为组长的工作组，加强相关方统筹协调，成功实现了项目发行规模大、底层资产优、发行周期短、市场认可度高等良好效果。

（三）加强项目合规性核查，提高项目可交易性

一是土地权属问题。对项目公司拥有土地使用权的非PPP（含特许经营）类项目、PPP（含特许经营）类项目分类分层考虑。借鉴目前公路行业试点经验，可采用剥离部分涉地资产、土地作价入股两种路径解决土地权属难题。二

是股权转让问题。铁路是线性工程，涉及地方政府、相关部门繁多，相关职能部门或协议签署机构应对项目以100%股权转让方式发行基础设施REITs无异议。在机制设计上要提高各方积极性，做到利益共享。三是项目收益率问题。多维度实施引流增源举措，发挥项目公司、地方政府主观能动性，利用各类平台、渠道加强品牌宣传；通过发挥沿线文旅、产业特色优势，完善站点周边市政配套等针对性措施，吸引客流，增加项目收益。

（四）加强铁路PPP项目REITs试点研究

一是控制权问题。发行REITs后，不能削弱原始权益人对项目的责任义务，可通过回购一定比例份额或其他机制设计上（如引入一致行动人）加以保障，保证项目高质量稳定运营、公众利益不得受损。二是收益来源问题。目前铁路PPP项目，经营收入中政府补贴占比较高。在满足铁路运营安全的前提下，充分利用车站内部空间、屋顶、沿线边坡、桥下空间、闲置房屋等，提升空间综合利用率，增加收入来源，做到合理分散。三是发起人扩募能力问题。发起人需要以控股或相对控股方式持有可发行基础设施REITs的各类资产规模原则上不低于拟首次发行资产规模的2倍。

供稿：范高龄

88 铁路项目发行公募REITs需要什么条件？

推动优质铁路资产资本化、股权化、证券化，是深化铁路投融资体制改革的重要举措，对于持续提高铁路企业治理体系和治理能力现代化水平，增强企业核心竞争力，实现高质量发展具有重要意义。本文梳理相关政策要点，分析已发行REITs项目特点，整理REITs发行条件。

一、政策要点

（一）政策依据

2021年7月，国家发展改革委发布《关于进一步做好基础设施领域不动产投资信托基金（REITs）试点工作的通知》（发改投资〔2021〕958号），是目前基础设施REITs政策文件中最全面、最重要的文件，是主要依据。2023年3月，国家发展改革委发布《关于规范高效做好基础设施领域不动产投资信托基金（REITs）项目申报推荐工作的通知》（发改投资〔2023〕236号），是补充创新。该236号文件政策要点体现为四个"首次"，即首次提出项目"前期培育"提法；首次将"消费基础设施"纳入支持范围；首次对项目分类的内部收益率水平进行区分；首次对回收资金使用结构进行细化约束。

（二）审核要求

根据国家发展改革委、中国证监会相关文件，特别是《关于进一步做好基础设施领域不动产投资信托基金（REITs）试点工作的通知》及附件《基础设施领域不动产投资信托基金（REITs）试点项目申报要求》（发改投资〔2021〕958号）、《关于规范高效做好基础设施领域不动产投资信托基金（REITs）项目申报推荐工作的通知》（发改投资〔2023〕236号），以及中国国际工程咨询有限公司咨询评估经验，公募REITs核心审核条件如下：

1．资产运营成熟

资产建设竣工运营3年以上，已有持续稳定的现金流，并具有较好的增长潜力和经营能力。申报发行基础设施REITs的特许经营权、经营收益权类项目，基金存续期内部收益率（IRR）原则上不低于5%；非特许经营权、经营收益权类项目，预计未来3年每年净现金流分派率原则上不低于3.8%。

2．合规性符合要求

资产产权清晰（特别是土地使用依法合规），已履行固定资产投资相关手续，通过竣工验收。原始权益人信用稳健，内部控制制度健全。

3．市场化运营

现金流来源具备合理分散度，主要由市场化运营产生，不依赖第三方补贴等非经营性收入。

4．产品结构完整

原始权益人享有完全所有权或经营权，不存在重大经济或法律纠纷，且不存在他项权利设定，基础设施基金成立后能够解除他项权利的除外。

二、目前基础设施REITs申报发行情况

（一）已发行情况

2021年6月21日首批9个试点REITs项目上市挂牌交易以来，截至5月底，我国公募REITs基金共27个标的，募集资金达908.92亿元（详见下表）。

国内已发行公募REITs产品概况

时间	产品名称	资产类别
2021年6月	博时招商蛇口产业园REIT	产业园区
2021年6月	东吴－苏州工业园区产业园REIT	产业园区
2021年6月	华安张江光大园REIT	产业园区
2021年12月	建信中关村产业园REIT	产业园区
2022年10月	国泰君安东久新经济REIT	产业园区
2022年10月	华夏合肥高新产业园REIT	产业园区
2022年10月	国泰君安临港创新产业园REIT	产业园区
2022年12月	华夏杭州和达高科产业园REIT	产业园区
2021年6月	浙商证券沪杭甬高速REIT	高速公路
2021年6月	平安广州交投广河高速公路REIT	高速公路
2021年12月	华夏越秀高速公路封闭式基础设施REIT	高速公路
2022年4月	华夏中国交建高速REIT	高速公路
2022年7月	国金中国铁建高速REIT	高速公路
2022年11月	华泰江苏交控REIT	高速公路
2022年11月	中金安徽交控REIT	高速公路
2022年8月	华夏北京保障房REIT	保障性租赁住房
2022年8月	红土创新深圳人才安居REIT	保障性租赁住房
2022年8月	中金厦门安居保障性租赁住房REIT	保障性租赁住房
2022年8月	华夏基金华润有巢REIT	保障性租赁住房
2021年6月	中金普洛斯仓储物流REIT	仓储物流
2021年6月	红土创新盐田港仓储物流REIT	仓储物流
2023年2月	嘉实京东仓储基础设施REIT	仓储物流
2022年7月	鹏华深圳能源REIT	清洁能源
2023年3月	中信建设国家电投新能源REIT	清洁能源
2023年3月	中航京能光伏REIT	清洁能源
2021年6月	中航首钢生物质REIT	生态环保
2021年6月	富国首创水务REIT	生态环保

从发行数量上看，已发行的REITs基金中，产业园区、高速公路资产类型分别为8只、7只，位居前两位。产业园区类别在首批上市的9只REITs基金中

占比达到1/3，目前仍位居上市REITs数量首位。

从发行规模上看，高速公路REITs远远领先于其他类型，目前已上市的7只高速公路REITs平均发行规模达到62.47亿元，约为全部REITs平均值33.66亿元的两倍。总量上，高速公路REITs合计发行规模达到437.3亿元，约占总体发行规模的1/2。

从收益上看，已上市27支REITs对2022年的预测派息率为4.11%～12.18%，平均预测派息率为6.28%；特许经营权类REITs派息率多数高于均值，缘于到期时间明确，资产价值逐年下降，且“到期”后底层资产剩余价值趋于零，特许经营权REITs所分派现金流可视为包含对本息的支付。

（二）铁路领域试点情况

2020年9月，国铁集团宣布以沪汉蓉铁路湖北段、粤海铁路轮渡和广珠城际铁路开展铁路基础设施REITs试点。其中，广珠城际铁路由广东铁投集团牵头开展相关研究，2020年以来，已与银行证券金融机构、律师事务所、会计师事务所等10余家中介机构专题对接研讨，近几年受新冠疫情影响项目收益率未达标，尚未通过评审。沪汉蓉铁路湖北段主要存在土地权属、收益率等问题，尚在研究中。

近期，粤海铁路轮渡有限公司100%股权转让项目在上海联合产权交易所发布了预披露公告，这标志着铁路领域首单基础设施REITs发行工作正式进入实操阶段。粤海铁路轮渡是我国第一条跨海铁路通道，于2003年1月7日开通运营，海上航线距离约12.5海里（相当于22.5公里）。本项目具有三大特点：①在土地权属上，粤海铁路轮渡是过海的，不涉及土地资产收购方面的问题，可把运输业务作为主营业务；②在定价上，定价灵活、比较市场化；③在同业竞争上，粤海铁路轮渡主要由目前的四艘万吨级渡轮来实现，火车通过琼州海峡没有其他竞争路线，收益稳定性有较大保障。鉴于以上特点，本项目化解了很多传统铁路资产证券化的难点，有望成为铁路领域第一单REITs。

供稿：范高龄

89 铁路项目建设过程中地方政府工作成效怎么定量评价？

为定量衡量铁路项目建设过程中地方政府工作成效，浙江省创新提出“浙江省在建铁路推进指数”，动态掌握全省在建铁路项目建设进度，以定量指数方式衡量沿线政府工作成效，营造“比学赶超”工作氛围。本题主要分析该指数体系的架构内容。

一、指标体系架构

根据铁路项目建设推进的实际，从沿线地方政府“出钱、出地、出力”三方面工作考量各地铁路项目推进绩效，指标设置遵循以下原则：数据真实、可得、可比较，结论形象、直观、可感受，被考核者客观、认可、受激励。

初步考虑指数体系由“三率”加权构成。“三率”是指年度投资计划完成率、年度征迁政策处理完成率、年度资本金出资完成率。“加权”是指设置指标权重、工作任务权重。

（一）“三率”指标

1．年度投资计划完成率

$$年度投资计划完成率=\frac{项目沿线市、县（市、区）已完成投资额}{省发展改革委下达给项目沿线各地投资计划额}\times 100\%$$

2．年度征迁政策处理完成率

$$年度征迁政策处理完成率=\frac{项目沿线市、县（市、区）已完成征迁处理量}{项目沿线各地年度征迁处理量}\times 100\%$$

3．年度资本金出资完成率

$$年度资本金出资完成率=\frac{项目沿线市、县（市、区）已出资资本金额}{项目沿线各地年度征迁处理量}\times 100\%$$

（二）“权重”设置

1．指标权重

结合当前浙江省在建铁路的实际推进情况，对“三率”所代表的具体工作进行分解，并赋予权重比值。其中，权重比值有三种方案备选。

方案1：投资计划和资本金到位各占15%，涉及土地的7个指标，占70%；

方案2：投资计划和资本金到位各占8%，涉及土地的7个指标，占84%；

方案3：考虑工作任务重要程度，资本金到位和涉及土地的大临用地、主线交地、主线拆迁、三电迁改占60%，投资计划和油气管线、土地组件、砂石利用占40%。

指标权重构成方案见下表。

浙江省在建铁路推进指数“三率”指标权重构成方案

指标类型	指标名称	指标内容	权重方案1		权重方案2		权重方案3	
年度投资计划完成率	1. 投资完成额	年度投资计划分劈至月度执行，沿线各地按月实时报送投资进度	15	15%	8	8%	10	10%

续表

指标类型	指标名称	指标内容	权重方案1		权重方案2		权重方案3	
年度征迁政策处理完成率	2. 用地组件报批量	项目用地组件、报批、审批进展情况、完成情况	10	70%	12	70%	10	78%
	3. 大临用地交地数	项目所需大临用地选址、审批、交付进展情况和完成情况	10		12		12	
	4. 主线征地交地数	项目建设推进所需主线用地审批和交地进展情况	10		12		12	
	5. 主线范围拆迁数	项目建设主线范围内的民房、企业、坟墓拆迁量、拆迁进度、拆迁完成情况	10		12		12	
年度征迁政策处理完成率	6. 隧道矿石、洞渣、取弃土利用数	项目建设中涉及的矿产等资源线内使用审批量、使用量		70%	12	70%	12	78%
			10		12		10	
	7. 三电迁改数	项目建设中的电力线路迁改工作量、完成数	10		12		12	
	8. 其他管线迁改数	项目建设中的油品、天然气管线等其他线路迁改工作量、完成数	10		12		10	
年度资本金出资完成率	9. 资本金出资额	年度资本金出资分劈执行，沿线各地按出资节奏报送出资完成情况	15	15%	8	8%	12	12%
合计			100	100%	100	100%	100	100%

2．工作任务权重

按照浙江省当前在建铁路推进的轻重缓急，以及各设区市在推进项目年度建设任务中的任务难度、工作量多少，“三率”指标设区市工作任务权重。详见下表。

表 89–2　2020 年“三率”指标设区市任务权重表

设区市名称	“年度投资计划完成率”权重	“年度征迁政策处理完成率”权重	“年度资本金出资完成率”权重
杭州市	1.2	1.2	1.1
宁波市	1.1	1.2	1.3
温州市	1.2	1.2	1.1

续表

设区市名称	“年度投资计划完成率”权重	“年度征迁政策处理完成率”权重	“年度资本金出资完成率”权重
湖州市	1.0	1.0	1.0
绍兴市	1.3	1.2	1.3
金华市	1.3	1.3	1.2
衢州市	1.2	1.2	1.1
台州市	1.3	1.0	1.2
丽水市	1.2	1.0	1.1
舟山市	1.0	1.0	1.0
嘉兴市	1.0	1.0	1.0

注：1．权重设置值分1.0、1.1、1.2、1.3四档，按照该设区市本年度工作任务占全省总量的比重高低赋值。

2．该设区市本年度工作任务由具体铁路项目建设任务分劈至本地区的工作量累加确定；全部项目建设任务累加为全省总量。

3．1.0代表占比在5%以下，1.1代表占比在5%（含）～10%，1.2代表占比在10%（含）～20%，1.3代表占比在20（含）以上。

二、指标评测数据采集

按照浙江省铁路建设推进攻坚专班编制的“每日动态”信息，参照湖杭铁路信息报送流程，本指数的数据采集流程初步拟定如下图：

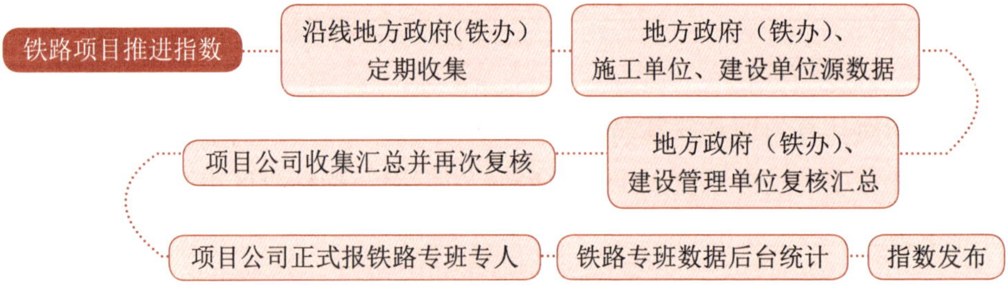

指标数据采集流程图

三、指标评价表现形式

依据项目推进实时报送数据统计，先以“指标权重”加权分别得出市、县（市、区）的“三率”指标，再以“工作任务权重”加权，得出各设区市的铁路项目推进指数，最终以图表格式展现。结合现有在建铁路项目推进数据，适当补齐，试算结果如下：

以杭州地区为例，“三率”指标权重采用方案二。杭州地区湖杭铁路、杭衢铁路，涉及余杭区、西湖区、富阳区、桐庐县，建德市。按照前述“三率”分项目内容整理数据如下表。

杭州地区在建铁路项目推进指数试算表

序号	指标类别余杭区		湖杭铁路				杭衢铁路	“任务权重”加权
			余杭区	西湖区	富阳区	桐庐县	建德市	
1	年度投资计划完成率		0.3	0.3	0.3	0.3	0.2	0.0269
得分指标权重（方案二）			0.024	0.024	0.024	0.024	0.016	
2	年度征迁政策处理完成率	用地组件	1	1	1	1	0.5	0.3387
3		大临用地	0.36	1	0.94	0.67	0	
4		主线征地	0.08	0	0.62	0.07	0.017	
5		主线拆迁	—	—	—	—	—	
6		矿石利用	—	—	—	—	—	
7		三电迁改	0.28	0.5	0	0	0	
8		其他迁改	0.5	0.22	1	1	0	
得分指标权重（方案二）			0.2668	0.3267	0.4273	0.3284	0.0621	
9	年度资本金出资完成率		1	1	1	1	0.65	0.0818
得分指标权重（方案二）			0.08	0.08	0.08	0.12	0.052	
杭州地区在建铁路项目推进指数								0.4474

注：1．灰色部分数据未获取。
2．表格内1～9项数据为各地的任务已完成数与计划数的比值，直接取数作为得分。
3．杭州市铁路项目推进指数。

同理，模拟试算其他设区市指数，可最终得到全省各设区市铁路项目推进指数对比图（详见下图）。

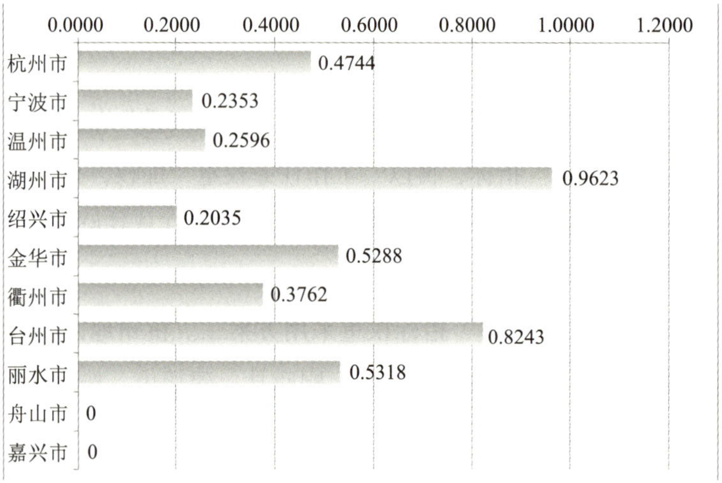

在建铁路项目推进指数

供稿：浙江省铁路建设推进攻坚专班

90 铁路项目数字化征迁如何开展？

数字化征迁能更好适应铁路建设和项目管理新要求，助力阳光征迁、公正征迁、高效征迁，保障浙江省铁路项目建设顺利推进，提升征迁管理和工作水平，高标准高质量推进铁路建设。本题总结浙江省依托铁路建设数字征迁平台，支撑铁路建设征迁工作全周期覆盖、全流程记录、全信息存证等主要工作情况。

一、数字化征迁的工作要求

（一）依法依规，管理有序

要严格遵守、执行有关法律法规和政策规定，健全工作机制，配齐工作力量，全方位规范组织数字化征迁，细化完善实施流程、方法、标准和要求等，于法周延、于事有效。

（二）创新创造，务求实效

要紧跟改革步伐、紧盯问题需求，深度挖掘征迁工作与数字技术的契合点、突破口，打通信息壁垒，不断探索数字化征迁新场景、新功能，推动征迁工作更加集约高效。

（三）积极应用，合力推进

要积极推动应用数字化手段开展征迁工作，畅通共商共享渠道，形成集智聚力态势，依靠征迁全域工作力量开展铁路建设数字征迁探索实践，推动铁路建设征迁工作再上台阶。

二、数字征迁管理架构

2019年5月14日，浙江省发展改革委提出，为积极落实建设数字浙江要求，提升征迁工作水平，保障铁路项目顺利推进，要高起点打造数字征迁平台，高效率启动数字征迁试点，全过程形成推进合力。2020年5月，浙江省发展改革委会同浙江省自然资源厅、华东勘测设计研究院建立了“浙江省数字征迁平台”，并以杭衢铁路为试点项目，开展数字化征迁工作。

“浙江省数字征迁平台”的总体框架，是通过“3个1+N”的工作模式和“4个1”的管理模式，实现“图上征迁”“掌上监管”。其中，“3个1+N”，1张地图（项目高清正射影像叠加地形图）、1套框架（征迁安置工作全周期全信息体系框架）、1套表格（征收业务输出表）+N展现形式（项目联络群、工作指挥舱、移动终端App等）；“4个1”是指1图（征迁位置标图）、1舱（征迁工作指挥舱）、1群（征迁进度的项目联络群）、1账（征迁资金征迁进度台账）。

三、数字化征迁如何开展

（一）建立健全工作机制

结合铁路建设任务牵头组建数字化征迁工作专班，建立横向到边、纵向到底的协同网络，制订目标任务，明确责任分工，建立工作机制，及时总结经验做法，提出迭代创新意见，全方位、全过程协调保障数字化征迁工作高效推进。

（二）加强资源要素保障

合规合理测算数字化征迁所需经费，支持相关经费计入项目初步设计批复概算。积极探索数字化征迁信息安全流转渠道和安全存证平台，推动市级自然资源、公安、住房和城乡建设等部门数据共享，打通信息孤岛，打破数据壁垒，减少信息获取成本，提升信息输出价值。

（三）聚力推进技术创新

建立数字征迁技术革新多方合作机制，畅通交流渠道，依靠技术服务团队、一线征迁工作队伍及实施机构出谋划策，集思广益，持续挖掘数字征迁平台功能迭代的突破点，推动数字征迁优化升级。鼓励数字征迁技术服务机构开展研发课题申报，对审核通过的研发课题予以课题立项，依规保障经费。

供稿：胡杰

91 铁路项目建设运营中如何发挥党建引领作用？

杭绍台铁路作为浙江省“一带一路”全省大通道建设重点项目，是国家发展改革委2015年确定的首批八个社会资本投资铁路示范项目之一，是国家沿海铁路快速客运通道的重要组成部分，也是铁路领域落实党中央、国务院关于支持民营经济改革发展决策部署的重要示范项目。本题从党建视角出发，总结杭绍台铁路改革道路上始终把党的政治建设放在首位的工作经验。

一、开展“联建共创”，实现按期高质量开通运营

为确保国家改革示范项目取得成功，杭绍台铁路公司党委秉承“合同管理有界面、联建共创无界限”理念，坚持党建引领不动摇，牵头联动沿线各级政府及参建各方党组织，开展了贯穿工程4年建设期的“党旗飘扬杭绍台、联建共创筑精品”（简称党建“联建共创”）党建主题活动，以此为平台凝聚全线近百个基层组织、千名党员、上万名员工，形成了加快工程建设的强大合力，并逐步形成党建“1-5-6”工作法。即：围绕“一个”主题（党旗飘扬杭绍台联建共创筑精品），紧扣“五大”发力（把握大方向、构筑大平台、凝聚大合力、确保大安全、实现大目标），突出“六联”抓手（组织建设联抓、工程建设联推、主题活动联办、建设资源联享、服务一线联动、和谐环境联创），在征地拆迁、项目建设、质量安全、新冠疫情防控等工作中都发挥了重要作用，

不断激发改革示范项目的活力。

在征地拆迁方面。全线涉及一百多个乡镇街道，地理位置复杂、方言类型多样，参建单位充分发挥“联建共创”平台作用，通过与地方政府成立“联合临时党支部”等形式，内外联动做好群众工作，着力破解语言关、疏通心理关、打通交流关、构建和谐关，有力确保了征迁进度。

在工程建设方面。通过全面发挥党组织战斗堡垒和党员先锋模范作用，在确保工程进度的同时，创造了椒江特大桥主墩钻孔桩深度达143米、国内没有先例的硅藻土施工、华东地区最长隧道、首个单洞四线大断面隧道等多项高铁建设施工记录，央视《新闻联播》报道10次，其他中央级媒体报道百余次。

在质量安全方面。各级党组织加大监督力度，以对质量安全问题“零容忍”的态度，确保建设程序依法合规、建设标准更高一格。同时，通过建立监理联合党支部，进一步凝聚和发挥监理的作用，确保监督管理的到位和深入。

在新冠疫情防控方面。2020年面对新冠疫情影响，全线通过深入开展“党旗飘扬杭绍台、全面大干掀高潮”等专题活动，坚持“一手抓新冠疫情防控、一手抓施工生产”，全力夺回了受新冠疫情影响的建设时间损失，实现了“工期不变、投资任务不变”的目标。

杭绍台铁路党建探索实践相关经验已受到各方高度肯定，《党建研究》、《光明日报》、《经济日报》、《共产党员》、党建网、人民网等分别对比进行经验介绍和关注报道。

二、推进“党建联建”，持续助力高质量发展

2022年1月8日，杭绍台铁路高质量通车。随着项目正式开通进入运营期，党建引领作用持续发挥，党建联建继续探索实践，为杭绍台铁路安全有序运营保驾护航，为沿线经济社会高质量发展贡献力量。

（一）开展路地党建联建，做大做强“红色朋友圈”

杭绍台铁路委托中国铁路上海局集团有限公司运输管理，较建设期涉及更多的铁路单位，沿线政府在建设期设立的指挥部也大多是临时机构，项目开通后临时党组织也随之解散。运营期如何更好地联合政府、铁路等各方，打破壁垒，实现线路可持续发展，由杭绍台铁路公司党委和中国铁路上海局集团有限公司杭州铁路办事处党委共同牵头开展党建联建，继续打起“党旗飘扬杭绍台”大旗，围绕服务沿线经济社会发展，开展“党旗飘扬杭绍台、路地联建共富路”活动。

党建联建是以杭绍台铁路为载体，铁路、地方各级党组织进行联建共创的组织。通过共建党建合作平台、共推特色党建工作、共筑铁路安全屏障、共促区域经济发展、共强党建宣传力度等方式，以组织共建、安全共抓、活动共助为抓手，不断发挥各方优势，挖掘杭绍台铁路线路特点，融合沿线丰富多样的产业与自然人文资源，做大做强“红色朋友圈”，实现合作共赢，有力保障好人民群众出行，带动沿线经济社会发展，携手共筑富裕之路。

（二）发挥党建联建优势，便利人民群众出行

通过发挥党建联建的作用和优势，群众、地方政府及民营联合体等各方对于列车开行时间和密度的呼声得以有效传递，杭绍台铁路列车开行得到了国铁集团、中国铁路上海局集团有限公司的大力支持。2022年列车运行图图定跨线日常列车从一季度17.5对提升到二季度18.5对、三季度19.5对，再到四季度的24.5对，通往上海、广州、杭州等经济发达地区的列车对数实现持续增长。在四季度运行图中，杭绍台铁路图定运力再创新高，较前期增加了广州、东莞、徐州、盐城、界首、亳州等方向的列车，增加了列车开行密度，全年发送旅客量超500万人次，在为群众出行带来实惠便利的同时，也给沿线发展带来越来越多的机遇。2023年1—4月，杭绍台铁路累计发送旅客超400万人次，“五一”期间，运送旅客超45万人次，其中5月1日当天发送旅客首超4万人

次，创开通运营以来新高，预计后续客流还将稳步增长，杭州至台州“一小时交通圈”的快捷通道作用正日益凸显。

（三）党建联建平台作用凸显，助力沿线经济发展

杭绍台铁路线路连接杭州、绍兴、台州三地，结束了嵊州、新昌及天台等地不通铁路的历史，对沿线发展意义重大；线路与“浙东唐诗之路”高度契合，沿线历史遗存和人文典故众多，留下1500多首唐诗，是一座中华文化宝藏；将沿线5个国家5A级旅游景区和30多个国家4A级旅游景区串珠成链，形成了一条黄金旅游通道；途经8个国家级开发区、3个国家级高新区、8个万亩千亿新产业平台。伴随着杭绍台铁路党建联建的开展，一条奔向共富的“红色之路”缓缓铺就。

后续，杭绍台铁路党建联建的各方将进一步拓展在沿线站区配套、客运服务、资源开发、产业合作、文化旅游等方面的合作，在给人民群众带来便利的同时，实现区域资源的不断流动，持续为浙江高质量发展建设共同富裕示范区贡献力量！

供稿：杭绍台铁路有限公司　张威

92 铁路项目品牌宣传工作的重点和路径是什么？

铁路项目宣传工作既是对内统一认识、加强凝聚力的重要方式，更是为工作顺利开展保驾护航的重要措施。随着互联网及媒体行业的快速发展，信息对经济生活和社会产生的影响越来越大，宣传在铁路项目建设和运营中的必要性和作用也越来越大。本题总结了杭台高铁建设和运营期品牌宣传工作的主要做法和经验。

一、重点方向把握

（一）建设期宣传

建设期，各项工作开展主要围绕工程建设、质量安全等项目进度，而铁路作为重要的民生工程和基础设施项目，自带一定的关注度，所以相对其他项目而言，较受媒体关注，尤其是其一些重要的工程进度节点，如果策划得当，其相关报道被采用的可能性较高。

杭台高铁作为国内首条民营控股高铁，受关注度较高。因此在其宣传工作中，一方面，重点围绕其工程进度展开，从开工、架梁、“四电”开工、站房动工、铺轨、联调联试到开通的每个过程，都可以作为一个节点进行策划；另一方面，项目本身的特殊性，可以从改革示范项目的特点和铁路投融资体制改革的创新突破等方面进行策划。两者相互结合，往往可以在宣传中取得更好的效果。

此外，基于项目特点和工程节点，项目在建设过程中及的科技创新或者施工创新的亮点更易受到关注，如果该工程有突破进展，宣传部门可以进一步深挖报道，更容易打造传播热点。

（二）运营期宣传

运营期，项目的节点和相对建设期缩短，受媒体关注度也相对下降，所以更要找准亮点进行策划宣传。

杭台高铁运营期会面临话题热度下降等因素影响，所以为了更好地保持传播影响力，要抓住机会进行宣传。一方面，从客流情况着手寻找亮点，从开通首月、开通百日、开通首年，再到客流突破千万等时段，发现运营趋势，结合给沿线带来的改变进行宣传；另一方面，找准暑运、十一、春运等全国铁路本身的热点时段进行结合报道，在大背景下挖掘自身的特色，组织进行宣传，从而更好地实现落地。

此外，杭台高铁也根据自身的线路优势，结合“诗路高铁”的美誉，做好运营期的宣传工作，在赋予自身文化价值的同时，更好地宣传线路运营优势，赋能运营提升。

二、宣传方式和路径

（一）发现项目亮点

宣传工作做得好，往往都需要提前策划，无论是在项目建设或运营阶段，宣传人员都要提前与业务部门、生产一线保持沟通，了解项目最新的进展情况或者特色亮点，根据不同的宣传内容进行提前组织策划，一般需预留1～2周的时间。

（二）选择合适媒体

根据不同的宣传节点和宣传需要，选择适合的媒体，例如，宣传建设者优秀事迹的内容，被《工人日报》类报刊采用可能性大；以科技创新为特色的内容，被《科技日报》类报刊采用可能性更大；较大项目工程节点的相关内容则可同时联系多家媒体进行铺排，在扩大传播广度的同时扩大内容深度和影响力。

（三）做好内容组织

俗话说“巧妇难为无米之炊”，一个好的题材和话题亮点，需要扎实的内容作支撑，而宣传工作主要由文字、图片及视频构成。新闻稿是各项工作的基础素材，方便媒体的加工和利用，图片和视频则是良好的载体和媒介，好的图片或视频往往可以扩大内容传播的范围，更容易产生热点，因此，宣传前必须要做好相关准备。

（四）选好发布时机

宣传内容的发布都是项目节点、事项发生或项目完成后才可正式对外发布，确保其与事实相符。由于目前全国铁路项目众多，各家媒体的新闻信息来源众多，所以要注意宣传内容的时效性，一般选择发生在24小时内的事件报道为宜，部分内容可放宽至48小时，超出此时效的作品，被弃用的可能性较高。

三、宣传注意事项

（一）以事实为依据

所有宣传工作的前提必须是确认无误的事实，不能为了宣传而脱离事实制造内容。同时，相关内容和素材中的数据、文字等必须是精准的，不能因追赶时效而放弃内容的真实性，也只有经得起考证的内容，才能传播得更好、更久。

（二）安全是前提

宣传工作除了文字外，一般都会有图片、视频或者其他的媒介呈现，所以在相关内容拍摄时候要注意现场的安全，无论是在项目的建设期还是运营期都务必确保安全，同时不能干扰正常的项目工作进度。此外，宣传工作因内容传播具有广泛性，在工作保密性方面也要更加注意，一些涉密的场所和内容需要进行严格审核筛选。

（三）逐步建立媒体库

宣传工作的声量和影响力往往取决于媒体，所以为了更好地传播，工作人员在日常工作中要逐步建立自己的媒体资源库，不同的内容匹配不同的媒体。中国国家铁路集团有限公司及省市的宣传部门就是很好的合作伙伴，宣传人员可以通过组织策划，与其一起挖掘亮点组织宣传工作，会事半功倍。

（四）做好舆情管理

在信息化的时代，任何的传播工作往往都会有两面性，在做好正面宣传的同时，也要做好负面舆情的监控，及时发现不正确、错误的信息，进行引导或联系处理，确保宣传工作取得预期的结果；如出现重点舆情，则必须及时联系宣传部门，一起联动控制，确保传播正能量。

（五）注重新媒体传播

当今时代，新媒体的作用越来越重要，所以在宣传工作中要注重新媒体端的传播，抖音号、视频号等平台的流量较大，对加强传播范围有很大的促进作用。铁路项目虽然相对比较传统，但是也应根据时代的发展、结合自身需要，适时地开启新媒体账号，通过项目建设期、运营期相关内容的全方面展示，达到较好的宣传效果，但也必须管控好舆情，始终将宣传工作控制在可控范围内。

供稿：杭绍台铁路有限公司　蒋剑

93 铁路项目如何申报菲迪克FIDIC全球工程项目奖？

菲迪克是全球工程咨询行业权威性的国际非政府组织，制定行业国际标准，代表行业最高水平。菲迪克工程项目奖是国际咨询工程师联合会（FIDIC，菲迪克）设立并颁发的年度奖项。2022年9月，杭台高铁项目成功入围2022年度菲迪克全球优秀工程奖。本题总结浙江省发展规划研究院杭台高铁项目申报该奖项的工作过程。

一、菲迪克FIDIC全球工程项目奖介绍

2013年，菲迪克首次按照“质量、廉洁、可持续发展”的核心原则评选“百年工程项目奖”，此后每年都在全球范围内评选表彰一批对世界经济社会发展具有突出作用的工程项目。2013—2021年，中国（不含港澳台）共有27个工程项目获得菲迪克“杰出奖”或“特别优秀奖”，58个工程项目获得“优秀奖”（2020年暂停一年）。2022年，菲迪克工程奖项设置与2021年相同，分别是卓越奖、杰出奖、优秀奖。

2013年以来，浙江省共有9个项目获得菲迪克工程奖项，申报单位以设计单位、建设单位居多（详见下表）。

浙江省历年菲迪克工程奖情况

序号	项目名称	获奖类别	获奖年度	申报单位
1	中国石化镇海炼化公司 100 万吨 / 年乙烯工程	优秀奖	2014	中国石化工程建设有限公司
2	舟山大陆连岛工程西堠门大桥	杰出项目奖	2015	中交公路规划设计院有限公司
3	钱江隧道及接线工程项目	杰出项目奖	2016	浙江省交通规划设计研究院有限公司
4	宁波铁路枢纽北环线甬江特大桥工程	优秀奖	2016	中铁第四勘察设计院集团有限公司
5	嘉绍大桥	特别优秀奖	2017	中交公路规划设计院有限公司
6	曹娥江大闸枢纽工程	优秀奖	2017	不详
7	宁波梅山春晓大桥工程	优秀奖	2017	不详
8	金华-义乌-东阳市域轨道交通工程	优秀奖	2023	中铁第四勘察设计院集团有限公司
9	杭州西站综合交通枢纽工程	优秀奖	2023	中铁第四勘察设计院集团有限公司

二、2022年度菲迪克工程项目奖申报要求

1．评奖范围

项目申报范围为最近一年内竣工并投入运营的项目。申报单位必须为菲迪克成员协会会员（即中国工程咨询协会会员）。中国工程咨询协会负责统一对申报项目进行遴选，按照规定格式向菲迪克秘书处提交推荐材料，参加评奖。中国工程咨询协会近几年评出的全国优秀工程咨询成果奖一等奖项目，满足申报条件的，可优先推荐。

2．申报条件

申报项目可由完成单位独立申报，也可联合申报。联合申报时，如果项目获奖，第一申报单位为领奖单位。同时，项目申报应得到项目业主的支

持。申报项目应坚持菲迪克的评选标准和要求，突出“创新、高质量、技术卓越”“可持续、尊重环境”“透明和廉洁”的原则，并鼓励项目使用菲迪克知识体系，如合同、指南和最佳实践等。

3. 时间安排

（1）4月10日前，各申报单位按申报要求提交申报材料（中英文申报表和照片）至本次申报工作邮箱；

（2）4月10—25日，中国工程咨询协会组织对申报项目进行初评，并组织对初评入围项目单位行培训；

（3）5月15日前，确定推荐项目名单，中国工程咨询协会统一向菲迪克秘书处报送。

经对照申报要求，并参考历年中国获奖项目行业分布，高铁工程项目在创新、技术、可持续、尊重环境等多个方面，与菲迪克原则有很高契合度，2013年以来，全国共有16个高铁工程项目获奖，详见下表。

历年中国高铁工程项目获奖情况表

序号	项目名称	获奖类别	获奖年度
1	京沪高速铁路	优秀奖	2013
2	青藏铁路	优秀奖	2013
3	京广高铁郑州黄河公铁两用桥	优秀奖	2014
4	渝利铁路工程	杰出项目奖	2015
5	哈尔滨至大连铁路客运专线	优秀奖	2015
6	广深港高速铁路狮子洋隧道	优秀奖	2015
7	贵阳至广州高速铁路工程项目	杰出项目奖	2016
8	兰州至新疆高速铁路	杰出项目奖	2017
9	广深港高铁福田站及相关工程	优秀奖	2017
10	杭州至长沙铁路客运专线	优秀奖	2017
11	合肥至福州高速铁路	杰出奖	2018
12	兰渝铁路西秦岭隧道	优秀奖	2018
13	西安至成都高铁（陕西段）工程	杰出奖	2019
14	云桂铁路	优秀奖	2019
15	成都至贵阳高速铁路	杰出奖	2021
16	和田至若羌铁路	杰出奖	2023

三、FIDIC申报关注重点

（一）充分了解FIDIC宗旨

FIDIC的宗旨是为客户、业主和/或社区创造价值或提高生活质量，主要从以下四个方面体现：一是创新、高质量和卓越的专业水平；二是透明和廉洁；三是可持续性；四是尊重环境。

（二）充分关注评委成员的构成

作为全球性奖项，该奖的评审委员会来自世界各地，主要从质量、环境、廉洁、项目可持续管理、合同等方面进行评判。这些评委可能来自参加FIDIC全球年度会议的各部门，包括：业务实践部门、质量管理部门、风险与责任部门、可持续发展部门、合同部门、廉洁部门等。

（三）准确把握FIDIC申报的文本思路

（1）要换位思考：FIDIC评委都是国际咨询界高层（或者拥有自己的工程咨询事务所），他们的关注点是什么？希望从我们申报材料中了解什么？短短几天评审时间里，我们项目如何从全球上百个项目中脱颖而出？

（2）要避免落入国内报奖的“俗套”。所谓“俗套”有三：一是技术创新亮点过多，编写者难于取舍。二是在技术环节描述过于细致，忽视对FIDIC关注的技术带给业主、环境、相关方（民众）好的影响的描写。三是对管理和项目中贯彻的透明、廉洁原则的说明不够。

（四）FIDIC申报的材料要求建议

（1）申报材料有字数要求，所以材料的文字要像广告一样吸引评委眼球，文字一定要有文采和激情，要打动评委，给他们留下深刻印象；文字一定要简练，高度浓缩项目精华。

（2）对项目的技术先进性和环保、可持续性等内容最好不要定性描述，一定要给出定量数据或表格，因为西方评委非常重视定量的、可衡量的内容，对材料细节十分挑剔。

（3）申报材料各部分要层层推进，图片文字前后呼应补充，有机结合在一起，形成闭环，一定要有很强的逻辑性。

（4）如果能有对应的视频材料，还需要重视视频中的上述符合FIDIC原则要求的内容，做特殊展示。

（五）FIDIC申报的翻译建议

对FIDIC材料的翻译工作建议邀请专业技术人员对专业术语把关，采用“多轮翻译校对”，即前分析→初次翻译排版→第一轮审校→第二轮审校；对于专业翻译人员也要保持长期稳定合作关系。

附件：1.FICID申报表示例（中文）

菲迪克工程项目奖申报表

（翻译件，斜体为2022年新增的申报部分，以英文为准，仅供参考）

项目

项目名称：________________________

请注意此处输入的名称应与获奖项目名称一致。请再次检查，确保正确。

项目所在国家：________________________

如果项目涉及基础设施，则项目国家应填基础设施所在的国家；如果项目属于服务/调查/研究，则项目国家应填项目投入货币金额最高的国家。

项目所在位置：________________________

用途：________________________

请说明所提交项目的关键方面/特点★（可多选）

☑可持续性 ○多边开发银行项目 ○规划 ○设计 ○建筑服务

○设计和建造 ☑设计、建造和运营 ○维护管理 ○弹性 ○环境

○具有培训功能 ☑使用创新技术/工具

请概述项目的核心内容★（可多选）

○废水、水和/或水资源 ☑交通 ○能源和电力 ○教育

○卫生保健设施 ○建筑 ○数字技术与通信 ○其他________________

该项目满足哪些可持续发展目标？★（可多选）

☑目标1：消除贫困

○目标2：零饥饿 ○目标3：健康和福利

○目标4：高质量教育 ○目标5：性别平等

○目标6：清洁水源和卫生设施 ○目标7：价格合理的清洁能源

☑目标8：体面的工作和经济增长 ☑目标9：工业、创新和基础设施

☑目标10：减少不平等 ☑目标11：可持续的城市和社区

○目标12：有计划性的消费和生产 ○目标13：气候行动

○目标14：水下生命 ○目标15：陆地生活

○目标16：和平与正义研究 ○目标17：实现目标的伙伴关系

项目价值范围？★（单选）

○500万美元 ○500万至5000万美元

○5000万至5亿美元 ○5亿至10亿美元

☑10亿美元以上

请概述主要资金来源★

____

____（50字内）

所参与项目部分的总估算价值★

____

____

竣工年份：2021.12

在回答以下问题时，请考虑如何证明项目：

· 体现了创新、高质量和杰出的专业水平；

· 在管理和项目实施中贯彻了透明和廉洁原则；

· 可持续、尊重环境；

· 为客户、业主和/或社区创造价值或提高生活质量；

· 符合菲迪克原则。

请提供该项目的简短说明（120字以内）

______

______

请列出并描述申报单位为该项目中提供了哪些服务？（400字以内）

______

______

请解释为什么你认为这个项目应该获奖？（400字以内）

______

______

请解释该项目如何体现菲迪克的诚信、高质量和可持续发展的核心价值观（500字以内）

______

______

若项目核心团队的任一成员有Linkedin及电子邮箱，请概述其信息，并提供个人资料的链接（100字以内）

______

______

项目提交内容应至少包含2张图片，至多5张图片。这些图像应具有足够的质量以用于印刷材料，但文件大小不得超过10MB。

图片可以为展示项目特色的照片、信息图表或其他视觉效果文件。

您也可提交项目的视频文件。

详细联系方式

协会详细信息

请提供您所在国家会员协会的详细信息，以便菲迪克和协会能够共同努力，确保以最有效的方式推广获奖项目。

协会名称：____________________

国家：____________________

其他（如无国家信息）：____________________

客户详细信息

请提供项目客户的详细信息，以便菲迪克在需要时进一步研究项目

请选择您所提交的项目的客户数量（最多可提交3个）

○ 1　　○ 2　　○ 3

1－客户名称：____________________

1－客户电子邮箱：____________________

1－客户国家：____________________

1－其他（如无国家信息）：____________________

2－客户名称：____________________

2－客户电子邮箱：____________________

2－客户国家：____________________

2－其他（如无国家信息）：____________________

3－客户名称：____________________

3－客户电子邮箱：____________________

3－客户国家：____________________

3－其他（如无国家信息）：____________________

工程公司详细信息

请选择您所提交项目涉及的工程公司数量（最多可提交5家）*

○1　○2　○3　○4　○5

公司 1★______

公司 1　邮箱★______

公司 2______

公司 2－邮箱______

公司 3______

公司 3－邮箱______

公司 4______

公司 4－邮箱______

公司 5______

公司 5－邮箱______

申报单位详细信息

请提供项目申报单位的详细信息

单位名称：______

单位负责人（CEO）：______

单位负责人（CEO）/助理电子邮箱（用于邀请参加CEO俱乐部/论坛）：

______

单位地址：______

电话号码：______

申报单位联系人：______

______

______

电子邮箱：______

电话号码（包括国际区号）：______

手机号码（包括国际区号）：______

供稿：祝诗蓓、靳丽芳

94 铁路项目如何申报科技进步奖？

根据《浙江省科学技术奖励办法》《浙江省科学技术奖励办法实施细则（修订）》有关要求，实施机构在加强成果转化、成果登记、运营期经济社会效益测算及证明等工作基础上，计划在2024年申报浙江省科学技术进步奖。本题探讨申报科技进步奖的有关准备工作。

一、报奖主要内容与方向

以杭绍台铁路列入国家发展改革委社会资本投资铁路示范项目为起点，以杭绍台铁路PPP项目实施机构前期、建设期和运营期全过程咨询管理为申报奖项的主要内容，重点突出杭绍台铁路PPP项目前期可行性研究、投融资方案研究、“两评一案”论证、招标方案、PPP合同，建设期现场管理、投资与进度控制、质量安全管理、绩效管理，运营期绩效管理、资产管理和资产证券化。拟申报科学技术进步奖软科学项目。

二、有关成果应用情况

（一）成果被各级政府部门和单位应用

（1）《国家发展改革委关于做好社会资本投资铁路项目示范工作的通知》（发改基础〔2015〕3123号），明确项目示范要求。

（2）《国家发展改革委关于新建杭州经绍兴至台州铁路核准的批复》（发改基础〔2016〕2516号），项目申请报告等技术方案由国家发展改革委认可并应用。

（3）《浙江省发展改革委关于明确杭绍台铁路PPP实施机构的函》（浙发改交通函〔2016〕646号），确定浙江省发展规划研究院为实施机构，成果得到认可。

（4）《浙江省人民政府办公厅关于杭绍台铁路PPP项目实施方案的复函》（浙政办函〔2017〕34号），PPP项目投融资方案等顶层设计成果得到认可并应用。

（5）2017年9月，浙江省政府与复星牵头的民营资本签署《项目投资合同》，PPP合同等核心文件得到认可并应用。

（6）2020年6月，国家发展改革委等印发《关于支持民营企业参与交通基础设施建设发展的实施意见》（发改基础〔2020〕1008号），杭绍台铁路配套外部电源电力工程建设实践经验做法写入文件。

（7）2022年1月，杭绍台铁路正式开通运营，成为全国首条建成通车民营控股高铁。全过程咨询管理研究成果真正落地。

（8）杭绍台铁路项目投融资方案等PPP实施方案顶层设计成果成为铁路PPP项目示范成果，后续应用于杭温铁路、甬舟铁路等铁路PPP项目。

（二）载入多项改革示范案例

（1）作为全国首条民营控股高铁载入《党的十八大以来大事记》，成为唯一入选的民营企业投资案例。

（2）入选党中央大型政论专题片《将改革进行到底》案例。

（3）亮相“奋进新时代”主题成就展。

（4）“杭绍台铁路PPP项目投资合作协议”入选国家版本馆展览。

（5）“杭绍台铁路PPP项目管理实践经验”入选浙江省委组织部“贯彻落实习近平总书记‘三个要’要求攻坚克难案例”；入选“忠实践行‘八八战

略’百法百例最佳实践”。

（6）“杭绍台铁路PPP项目管理实践经验”入选中国工程咨询协会“工程咨询机构服务国家基础设施投资建设典型案例”。

（三）获得多个高层次奖项

（1）杭绍台铁路项目荣获2022年国际工程界“诺贝尔奖”——国际咨询工程师联合会“全球工程项目特别认可奖”（Special Recognition）。

（2）《杭绍台铁路国家PPP示范项目投融资方案研究》成果获2018年全国优秀工程咨询成果一等奖。

（四）转化形成一批知识产权成果

（1）专著和论文：出版了《铁路PPP项目实施机构管理实务—以杭绍台铁路PPP项目管理实践为例》专著，发表了相关论文30多篇，《中国铁路》2022年第10期（杭绍台铁路专刊）共24篇，并由中国工程院院士卢春房作刊首语。

（2）科研、专利、工法：各参建单位通过技术创新和科技攻关，参与了22个可行性研究项目，形成了“感潮河段倾斜河床双壁钢套箱围堰着床施工工法”等30余项工法；获批了“一种倾斜河床及潮汐条件下双壁钢套箱围堰着床方法”等90余项专利。

三、第三方评价情况

（一）国际咨询工程师联合会（FIDIC）评价

荣获2022年国际工程界“诺贝尔奖”——国际咨询工程师联合会“全球工程项目特别认可奖”（Special Recognition）。

（二）国家发展改革委评价

杭绍台铁路是铁路领域落实党中央、国务院关于支持民营经济改革发展决策部署的重要项目，是我委推出的社会资本投资铁路的示范项目，对推进铁路投融资体制改革、鼓励社会资本投资铁路具有标志性意义。

（三）国家铁路局费东斌局长评价

杭绍台铁路建成通车以来，运行安全平稳，促进了沿线经济社会发展，为助力浙江共同富裕示范区建设和“长三角一体化”高质量发展发挥了积极促进作用。作为首条民资控股的高铁，杭绍台铁路投融资模式在国内是首创，在交易结构、股权设置、回报机制和风险分担机制等方面进行了积极探索创新，对于深化铁路投融资体制改革具有重要意义。铁路部门将坚持“两个毫不动摇”，发挥杭绍台示范引领作用，加快铁路基础设施建设，构建多种运输方式融合发展的综合交通运输体系，大力推动全社会物流降本增效，更好服务经济社会高质量发展，努力当好中国现代化的开路先锋。

（四）《中国铁路》杭绍台铁路专刊卢春房院士作刊首语评价

杭绍台铁路建设的成功，凸显出改革的示范效应。它推动中国铁路投融资体制改革创新取得重大突破，为民营资本进入铁路领域提供示范样板，其构建的铁路投融资利益共享机制、投融资风险共担机制、投融资长效合作机制和投融资服务保障机制，树立起PPP项目管理标杆；它创新采用EPC工程总承包模式，充分发挥政府、社会资本和铁路各方的优势，积极推进建设组织、融资、征地拆迁、设计、采购、施工高效衔接融合和建设标准化管理，保障项目建设进度、成本控制和质量安全，在全国铁路行业项目投资控制方面体现出较高水平，为中国铁路“全产业链走出去”提供经验借鉴。

（五）中国工程咨询行业协会评价

《杭绍台铁路国家PPP示范项目投融资方案研究》成果获全国优秀工程咨询成果奖一等奖。

（六）国内首本铁路PPP领域专著出版评价

铁路PPP项目实施机构的创新探索工作，是深入贯彻落实国家深化铁路投融资体制改革要求，打通社会资本投资建设铁路“最后一公里”的务实实践，开创了全国咨询机构承担铁路PPP项目实施机构的先河，梳理和总结实施机构的管理经验十分必要，意义重大。

（七）水利部评价

《关于公布2022年度国家水土保持示范名单的通知》（水保〔2022〕443号），明确杭绍台铁路为“国家水土保持示范工程”。

（八）中国铁道企业管理协会质量管理委员会评价

《2022年第三方杭绍台高铁站服务满意度调查报告》表明，杭绍台高铁站服务质量、车站设施、安全情况、车站环境、购物服务满意度均在93分以上，且呈上升趋势。

（九）中国铁路上海局集团有限公司评价

出具《杭台高铁2022年度运营管理总结报告》，杭台高铁2022年度稳定运营，开行列车超1万列。

（十）上百次国家媒体正面宣传报道

项目建设受到各界高度关注，央视《新闻联播》播报10多次，国家媒体报道百余次。

四、主要经济效益

（一）投资撬动作用明显

杭绍台铁路项目在股权合作、收益回报、风险共担、投资控制、建设管理等方面改革创新取得了预期成效，政府一次投入仅42亿元就撬动了1个440亿元的重大基础设施工程。

（二）大幅降低通行时间成本

杭绍台铁路开通运营，结束了嵊州、新昌、天台不通铁路的历史，使三地直接跨进高铁时代。从杭绍台铁路沿线城市出发，可直达北京、上海、南京、苏州、济南、福州、厦门、深圳等大中城市，杭州至台州最快运行时间只需要1小时3分钟，较现在最快班次压缩了47分钟，实现杭州至台州“1小时交通圈”，大幅节省了通行时间，降低通行成本。

（三）带动沿线地方经济发展

杭绍台铁路开通运营，有力促进了沿线经济发展，在2022年新冠疫情影响下，杭州、绍兴和台州三地GDP仍保持最低3.5%以上增长；对沿线地区旅游业的贡献率约3%，新增就业人口的贡献率约4%，GDP的贡献率约2%。

供稿：祝诗蓓、靳丽芳

95 铁路项目商业运营如何与乡村振兴、文化旅游联动？

在“八八战略”指引下，浙江“千万工程”从顶层设计上明确了城乡协同发展、区域协同发展的新发展理念，走出一条以城带乡、以乡促城、城乡互补的城乡统筹融合发展道路。“千万工程”驱动一批拥有纯净自然、古朴传承、人文古韵的浙江山村发生巨变。站在“千村未来，万村共富”的新起点上，千万美丽乡村开始深度思索可持续高质量发展的新命题。本题站在“千万工程”20年的新起点，总结杭台高铁线路与“浙东唐诗之路”高度契合，串联带动三县市农文旅资源互动的经验，思考高铁项目如何助力美丽乡村抓住“现象级”消费热点？如何用好“流量”变现机会？如何延展乡村品牌影响力？

一、高铁牵引，带动乡村共富新发展

“诗路高铁”开通运营后，沿线地方特色农产品和文旅产业知名度不断提高，吸引了越来越多的消费者，打开了特色农产品的口碑和销路，农文旅产业、古村文化项目蓬勃发展，产业链不断扩充，农民的收入增加，就业选择也越来越多。

（一）拉近文化传承的时空距离

杭台高铁拥有国内首个两地域联合命名、国内首座垂直交叉零换乘高铁站——嵊州新昌站，在本站旅客进出站通道上有一幅国内最长的紫铜雕壁山水画，自北向南依次展现“浙东唐诗之路”二十四景，为到站旅客直观展现沿线山川名胜、人文遗存、典故传说与精神风骨。在“千万工程”引领下，嵊州市甘霖镇东王村以“文艺点亮乡村”，从传统农业村蝶变成为国家级“新农村魅力文化村”。高铁开通后，游客们在东王村看完越剧博物馆，在孔村又遇水稻博物馆，还可以领略崇仁古镇、城隍庙、王羲之故居、华堂村等精品乡村的深厚人文底蕴。

（二）拉动山区县旅游经济发展

台州市天台县是全省26个山区县之一，也是“浙东唐诗之路”的目的地和精华所在。杭台高铁的开通让当地迈入高铁时代，直接拉动了旅游经济的发展。天台集中力量推进整治村、示范村、景区村和公路风景线、水上风景线、美丽乡村风景线建设，推进全域景区化，建成精品村、特色村126个。其中省级美丽乡村示范乡镇4个、省级精品村14个；创成A级景区村105个，3A级景区村18个，串起始丰溯源、寻佛问道、寒山神隐、绿色农耕、古道果香、霞客寻踪、特色产业、农园茶香等8条风景线。高铁通了，天台县杨梅产业更兴旺了，村民们开民宿、办工坊，回乡青年创业朝气蓬勃，为乡村振兴注入强劲动力。

（三）放大特色乡村农文旅产品吸引力

天台县后岸村探索出“体育赛事+乡村旅游”模式，村里利用占地2300平方米的多功能体育馆，承办气排球、门球的全国交流赛，通过导入客流，让村民们享受到了实实在在的收益；山庵村利用闲置土地建成门球场、柔力球场、地击球场等20余个场地，承办门球、地掷球交流赛等大型赛事，吸引全国近2万名体育爱好者，带动周边村增收100余万元；平桥镇沓溪村依托特色文旅资源，打造“共富工坊”，创新“乡贤投资+村集体参股+农户持股”模式，精心打造卡丁车、摇摆桥、旋转自行车、攀网游乐等产品，吸引了众多“90后”消费群体前来打卡。

二、高铁连线，沟通农文旅消费客源市场

杭台高铁发挥线路优势，联合各地旅游管理部门，推出“快旅慢游”微度假方式，助力沿线乡村农文旅业态产品价值变现。

（一）加密线路的“引流”效果

杭台高铁填补了杭州都市圈与温台城市群之间的对角区域铁路空白，结束了嵊州市、新昌县、天台县不通铁路的历史，串联起三地157万群众便利出行的高铁梦。线路开通以来，在国铁集团、中国铁路上海局集团有限公司的大力支持下，经过4次调图，杭台高铁图定班次从70趟增加至76趟，实际开行跨线班次从最初的35趟增加至50趟，增加了上海、武汉、广州等重要城市的班次，进一步集聚和吸引了沿线客流。

（二）完善“最后一公里”配套服务

杭台高铁以站点为中心，开通车站旅游直通车，比如台州站“方特直通车”沟通了台州站与方特狂野大陆主题公园。未来，上虞南站梅坞岭古道、嵊州北站亭山塔、嵊州新昌站天姥山、天台山站国清寺、温岭站长屿硐天也将陆续开通。为服务外地游客，嵊州新昌站、天台山、台州等沿线站点，杭台高铁在各车站地道进出口增设移动导向指示牌，安排客运人员值守引导，积极与地方交通部门沟通，加开与到达列车时间接续的景点直达公交车，实现公铁无缝衔接，打通旅客出行最后一公里。

（三）加大线路优势的多媒体宣传展示

杭台高铁开通第一年，在地方农文旅部门的配合下，发布短视频150余条、微信公众号推送逾30篇、总点赞量超10万、总播放量超500万，打造了直接触达消费者的重要展示窗口。比如天台县全国重点旅游村、全国乡村治理示范村、全国休闲乡村示范村塔后村，通过举办各种节庆活动，开展线上直

播，成功激活市场。2022年“五一”假期，塔后村举办了“唐诗之路塔后帐篷音乐节”，吸引上千游客实地畅游，上万网民线上围观。

高铁设施线路长、运力大、班次多、速度快，在织密浙江立体交通网的同时也为浙江省高质量发展注入澎湃动能。从东海之滨到浙西南群山，高铁带火了沿线民众的好日子，助力绘就“千万工程”的瑰丽画卷。

供稿：靳丽芳

96 铁路PPP项目实施机构主要工作职责是什么？

根据国家PPP管理政策相关规定，结合铁路PPP项目实际，浙江省发展规划研究院专门研究制定了“实施机构职责和工作机制（试行）”。本题主要梳理实施机构的具体职责和工作规则。

一、实施机构具体职责

实施机构总的职责是在授权范围内，负责铁路PPP项目准备期、采购期、执行期和移交期，涉及前期评估论证、实施方案编制、合作伙伴选择、项目合同签订、项目组织实施以及合作期满移交等工作。依据是国家发展改革委和浙江省发展改革委等对PPP项目实施机构职责的界定。实施机构关于不同铁路PPP项目的具体的权利与义务，按照签订的PPP项目合同规定条款执行。

（一）前期评估论证职责

（1）按照国家有关部委、省级相关部门项目管理要求，参与铁路项目可行性研究阶段论证等前期评估论证。

（2）组织编制PPP项目实施方案，并按程序报批。

（二）合作伙伴选择职责

（1）根据《中华人民共和国招标投标法》和《中华人民共和国政府采购

法》等要求，按照已批复的项目实施方案，组织编制项目社会资本遴选招标文件。在上级部门监管下，依法合规选择社会资本方。

（2）组织力量开展《PPP项目合同》商务谈判，制定合同协议条款，报上级政府部门审核同意后，实施机构与正式成立的项目公司签署项目合同。

（三）项目建设期职责

（1）监督项目公司股东协议、公司章程签署，及时依法合规组建项目公司。

（2）对项目公司上报的融资方案办理审核和批复手续。

（3）对项目投资与工程进度进行监管，对项目公司投融资、工程建设质量和安全等进行建设期绩效考核。

（4）对项目公司股东股权变更，及时上报主管部门审核，经省政府批准后回复，并督促项目公司办理变更手续。

（5）在相关职能部门指导下，聘请审计机构对工程建设进行全过程跟踪审计。

（6）根据双方合作情况，发起对项目合同的所有变更、修订、补充等。

（四）项目运营期职责

（1）对项目运营进行全过程监督管理。

（2）在相关职能部门指导下，定期对项目运营服务进行绩效考核。

（3）组织开展项目评估，及时发现存在的问题，制订应对措施，推动项目绩效目标顺利完成。

（五）项目移交期职责

（1）合作期届满日前，在相关职能部门指导下，与项目公司共同组织成立移交工作组，启动移交准备工作。

（2）移交工作组按照移交标准，组织进行资产评估和性能测试，保证项目处于良好经营和维护状态。

（3）如遇不可抗力或违约事件导致项目提前终止时，项目实施机构要及时做好接管，保障项目设施持续运行，保证公共利益不受侵害。

二、实施机构工作规则

实施机构的工作规则主要包括组织架构、业务管理和内部管理等内容。

（一）组织历程

2020年4月，浙江省委编办印发《浙江省发展规划研究院主要职责、内设机构和人员编制规定》（浙编〔2020〕8号），明确“在政府授权范围内，履行铁路PPP项目实施机构职责”为我院主要职责之一，并内设“铁路PPP项目研究所”机构，主要负责相关铁路PPP项目的前期评估论证、实施方案编制、项目合同管理、项目组织实施及合作期满移交等工作。

2021年4月，浙江省委编办印发《关于调整省发展规划研究院机构编制事宜的批复》（浙编〔2021〕54号），同意铁路PPP项目研究所增挂省PPP项目发展中心牌子，增加“为全省PPP项目行业发展和管理提供政策研究支撑，为全省铁路全过程工程咨询提供技术支撑”的职责。

（二）业务管理

（1）建立审核管理机制。实施机构在授权范围内开展项目投资、建设、运营全过程监督、指导和检查，对涉及合同变更、股权变更、工程变更、投融资活动、招投标活动以及PPP项目合同约定的其他事项进行审核管理。

审核管理的依据主要是PPP项目合同、国家和浙江省关于PPP项目管理的政策文件、浙江省政府的要求等。审核管理工作流程按照下图所示。

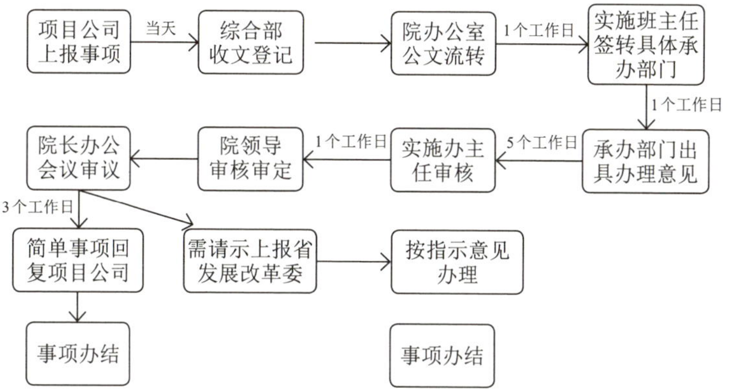

审核管理机制工作流程图

（2）建立绩效考核管理机制。实施机构对PPP项目公司采取定期绩效考核和不定期抽查等形式。定期考核是项目合作期内，以半年度为单位对项目公司进行常规考核，以年为单位出具项目公司的考核结果。

绩效考核按照PPP项目合同确定的绩效考核办法，参照国家和浙江省PPP项目绩效管理的相关文件开展。考核内容主要包括项目资金、工程进度、工程质量、安全管理、环境保护、内部制度、公众满意度、项目公司考核与整改等。绩效考核工作由工程部发起，工作方案和考核报告经讨论通过报分管院领导审示，工作方案和年度考核结果要报告浙江省发展改革委。具体工作流程按照下图所示。

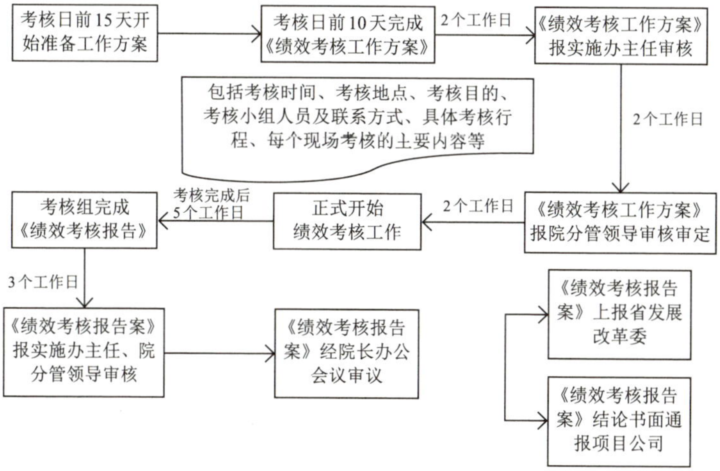

项目公司绩效考核管理机制工作流程图

（3）建立沟通协调机制。按照PPP项目合同要求，开展需要协助项目公司及其他需要沟通协调的事项。

三、实施机构工作成效

7年来，在浙江省委、省政府的高度重视下，在浙江省发展改革委的坚强领导下，在国家发展改革委、国家铁路局、国铁集团以及浙江省财政厅、自然资源厅等省级部门和沿线地方党委政府的大力支持下，实施机构按照国家PPP项目相关管理规定，认真履行实施机构职责，依法合规、多方协作、创新探索，开创了全国咨询机构承担PPP实施机构的先河。

供稿：祝诗蓓

97 铁路PPP项目实施机构的董事代表如何参与管理？

实施机构参与铁路PPP项目SPV公司治理，在同类项目中尚无先例。本题从甬舟铁路PPP项目实施方案和项目合同的有关约定出发，梳理实施机构董事代表的职责约定，确定参与项目公司治理的工作方式和方法。

一、实施机构董事的相关规定

根据浙江省政府批复的《关于新建宁波至舟山铁路政府和社会资本合作（PPP）项目实施方案的复函》（浙政办函〔2020〕79号），甬舟铁路PPP项目公司法人治理结构中，需由实施机构推荐1名董事，参与行使董事会职权。

二、铁路项目公司董事职责约定

浙江省政府批复的甬舟铁路PPP项目实施方案以及项目公司章程中，关于董事及董事会职权的约定如下：

（一）董事

董事任期3年，董事任期届满，可连选连任。

（二）董事会职权

（1）召集股东会会议，并向股东会报告工作；

（2）执行股东会决议；

（3）决定公司的经营计划和投资方案；

（4）制订公司的年度财务预算方案、决算方案；

（5）制订公司的利润分配方案和弥补亏损方案；

（6）制订公司增加或者减少注册资本以及发行公司债券的方案；

（7）制订公司合并、分立、解散或者变更公司形式的方案；

（8）制订公司的融资方案；

（9）决定委托项目运输管理单位；

（10）决定公司内部管理机构的设置；

（11）决定聘任或者解聘公司总经理、副总经理及财务总监以上的高级管理人员，决定其报酬和奖惩事项；

（12）制订公司的基本管理制度；

（13）聘用或解聘为公司审计的会计师事务所；

（14）法律法规、公司章程规定的和股东会授予的其他职权。

（三）董事行使职权方式

董事需按时出席董事会会议，就涉及上述董事会职权事宜的相关决议进行“一人一票”表决。按照职权事宜重要性程度，上述董事会职权中第（4）～（9）、（13）事宜，须经2/3以上董事同意通过；其他决议，须经全体董事过半数以上同意通过。

三、实施机构董事工作性质

根据《中华人民共和国公司法》，董事是具有实际权力和权威的管理公司事务的人员，是公司内部治理的主要力量，对内管理公司事务，对外代表公司进行经济活动。根据董事职业专一化程度，分为兼职董事和专职董事。其中，专职董事通常也是执行董事（内部董事），全日制就职于公司。兼职董事是除自身职业外，在其他公司兼任董事，自身职业仍是个人主业。

供稿：靳丽芳

98 铁路项目应用全过程工程咨询模式主要解决什么难题？

2017年以来，国家部委、浙江省陆续出台鼓励建设项目采用全过程工程咨询服务的系列指导意见。浙江省还围绕未来社区试点建设、水利水电项目建设，出台了专门的“全过程工程咨询服务指南”，为基础设施领域全过程工程咨询奠定了扎实基础。由于铁路行业特殊性，全过程工程咨询模式尚未真正破题。本题分析了铁路项目前期推进和建设实施中的三大难题，论证铁路项目采用全过程工程咨询模式的可行性和必要性。[1]

一、前期工作推进难

铁路项目专业性强、牵涉面广，从前期工作到落地实施，按部就班顺序推进，少则3年，多则近10年。

（一）线路技术方案难以稳定

新建铁路项目可行性研究中的线位方案比选受沿线地质条件和地方意见影响较大，项目技术方案不稳定则难以启动后续工作，比如甬舟铁路的技术方案从启动研究至方案基本稳定用时近7年。

[1] 靳丽芳，刘博锦，徐斌，等.地方铁路项目全过程工程咨询服务政策支撑的思考［J］.建筑经济，2022（12）：3-9.

（二）前置审批环节多

铁路项目预可行性研究至初步设计最终批复涉及近20项具体工作，与环保、水利、文化、交通、地震、自然资源、电力公司7个部门协商工作同步推进也至少需要6个月。

铁路项目前期工作主要内容及涉及主体单位

<table>
<tr><th>项目阶段</th><th>实施主体</th><th colspan="2">前期工作内容</th><th>工作审核主体</th></tr>
<tr><td>预可行性研究</td><td rowspan="6">省筹建办、设计院、第三方咨询机构</td><td colspan="2">预可行性研究报告</td><td>省发展改革委，国铁集团部</td></tr>
<tr><td rowspan="5">可行性研究</td><td rowspan="2">前置专题研究</td><td>规划选址与土地预审</td><td>县市区自然资源与规划局，省自然资源厅，自然资源部</td></tr>
<tr><td>社会稳定风险评估</td><td>省委政法委</td></tr>
<tr><td colspan="2">行业审查</td><td>国家铁路局</td></tr>
<tr><td colspan="2">接轨方案审查</td><td>国铁集团，上海局集团</td></tr>
<tr><td colspan="2">可行性研究报告</td><td>国铁集团，省发展改革委</td></tr>
<tr><td rowspan="8">初步设计</td><td rowspan="8">项目公司、设计院、第三方咨询机构</td><td rowspan="7">前置专题研究</td><td>环境影响评价及环境敏感区评价</td><td>省生态环境厅</td></tr>
<tr><td>水资源论证、水土保持报告、防洪评估</td><td>省水利厅</td></tr>
<tr><td>文物保护调查及影响评估</td><td>省 / 市文物局</td></tr>
<tr><td>地震安全性评价</td><td>省地震局</td></tr>
<tr><td>通航影响论证</td><td>省港航管理中心</td></tr>
<tr><td>压覆矿资源评估</td><td>各县市区自然资源与规划局</td></tr>
<tr><td>地质灾害危险性评估</td><td>各县市区自然资源与规划局</td></tr>
<tr><td colspan="2">初步设计文件</td><td>国铁集团，省发展改革委</td></tr>
</table>

（三）招投标工作繁复

铁路项目可行性研究、初步设计，以及部分前置专题研究的咨询服务，至少需要经过预可行性研究咨询、可行性研究咨询、工程造价咨询、勘察设计招标代理、勘察监理、勘察设计咨询等多个招投标程序，考虑个别阶段可合并招标外，按最短时限45天计算，前期工作招投标工作耗时至少7个月。根据招投标法律法规，完成整个招标需要的时间主要包括以下环节：

（1）接受委托并签署招标代理协议（3天）；

（2）编制招标文件和相关技术文件并讨论通过（5天）；

（3）发布招标公告并发售招标文件（法定至少5个工作日，距离开标日至少20天）；

（4）整理澄清并回答（3天）；

（5）开标（法定距离最后一次答疑时间，至少15天）；

（6）评标（根据项目的复杂程度1～5天）；

（7）招标人定标（5天）；

（8）中标结果公示（法定至少5天日历日）；

（9）发出中标通知书（中标结束后1天）；

（10）签署合同（中标通知书发出后30天内）。

考虑第（1）、（2）项内容同时进行，第（3）、（5）、（8）项都是法定的时间不可压缩，则不含签署合同在内的完整招标流程需要的时间为45天。具体流程见下图。

在以往铁路项目的前期工作中，根据服务内容的不同，上述招投标工作将至少重复5次，加上建设实施过程中的施工单位、监理单位、检验监测等其他第三方服务等招投标内容，招投标的耗时更加长久。

与此同时，根据现行《中华人民共和国招标投标法》《中华人民共和国建筑法》《中华人民共和国政府采购法》等要求，前期阶段工作中包含的招标代理、造价咨询、设计、监理、地勘等工作在招标方法、启动时间和招标前置条件三方面存在差异和错位情况。比如项目设计、监理、地勘必须进行公开招标，造价咨询可采用政府采购；项目工程咨询在决策阶段开始招标，造价咨询、招标代理在准备阶段启动；完成可行性研究或初设，则是监理、设计、地勘的招标前置条件。

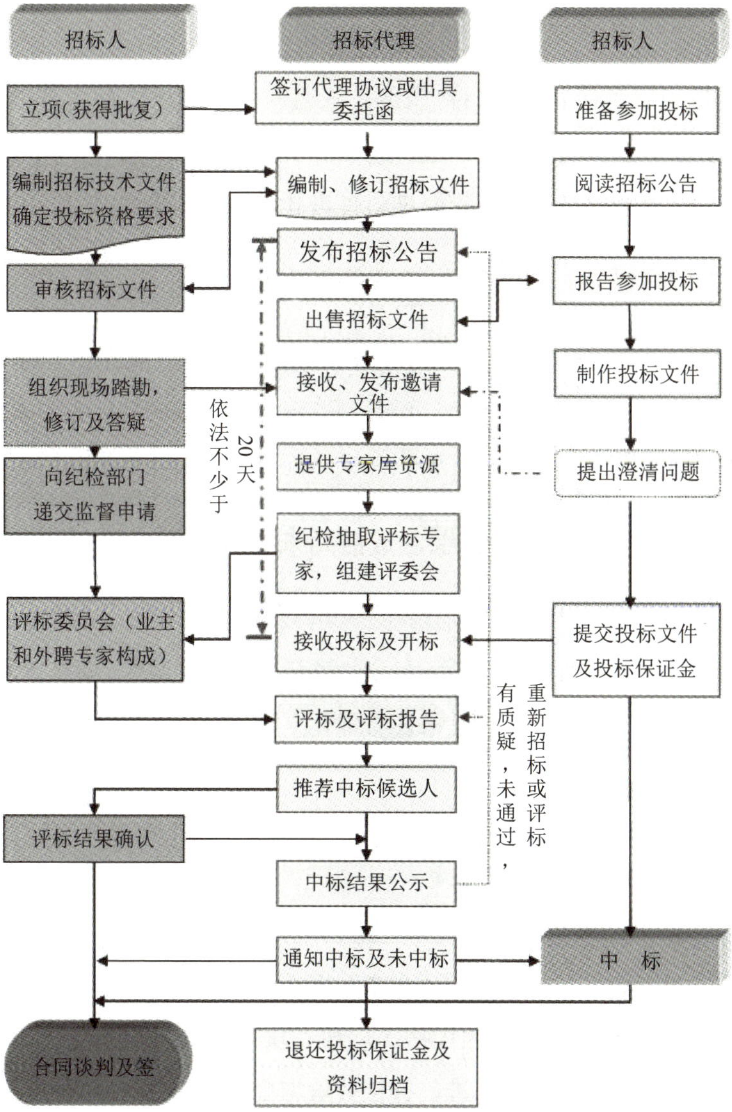

国内工程、服务、设备招标一般流程（公开招标）

二、建设管理模式创新难

浙江省全力落实国家铁路领域投融资机制改革任务，在铁路项目建设管理模式上不断探索实践，但创新模式的复制推广尚未破题。

（一）建设管理创新模式多样

浙江省先后落地实施杭绍台铁路、杭温铁路一期、杭衢铁路、甬舟铁路等PPP项目，分别采用EPC总承包、施工总承包、委托代建、一次性招标等不同建设管理模式，增加了地方铁路项目推进和统筹协调难度。

（二）地方铁路建设力量参与竞争不充分

铁路行业垄断特性背景下，浙江省铁路行业领域企业在铁路建设管理中的市场份额较小，具有施工建设、设备制造等专业优势的社会投资人在项目建设过程中没有充分发挥出特有优势，在铁路施工市场中竞争力和话语权不强。

（三）地方投资铁路项目综合效益尚未充分发挥

受用地政策等限制，铁路沿线土地综合利用开发始终未破题，地方投资铁路项目综合效益较难发挥。地方投资铁路运营安排主导权较弱，线路开行对数和开行时间、满足群众出行需求还有优化空间。

三、土地政策处理推进难

我国新建铁路项目已全面实施征地拆迁地方政府包干制，此举对于铁路项目的投资控制而言有重要作用。在实践操作中，地方政府包干使用初步设计概算批复的政策处理费，但因民房、厂房、坟墓、电力线、管线、经济作物等迁改内容量大面广，补偿标准、补偿数量均会变化，并导致突破概算包干数额。超支的政策处理费往往需要沿线政府自行消化，由此给地方征迁工作带来巨大压力。

（1）在铁路工程咨询企业的服务深度上，需要强调新建铁路建设项目投资控制的核心，征迁包干模式下，尤其要重视征迁概预算的深度，在初步设计阶段，一方面要对征地拆迁的数量进行详细的核查，针对电力迁改、压覆矿补偿等需“一事一议”的要编制专项方案；另一方面，在编制预算时要充分考虑征迁过程中的影响因素，结合不可预见补偿事项及征迁补偿标准提高等落实暂列金的计列，规范实施程序。

（2）在地方政府具体实施层面，要求地方政府在投资控制方面要落实主体责任，通过一定层级的过程中跟踪审计等方式，监督相关主体严格按照法定程序进行征收补偿工作，同时建设单位要根据国铁集团要求做好验工计价等相关工作，细化过程中资金管控。

传统模式下，铁路工程咨询企业和地方政府存在甲乙方的合同关系，双方在各自职责边界内开展工作。铁路项目应用全过程工程咨询模式，就是着眼于破解上述难点问题，转变思路，创新路地合作的新方式，特别是要充分发挥出铁路专业设计服务团队的主观能动性，在提供铁路专业技术支撑服务的基础上，主动对接、主动协调，进一步做好服务地方铁路项目的领导决策、服务国铁集团等路方主体审批决策的工作，加快项目推进实施。

四、铁路全过程工程咨询服务的尝试

铁路建设项目全过程工程咨询，是一个创新的铁路建设管理模式。2021年8月全路首个全过程工程咨询试点项目——衢丽铁路衢州至松阳段全过程工程咨询服务项目，由中国铁路经济规划研究院有限公司牵头，中铁第四勘察设计院集团有限公司、中国铁路设计集团有限公司、浙江数智交院科技股份有限公司、天津新亚太工程建设监理有限公司组成“1+4”联合体，负责本项目全过程工程咨询服务项目的咨询管理服务以及勘察设计、设计文件技术咨询、地勘监理、专题专项、工程监理、造价咨询、项目后评价等各专项咨询服务。目前，该项目正在有序推进实施中。

供稿：刘博锦、靳丽芳、郭鑫巍

99 铁路PPP项目运营期风险分担的原则是什么？

铁路PPP项目指以PPP模式运作的铁路项目，涵盖铁路的投资融资、施工建设和运营维护等全生命周期，每个阶段存在不同的风险种类以及各种类下的风险因素。PPP模式是强调运营的基础设施和公共服务供给模式，铁路PPP项目运营期风险管理是重中之重，直接影响铁路PPP项目绩效和社会效益。风险分担是风险处置的主要手段，通常定义于合同条款中[1]。本题探讨了铁路PPP项目运营期风险分担的原则和政企双方的风险分担情况。

一、风险分担原则

让最能有效管控风险的一方承担风险是被普遍接受的风险分担基本原则。在此基础上，一方承担风险的比例与其所得的风险管理收益大小相匹配，且承担的风险后果有上限也是风险分担原则的重要组成部分[2][3]。此外，项目参与方的风险态度、风险偏好、风险承载力是在基本原则基础上应考虑的具体条

[1] 柯永健，王守清.特许经营项目融资（PPP）——风险分担管理［M］.北京：清华大学出版社，2011.

[2] 刘新平，王守清.试论PPP项目的风险分配原则和框架［J］.建筑经济，2006(2)：59-63.

[3] 邓小鹏，李启明，汪文雄，等.PPP模式风险分担原则综述及运用［J］.建筑经济，2008(09)：32-35.

件[1][2][3]。实践中，风险分担原则又可细分为归责原则、有效控制原则、直接损失承担原则、风险偏好原则、风险上限原则、风险成本最低原则、风险收益对等原则、风险分担的动态原则、公平原则等。

具体而言，能够以最低成本对特定风险进行评估、控制或管理的一方应承担该风险。当风险超出任一方的有效控制和管理时，各方共担风险。这就要求风险分担时考虑风险的种类，各方的风险态度、偏好和承载力，以及风险管控能力等。政企间的风险分担将PPP模式与传统政府供给模式显著区分开来，财务、建设和完工风险以及大多数运营风险应由社会资本方承担，其他风险主要由政府方承担。对于双方都无法完全有效控制的风险，如需求风险和不可抗力风险等，应由政企双方共担。风险分担将一部分管理风险所实现的收益分配给社会资本方，从而促使其因承担风险获得收益而被充分激励，付出经营努力或创新投资。当风险后果超出承受上限时，考虑终止或再谈判。

杭台高铁PPP项目基于上述风险分担一般原则，进一步细化了风险分配优化、风险收益对等和风险可控等原则，综合考虑政府和社会资本方风险管理能力，项目回报机制和市场风险管理能力等要素，在政府和社会资本方间合理分配项目风险。整体原则上，政府方承担的风险主要是政策法规方面，社会资本方主要承担建设施工和运营与财务风险，其他风险双方共担。

---

[1] 张水波，何伯森.工程项目合同双方风险分担问题的探讨［J］.天津大学学报(社会科学版)，2003(03)：257-261.

[2] Chang. C. A critical review of the application of TCE in the interpretation of risk allocation in PPP contracts［J］. Construction Management and Economics, 2013, 31(2): 99-103.

[3] Chang. C. Principal-Agent Model of Risk Allocation in Construction Contracts and Its Critique［J］. Journal of Construction Engineering and Management, 2014, 140(1): 04013032.

二、杭台高铁PPP项目运营期主要风险分担[1]

（一）列车开行对数风险

铁路PPP项目委托运营模式下，列车开行对数由国铁集团进行调配，项目公司与政府方可向国铁集团积极争取开行对数的增加或减少，以实现风险缓解。

实际列车开行对数与PPP项目合同确认的基准值不匹配时，可能出现项目运输清算收入不足风险，主要由项目公司承担，政府方通过对数补贴提供一定保障，以实现风险共担；若列车开行对数长期低于基准值，则启动协商终止条款，以实现风险规避。

（二）收入风险

委托运营模式下，项目公司收入受国铁集团收入清算机制与列车开行对数的影响。在杭台高铁PPP项目中，项目公司拥有一定的自主定价权，可根据市场情况调整价格水平，对收入清算机制变动引起的风险具有一定程度的冲抵作用。因此，收入风险由项目公司自行承担。

若线路使用费等清算标准仍由国铁集团统一制订、项目公司无法与其自主协商定价，因此政府方在项目运营初期（如合作期前10年）承担相应风险，后续政府方与项目公司协商如何共担风险，但仍以政府方为主承担相应风险。

若项目公司自主提供高铁运输服务，则完全根据市场情况制定票价与开行对数计划，因此自管自营部分的收入风险由项目公司承担。

（三）运营维护与安全风险

铁路运行安全风险是本项目运营中最高级别的风险一旦发生后果损失可能不堪设想，影响极其恶劣。为避免发生运行中意外事故，需要本项目的责任

[1] 周华富.铁路PPP项目实施机构管理实务——以杭绍台铁路PPP项目管理实践为例[M].北京：中国市场出版社，2023.

主体项目公司进行全方位安全管理，形成长效监控机制。由项目公司承担该风险，保证对所有项目设施持续投入资金进行运营维护，从设施维护质量、维护管理制度、维护人员培训等多方面进行风险控制。

（四）线路竞争风险

本项目的效益测算建立在对杭绍台铁路列车开行对数的一定预期上，如果出现预期外的线路竞争，从而导致线路实际客流量大幅低于预期，那么项目公司可能面临较大亏损。由于潜在的线路竞争情况是社会资本方难以预料与控制的，而政府方更加了解浙江省区域内的铁路与高速公路等线路规划情况，因此由政府方承担线路竞争风险。

此外，铁路PPP项目运营期还可能出现的政策变动风险（如国铁集团调整清算单价定价机制）等超出政府方有效控制的风险由政府方和项目公司共担，或采取措施转移和规避。政府补助支付风险（如地方政府无法按时足额支付运营补助）等由违约的地方政府承担。社会资本方撤资风险等由撤资方承担，同时政府方积极设置有效的法律或经济手段尽可能避免该风险。

运营期风险分担情况详见下表。

杭台高铁PPP项目运营期主要风险分担框架

运营期主要风险	风险承担方			
	政府方	项目公司	社会资本方	共担
列车开行对数风险				√
收入风险		√		
运营维护与安全风险		√		
线路竞争风险	√			
政策变动风险				√
政府补助支付风险	√			
社会资本方撤资风险			√	

供稿：何雨佳

100 民营控股铁路的社会资本方如何创新开展工作?

杭绍台铁路是我国首条民营控股高铁，复星集团牵头的社会资本方、浙江省政府及国铁集团共同出资组建项目公司——杭绍台铁路公司，作为业主方履行建设单位总体职责，牵头协调设计、施工、监理、咨询等参建各方开展建设施工及运营管理，负责项目投资、融资、建设、运营、维护、移交等工作，对项目的资金筹措、建设实施、生产经营、债务偿还和资产保值增值实行全过程负责。同时，该项目公司作为政府与铁路方沟通的桥梁，承担铁路和地方政府的协调沟通工作，为确保杭绍台铁路的如期建成和有序运营提供保障。本题总结杭绍台铁路项目公司的创新工作内容。

一、杭绍台铁路项目公司主要职责

杭绍台铁路项目按照PPP模式遴选出社会资本后，按照国铁集团要求，由中国铁路设计集团有限公司作为EPC总承包单位负责建设。为确保国内首个高铁EPC项目顺利推进，项目公司引入沪昆公司作为建设管理咨询机构。杭绍台铁路项目建成后接入国家铁路网跨线运营，运营模式是“委托中国铁路上海局集团有限公司运输管理”。社会资本在杭绍台铁路的项目公司中处于控股地位，负责杭绍台铁路项目的融资、投资、建设、运营、移交的全生命周期管理。

从合同关系上看，社会资本控股的项目公司是甲方主体（或称为建设单位、业主），乙方主体包括：EPC总承包单位、施工监理单位、承担征迁包干任务的地方政府等。社会资本（项目公司）承担的主要任务有：①筹集资金。负责项目资本金出资、筹集项目融资；②确保施组节点推进；③协调督导全线征迁；④负责行政审批报批；⑤负责临时用地处理；⑥负责工程建设质量安全；⑦负责项目环境保护；⑧负责项目按时投入运营；⑨负责经营期满后无偿移交资产；⑩《PPP项目合同》约定的职责和义务。

杭绍台铁路项目公司与传统模式下的项目公司职责，略有差异，具体见下表。

铁路项目建设单位（业主）职责横向对比

序号	对比内容	杭绍台项目	传统项目（湖杭铁路）
1	筹集资金	估算总投资438.9亿元，资本金比例30%	资本金比例45%
		社会资本出资63.06亿元，融资288亿元	金丽温、杭州交投、湖州交投（省市出资平台）出资167亿元
		政府方出资42.03亿元，国铁出资18.55亿元	湖杭公司负责其余融资
2	确保施组节点推进	杭绍台公司要求EPC单位梳理施组、调整关键线路	标段施工单位按代建单位要求执行
		组织技术攻关突破重难点	
3	协调督导全线征迁	杭绍台公司协调全线按照包干范围执行	湖杭公司与沿线地方政府负责
		全线征迁控制在概算范围内	按概算控制
4	负责行政审批报批（土地）	杭绍台公司负责	湖杭公司负责
5	负责临时用地处理	杭绍台公司分劈和控制费用	施工单位负责
		EPC单位和施工单位具体实施	
6	负责工程建设质量安全	杭绍台公司承担责任	代建单位负责
		协调铁路上海局集团进行质量安全监督	

续表

序号	对比内容	杭绍台项目	传统项目（湖杭铁路）
7	负责项目环境保护	杭绍台公司要求EPC单位和施工单位按高标准执行	湖杭公司负责
		杭绍台成功创建国家水土保持示范工程	
8	负责项目按时投入运营	按照PPP合同约定	亚运项目，政府特别要求
		4年建设期内完成	
9	负责经营期满后无偿移交资产	合同明确约定	无
10	PPP合同约定的职责和义务	合同明确约定	无

二、杭绍台铁路项目公司发挥的主要作用

（一）做好项目投资控制

杭绍台铁路建设过程中，项目公司通过牵头协调优化设计、强化工程变更管控、严格验工计价办理程序、加强建设资金使用监管等措施，全力做好投资控制工作。目前，杭绍台铁路概算清理正在有条不紊推进，项目总投资可控制在初步设计批复概算范围内。国铁集团工管中心也在多次调研时，均给予杭绍台铁路“投资控制好于同期开工其他铁路建设项目”的总体评价。

（二）强化项目建设管理

（1）项目公司发挥龙头作用，始终紧抓施组、紧扣工期目标，带领参建各方全力推进项目建设，有力破解了与国铁接轨、外部电源建设、取土场、新冠疫情防控等一系列难题，全面确保了项目按期高质量开通。

（2）项目公司通过创新监理管理模式、建立外部+内部立体监督体系等方式，实现项目建设安全生产受控，工程质量达标创优。

（3）针对项目特点难点，项目公司牵头组织施工单位进行技术攻关和科

研创新，创造了国内没有先例的硅藻土施工、华东地区最长隧道、首个单洞四线大断面隧道、椒江特大桥主墩钻孔桩深度达143米等多项高铁建设施工记录，并成功入围工程界“诺贝尔奖”——菲迪克（FIDIC）全球工程奖，多项科技成果申请专利，相关创新及管理经验刊登在《中国铁路》杂志。

（4）项目公司始终坚持“来时青山绿水，走时绿水青山”的建设理念，牵头参建各方通过采用BIM技术、规范弃渣、及时复耕复绿、投入先进设备、发挥党建引领等措施，扎实推进水土保持工作，实现杭绍台铁路获2022年“国家水土保持示范工程”称号。

（三）加强运营组织创新

杭绍台铁路开通运营前，针对有关方面仅开行5对跨线列车的意向，社会资本牵头方复星集团第一时间派出高管拜访了国铁集团主管运输的领导和中国铁路上海集团有限公司主要领导反馈诉求，国铁集团、中国铁路上海集团有限公司充分考虑首条民营控股高铁的特殊性，最终给予大力支持。杭绍台铁路2022年一季度图定开行列车35对，其中跨线日常列车17.5对，跨线高峰列车1对，本线列车16.5对（本线列车因客流原因基本未开行）。后续项目公司主动作为、积极协调、“实施一版跟进一版”，使得图定跨线列车稳步增长至如今的28.5对，并通过联动地方政府开展文旅、美食打卡、疗休养等特色活动，打响“诗路高铁”品牌，不断吸客引流，累计运送客流超1500万人次。

供稿：张威

后记

POSTSCRIPT

本书由浙江省发展规划研究院组织编写，中铁第一勘察设计院集团有限公司高级工程师王博、中铁第四勘察设计院集团有限公司高级工程师陈旭、中国联合工程有限公司工程管理咨询公司副总经理张玲、中国铁路投资有限公司投资开发部原部长王启华、省发展改革委基综办原主任方建新、省发展规划研究院铁路所原五级职员王永龙、杭绍台铁路有限公司副总工程师王显进、杭绍台铁路有限公司原副总经理许明来等专家对本书提出了诸多建设性意见建议。

本书由浙江省发展规划研究院铁路 PPP 项目研究所主持编写，得到了省铁路建设推进攻坚专班大力支持。汪东为研究主持人，祝诗蓓为总执笔人，靳丽芳为执行总执笔和统稿人，徐斌、范高龄、何雨佳、徐弘、王畅负责全书内容统筹，朱鑫鑫、任雪斌、金一凡、邢耀飞、陆瑜、倪雅菲、邱梦凯、陈文垚、吴剑锋、赖江帆、潘旭茂、胡杰、潘晔、郭鑫巍参与具体内容撰写。

本书编写过程中，得到了国家发展改革委、国家铁路局、国铁集团和浙江省发展改革委、浙江省财政厅、浙江省交通投资集团等有关部门单位及杭绍台铁路有限公司、百盛联合杭温铁路有限公司、甬舟铁路有限公司、杭黄铁路有限公司、湖杭铁路有限公司、浙江杭温铁路有限公司、杭衢铁路有限公司，以及中国计划出版社、中国市场出版社的大力支持，在此一并表示衷心感谢！